# 田径运动教学与训练

陆　霞◎著

吉林出版集团股份有限公司

图书在版编目（CIP）数据

田径运动教学与训练 / 陆霞著 . — 长春：吉林出版集团股份有限公司 , 2020.4

ISBN 978-7-5581-8321-8

Ⅰ . ①田… Ⅱ . ①陆… Ⅲ . ①田径运动－体育教学－教学研究②田径运动－运动训练－教学研究 Ⅳ . ① G820.2

中国版本图书馆 CIP 数据核字 (2020) 第 047863 号

## 田径运动教学与训练

| | |
|---|---|
| 著　　者 | 陆　霞 |
| 责任编辑 | 王　平　白聪响 |
| 封面设计 | 李宁宁 |
| 开　　本 | 787mm×1092mm　1/16 |
| 字　　数 | 273 千 |
| 印　　张 | 14.75 |
| 版　　次 | 2020 年 5 月第 1 版 |
| 印　　次 | 2020 年 5 月第 1 次印刷 |

| | |
|---|---|
| 出　　版 | 吉林出版集团股份有限公司 |
| 电　　话 | 010-63109269 |
| 印　　刷 | 炫彩（天津）印刷有限责任公司 |

ISBN 978-7-5581-8321-8　　　　　　定价：58.00 元

# 前　言

　　田径运动历史悠久，有广泛群众基础。田径运动在国际体坛影响较大，在历届奥林匹克运动会和其他大型比赛中，田径比赛都在中心运动场举行，也是设奖牌最多的竞赛项目，世界各国都很重视发展田径运动，并把它作为衡量一个国家总体体育水平的重要标志。

　　田径运动是各项运动的基础。经常地、科学地参加田径运动，能促进人体的新陈代谢，改善神经系统的调节功能和内脏器官的机能，提高人体健康水平与工作能力。通过田径运动教学和训练能全面发展人的身体素质（速度、力量、耐力等），提高运动技术水平与运动成绩，培养人们勇敢、顽强、坚韧、果断的意志品质。所以，其他运动项目把田径运动作为提高身体素质的手段与提高技术、战术的基础。

　　田径运动因其具有的本质属性成为人们生活中不可或缺的一种体育生活方式，它可以改善人的形态和机能，减轻心理障碍、身体疾病等带来的痛苦，得到健身健体的效果，达到轻松和谐的心境。田径运动不但可以提高人们体质，还可以满足人们的精神文化需求，提高人们的精神文化素质，促进人的全面发展，可以延缓衰老，调节人的精神，健全人们的心理和品格，促进身体、心理与社会的协调发展，提高人们的社会适应能力。在现实生活中应确立田径运动的地位，积极开展并倡导人们参加田径运动，使人们对田径运动有一个更加全面的认识。

　　随着世界田径运动的不断发展，国际田坛的实力格局有了新的变化。对我们这样一个发展中国家来说，要想进入世界领先水平，就必须突出重点，集中精力，重点发展优势和潜优势项目，找出适合中国特点并能够发挥举国体制优势的项目作为重点来发展。如对爆发力、速度尤其是技术均要求较高的项目。我国的男子跳高、跨栏项目、女子跳高、铅球、中长跑、竞走等项目，在亚洲乃至国际上都曾经取得过令人瞩目的成绩，保持或优先恢复这些项目的国际地位，实现优势项目的可持续发展。而这一切都取决于有先进的训练理念，富有创新性的训练理论和敢于突破的训练设计。

# 目　录

# 第一章 田径运动概述

## 第一节 田径运动的定义与本质

### 一、田径运动的定义

什么是田径运动？这是一个看似非常简单的问题。从 1910 年旧中国举办第一届田径运动会已有近一百年的时间，但是，时至今日我们对田径运动的理解仍然是支离破碎、模糊不清的。在中国，有关研究田径运动的著作和文章着实不少。学者们依据自己对田径运动的理解和研究，给田径运动做出了各种各样的定义。然而，学术界对田径运动定义的不统一和理解上的不准确，直接影响了田径运动在青少年心目中的地位、在学校课程设置中的地位、在体育运动中的定位。这种影响是负面性的，具有危害性。

当前，田径运动已达到相当高的水平，要想进一步提高其运动水平，主要渠道有两种：（1）提高人体机能、素质等人体内在因素；（2）对田径运动的实质动作要有清晰地了解。总体是一致的，即要最大限度地发挥人体内在的潜能。

现代的田径运动已经历了两个世纪，人们对田径运动的理解和认识，主要来源于两个方面：（1）从古以来的运动实践，在不断地发展与演变中逐步地认识；（2）是从古流传下来的用词和近代的用词而命名的。田径运动的定义要指出田径运动的本质，又要反映出它与其他运动项目的差异，才能较准确地确定田径运动的定义。

田径运动本身包括有走、跑、跳、投等各种不同运动形式、不同要求的项目；又分为径赛和田赛，田赛中又分为不同运动形式和要求的跳和投。如何说明它们的共同属性呢？此前是以计取成绩的标准作为它们的共同属性，然而又不能说明径赛和田赛同属一种运动的属性，而且这种计取成绩的标准，也不能完全反映出田径运动与其他运动项目的差异。如以时间计取成绩的项目，除田径运动中的径赛项目外，还有一些别的运动项目也是以时间计取成绩的，如自行车、游泳、滑水等，同时也是个人的竞赛项目。因此，作为走、跑、跳、投各种不同运动形式和要求的项目，为什么能归为一类，而且又与其他运动项目存在差异，这就是为田径运动确定定义要解决的主要问题。

人们在长期的实践过程中，把这些项目归为一类，必然有其共同的的实质特点。走、跑、跳、投不同运动形式和要求的项目，它们的动作有什么共同的特点呢？

### （一）它们的共同特点是人体在地面上支撑用力

因为体育运动是人体的活动，因此田径运动也不例外的是人体的活动，人体支撑用力是一个基础。有很多运动是在地面上支撑用力，田径运动是其中的一项，这是一个前提。向前推论，是要运用人体自身的能力；向后推论，就是因项目而异。因此这个前提是不能不提的，也是必要的，由此才能引申出田径运动的特点。

### （二）人体的转动及摆动

人体在地面上支撑用力，使人体沿各种不同的轴做不同幅度的转动及摆动来完成必要的动作，以达到预期的效果，很多转动及摆动是重复进行，甚至是从运动开始到结束，都在重复这些转动及摆动。

### （三）骨盆的运动

骨盆运动是田径运动中的重要特点，也是各个项目中的关键动作所在。通常讲的是"挺髋""、翻髋"等。人体在地面上支撑用力，脚蹬地，腿伸直，髋要伸展、上翻或挺髋，是根据不同项目的需要所提出的要求，不管哪种髋部动作，都必然是整个骨盆的运动。

### （四）蹬与摆的协调配合

人体在地面上支撑用力，必然要蹬地，但在田径运动中不是单纯的蹬地，而是有摆动动作的配合，有时是两腿的蹬摆配合，有时是上、下肢的蹬与摆的配合，有时是上、下肢和蹬地腿的蹬摆动作的配合等。这个蹬与摆的配合，动作要协调，这样才能使整体动作协调，加强用力，提高总体动作效果。如果配合不协调，会起相反的作用，因此这一点对田径运动的各个项目的动作都是非常重要的。

根据上述的田径运动的4个特点，可以给田径运动确定一个定义：田径运动是运用人体自身的能力，在地面上支撑用力，通过人体的转动、骨盆的运动和蹬与摆的协调配合，完成必要的动作，使人体移动得更快、腾越得更高或更远，或把规定的器械投掷得更远的一个运动群体。

因此，称田径运动为"走、跑、跳、投运动"更确切些。

## 二、田径运动的本质

从国际田联对田径运动的定义是"径赛和田赛、公路跑、竞走和越野跑"中我们可以认识到竞赛是田径运动为本质特征。它的突出特点就是具有鲜明的比赛性和对抗性。在剧烈的身体对抗和比赛中，运动员的身体、心理可以得到良好的锻炼，观众也可以得到健康的娱乐享受。新中国在建国初期，百废待兴，国弱民贫，既需要振奋民族精神，又要因地制宜、勤俭节约搞体育，田径运动就成了最好的选择。田径运动简单易行而且注重对人的克服意识、成功意识、竞争意识和协作意识进取精神的培养。国人对田径运动的热爱和推崇一直持续到 20 世纪 90 年代末期，黄志红、朱建华、王军霞是中国田径鼎盛时期的代表人物。正是她们激励着几代青年人的成长，田径运动所展现出来的竞争、拼搏、顽强精神，田径运动所体现出来的平等、秩序、规则，田径运动所蕴含的更高、更快、更强的奥运理念，田径运动所体现出来的个人奋争、拼搏、不屈不挠的意志品质，田径运动最能体现个性张扬、自尊、朝气这些无疑是田径运动通过竞赛所体现出来的。社会的发展与进步是通过激烈竞争实现的。个人的进步和价值体现亦是通过激烈竞争实现的。竞争需要公正、公平的环境。通过竞争实现个人、集体和社会的进步和发展。田径运动的竞争是在公正、公平、规则和秩序的基础上实现的，这也是田径运动的显著特点。有人撰文考证中国古代的田径运动，这是牵强和穿凿附会。中国古代只有类似于田径运动的身体活动，根本不可能有真正意义上的田径运动。自世纪年代开始，体育教育思想的重构成为体育教育领域重点研究课题。体育界在总结多年来理论和实践成果的基础上，提出了"健康第一"的教育思想并对体育教学的内容进行了较大程度的调整。。田径这项有悠久历史、长期处于体育教学核心地位的课程在各种势力的共同作用下，逐渐淡出体育教学内容体系，在实践中被边缘化了。

对田径运动的定义和特征的认识，是思考田径运动在中国发展现状的基础。为什么"健康第一"就可以将竞技体育的代表—田径运动否定了呢？

## 三、田径运动的特征及理论基础

按现在所确定的田径运动的定义看，首先是人体自身的能力；第二是在地面上支撑用力，这一点也反映外部环境对田径运动的影响；第三是根据各个项目的需要，完成必要的动作，而其关键动作又有共同的特点。这3个方面不是独立存在的，而是紧密联系在一起的，只有这样，才能达到使人体移动得更快、跳跃得更高或更远、或把规定的器械投掷得更远的目的，从而引申出用计时或用尺丈量成绩的方法。

（一）人体自身能力

任何运动项目都要运用人体自身的能力，不过各有其特点和重点。田径运动运用人体自身能力的特征，有两大部分（这方面，许多运动项目是相似的）：

1. 人体运动素质发展水平

各项运动都要求人体具有较高的运动素质全面发展水平，在此基础上，更要具有专项所需要的专门素质，这对提高运动水平是非常重要的方面。

（1）速度素质

速度素质是田径运动所需的重要素质，可以说速度是田径运动的"灵魂"，速度欠佳，就不可能表现出好的成绩，可以认为田径运动就是比速度。田径运动所需的速度有位移速度、动作速度和反应速度。速度是提高田径运动实效性的基础。速度素质的好坏，直接受神经系统的支配。

（2）力量素质

由于田径运动是在地面上支撑用力，所以要使人体的内力与外力密切配合，人体内力的拉力是原动力，用力的速度要快、幅度要大，必须要提高肌肉的弹性，并要发展柔韧性，以减少肌肉内部的黏滞性。因为田径运动是人体在地面上支撑用力，因此要有尽可能大的支撑力，并且还要有迅速由支撑力转变为蹬伸力的能力，这取决于动作的速度，也就是要有爆发用力的能力。

（3）耐力素质

田径运动各个项目都需要有耐力素质，不仅长距离跑是一组耐力性竞赛项目，其他项目也需要有很好的专项耐力，它是建立在良好的一般耐力基础上的，没有良好的专项耐力，也是很难表现出好的成绩的。

2. 人体主要内在因素的状况

（1）神经系统

神经系统的协调性是使人体活动能力得到充分发挥的重要条件。人体活动时的肌肉用力，要在神经系统的支配下，使主动肌能积极用力，而对抗肌需充分放松，协同肌能密切的配合，这样才能达到好的效果。因此，神经系统的协调反射，直接影响动作的效果。

（2）肌肉的组织与性质

肌肉是人体运动的主要组织，肌肉的拉长与放松，拉长的幅度，转换为收缩的速度等直接影响动作的爆发用力、动作幅度、姿势和状态。另外，肌肉的性质，如红、白肌在肌肉中所占的比例，对肌肉的活动，也有直接的影响。

（3）心理因素的影响

心理状况的稳定与否，直接影响人体完成动作的好坏。心理影响会产生紧张、过于兴奋、松弛等各种不同的状况，从而破坏了原有的协调，不能完成正确的动作，达不到应有的效果。

（4）身体形态因素

根据运动项目的需要，需选择适合于该运动的人体形态。田径运动所需的人体形态，最基本的一点是要求人体总重心较高，不同的田径项目要求人体的外型有所区别，有的要求人体瘦长，有的要求人体较强壮，但总的来说，不管外型如何，以其身体总重心相对较高为宜。

（二）外部因素的影响

田径运动是运用自身能力，在地面上支撑用力。因此，外部因素对发挥人体自身能力起到重要的作用。

1. 外力的影响

人体在地面上支撑用力，甚至是在行进中多次重复用力，因而各种外力对完成正确的动作，取得良好效果是非常重要的。

（1）重力的影响

重力是地球对人体的吸引力，它的方向永远竖直地指向地球的中心。从广泛的定义上讲，田径运动是一种克服重力影响的运动，其中的跳跃运动项目更为突出，因此，总的来说重力对田径运动是起阻力作用。但有时可利用重力完成一些必要的动作，有利于提高运动的效果。

（2）支撑反作用力

由于人体在地面上的支撑用力，必然产生一个等值、反向、共线的反作用力。根据各个不同项目的需要，使用不同的对地面的支撑力，产生人体向不同的方向运动，以达到应有的作用。有时需使支撑反作用力通过人体内部的传递，用于所握的器械上，使器械出手，在空中飞行。要使支撑反作用力加大，就必须要使支撑腿能承受脚着地支撑的强大冲力，才能形成强大的支撑力，从而提高支撑反作用力。另外，不同质量的地面与蹬地力能否充分地发挥有很大的关系。

（3）摩擦力

摩擦力是物体与物体间相互运动时，在两者的接触面上产生一个阻碍两个物体进行相对运动的力，因此，摩擦力是起阻力作用的。在人体与地接触中，产生摩擦力的主要原因是接触面的凹凸不平而引起的"啮合作用"，根据运动的需要，加大或减小这种啮合作用，才有利于完成有效的应做的动作。因此根据需要穿钉子安装位置不同的钉鞋或穿不带钉子的鞋。

（4）空气阻力

人体在空气中运动或器械在空中飞行，必然要与空气接触，这种接触，总体来说是一种阻力，但是可以利用动作形式的变化，尽量减小这种阻力的影响，有时可利用它提高运动的效果。

（5）向心力和离心力

人体在做圆周运动或定轴转动时，不论其速度的大小是否变，其速度的方向始终是在保持切线方向的前提下，不断地发生变化，因而必须有一个力，使沿曲线运动的人体产生向心加速度，这个力就是向心力，它始终与人体运动方向垂直，沿着半径指向圆心，并作用于做圆周运动的人体上。其反作用力是离心力，作用于人体以外的物体上。当人体需要做圆周运动或定轴转动时，就要根据不同项目的需要，通过不同的动作，产生向心力或离心力，使人体完成圆周运动或定轴转动。

（6）惯性力

在非惯性参照系中引入的一个假想力，而不是由物体之间相互作用产生的，既没有惯性力的施力者，也没有惯性力的反作用力。人体在加速或减速运动时所产生的抵抗这种变化的力。在田径运动中的身体环节加速或减速运动时，会形成这种惯性力，运用合适，能起增效作用，运用不当，则起减效作用。

2. 外部条件的因素

因为人体在地面上支撑用力，除外力的影响外，还有外部条件的因素，它对发挥自身能力起重要作用。外部条件，主要是地面的条件，地面的质量对用力的效果产生很大影响除在公路等外场上进行比赛的项目外，主要是在田径场上进行比赛，因此田径场地的好坏，一定要符合田径运动各个项目的需要。跑道要坚实而又要有一定的弹性，投掷圈平整坚实，要有足够大的投掷区以及供跳跃项目用的松软的落地设施。不断地改进运动设施，对提高田径运动水平是很重要的。

（三）田径运动的动作特征

田径运动是一个不同特点的运动项目群，虽然田径运动中的各个项目的动作各不相同，各有特点，但它们有共同的动作特征，而且这些动作特征是每个项目中的关键动作环节。

1. 人体在地面上支撑用力

人体支撑用力是田径运动各个项目的主要动力，有时也是为了获得巩固的支点，支撑用力的大小、方向和用力时间等，是根据不同项目的需要确定的，它直接影响着运动的效果。

2. 人体的转动及摆动

总的来说，应是人体沿各种轴的转动，一般的转动幅度都小于180度，所以有时也称之为扭转。田径运动中，有的项目转动大于180度，甚至转到360度以上，从理论上论述，应是人体的转动。田径运动中的任何一个项目，都是在绕不同性质的"轴"做不同幅度的转动动作。有时是沿身体基本轴转动，有时是身体环节沿某固定轴转动，也有时是沿体外轴转动等等，大多是沿各种不同轴的转动同时进行。由于田径运动各项的运动过程都在沿不同轴做不同程度的转动，因此，要获取研究和分析动作的效果，就要了解各种转动轴的作用。不管是什么情况的转动，一般都应是尽可能快的完成，这就要求要有高度的灵活性和协调性。

3. 骨盆的运动

田径运动的各个项目的动作，经常要求做出挺髋、送髋、翻髋等动作，往往所要求的这些动作又多为关键技术所需做出的动作，因此，髋部动作就形成了田径运动各个项目共同的重要动作特征。髋部是髋窝与股骨大转子联结的关节周围肌肉等活动结构的全部，两侧的髂骨与耻骨、尾骨合成为骨盆，一侧的髂骨的活动，不是单独出现的，它必定牵扯整个骨盆的活动，因此，任何髋部的活动，都使整个骨盆活动，基本上是沿3个基本轴的1个或多个转动，活动的形式，按不同项目的要求进行。

4. 蹬与摆的协调配合

蹬与摆的动作，主要是指上、下肢的动作，上肢是以摆动的形式出现，下肢主要是蹬的形式出现，即有时是单脚蹬地，这时另一腿摆动；或一脚蹬地，另一脚支撑在地面上。人体运动中某一种加速运动，会有一种与加速度方向相反的惯性力，它直接影响运动的效果，向上加速摆动，必然有一个向下的惯性力，通过内力的传递，能加大支撑的压力；向前上的加速摆动，就会产生向后下方的惯性力，有利于加大蹬地的效果。但这摆与蹬的关系，要用得合适就能增加动作的效果，如果用得不合适，只能是事倍功半，因此，各种蹬与摆的动作，都要协调配合，包括动作的时机、动作的速度、幅度及时间的关系等，这取决于神经系统的灵活性及掌握应做动作的熟练程度。

（四）田径运动的竞赛特征

以前对田径运动的解释，或者有人说是田径运动的概念，实际上是田径运动的竞赛特征，这一特征不排除与有些体育运动项目的竞赛特征有相同之处。总体上说，田径运动的竞赛特征是在田径运动发展过程中逐步形成和完善的，以田径运动竞赛规则为依据的，目前田径规则每两年修改一次，因此，田径运动必须适应规则的要求，从而才能使田径运动有所发展和规范，并使竞赛趋于公正、合理。

## 四、反思

读史可以明智。在中华民族几千年的文明史中，中国体育起源早但成熟晚是不争的事实。无须讳言，中国体育在漫长的发展过程中，没有体现出"公平"与"竞争"这一核心思想的体育观。在以刃余年的以等级森严和尊卑分明为主要特点的封建社会中，是不可能出现规则统一和公平竞争以及推崇个性、以民为尊为精髓的竞技体育运动的。而且，由于受传统儒、道、佛三家的中庸、和谐、"刚柔""平心"等哲学理念的影响，是根本不可能形成更快、更高、更强的体育精神。还有一点值得我们特别注意著名历史学家汤因比在《历史研究》一书中认为，不同的地理环境，不同的生存境遇，会使人形成不同的时空观。而这种时空观会在他们的体育活动中展现出来。中国传统体育的空间观可以称之为心灵空间，它所追求的是自由、自然、和谐的境界。所谓"不争""无为""天人合一"乃是个人修为的准则和境界。中国传统体育尤为注意人与自然环境的和谐关系以及体育在调理、生息、涵养心性、祛病延年等方面的作用。往重运作舒缓、呼吸平顺、气力相合、张弛有度、阴阳相济、练养结合的运动。我们历史上是缺乏竞技运动，但中华民族不是一个没有竞争观念的民族，只是我们的竞争是用"智"而不用"力"的方式进行而已。儒家五常中，是"智"而不是"力"跻身其间，"劳心者治人，劳力者治于人""一人敌，不足学，学万人敌"更足以表明中国人的价值取向，中国历史重文轻武，武举人受人冷落以及中国古代女子青睐文弱书生的择偶标准与审美倾向，都可以由我们民族尚智而轻文的竞争传统得到解释。

历史对现实的影响是巨大的，现实是历史的延续和传承。从 1910 年旧中国举办田径运动会已有近 100 年的时间了，中国人并没有接受田径运动。最能展示个人奋争、拼搏、不屈不挠的意志品质的田径运动被排斥最能体现个性张扬、自尊、朝气的田径运动被排斥最能体现公正、公平、秩序、规则的田径运动被排斥最能体现奥林匹克"更快、更高、更强的体育精神的田径运动被排斥。"头脑简单，四肢发达"是对搞体育人士的称谓，也是中国人最不能忍受的评价。难怪乎我们对田径运动研究不透，对田径运动的定义五花八门。那么西方人的田径运动观念是什么样子呢他们如何理解田径运动呢？

古代和现代奥运会中田径运动都是其主要的组成部分。这也充分反映了西方人时空观。古希腊著名的体育雕塑《掷铁饼者》蕴育着力量的凝聚，在力量的凝聚中预示着"力"所能及——身体的空间展开。同样道理，跳高、跳远、铅球、标枪等田径项目都展示了一个以身体为中心的空间场域。由此，西方传统体育的空间观念可称之为身体空间。它所追求的是身体在实在界的拓展、超越和征服。具体表现在西方体育注重对人的克服意识、成功意识、竞争意识和协作意识进取精神的培养，重视人体、运动、材料和管理等方面的科学研究，并关心高新技术的开发利用以及训练方法和手段的不断创新，在强健身体、强化体能、提高竞技能力尤为擅长。

西方追求"智"更倾向于"力"的特征。如竞技破纪录创成绩的无限突破，致力于宇宙本源、自然属性、人从哪里来、人类能跑多快、跳多高等理性科学精神的孜孜追求。他们从骨子里透着对田径运动的热爱，从参与者到欣赏者，对身体运动所展现出来"健与美"充满着激情。提起田径运动，无须解释，从思维、意识到交流、审美都表现出极大的一致和认同。田径运动的定义被简单地阐述为"径赛、田赛、公路跑、竞走和越野跑"也就不是什么奇怪的事。

在当今全球化的大潮流下，东西方文化的交流与融合愈来愈频繁和紧密。中国社会经济的发展与繁荣，促进着物质文明和精神文明的发展进程。追求个性解放，追求美与尊严，实现自我发展已经成为中国人迈进新世纪的宣言。田径运动最能体现奥林匹克"更快、更高、更强的精神。这种精神正是体育运动之本。它对于一向以谨效、内倾为文化与生存规范的国人来说，参与者个体体验到完全不同的情感释放与张扬的感受，它在促进中国文化从群体型向个体型、从传统型到现代的转型变迁中，亦将起到独特的不可替代的作用。田径运动的一个显著特征还就在于竞争和超越，没有竞争，没有超越，便失去了体育精神的弘扬。竞争出成绩、出人才、出精神。田径运动的健康发展需要我们的理性思维。认识田径运动的本质，把握田径运动的真义，弘扬田径运动的竞技精神是我们神圣的使命。

# 第二节 田径运动的起源与发展

田径运动是最古老的体育项目，也是各项运动的基础"田径是体育运动之母，"这句话也恰如其分地描述了它的地位。田径是目前世界上衡量一个国家和地区体育运动水平高低的重要标准，它是奥运会金牌大户，"得田径者得天下"早已成为共识。而且田径运动在全民健身方面也起到了主导作用，参加田径运动的人数越来越多。因此可以说田径运动在未来的发展会蒸蒸日上。

## 一、田径运动的起源和发展

### （一）田径运动是人类长期社会实践发展起来的

田径运动可以说是随着人类社会长期发展而来，包括男女的竞走、跑、跳、投掷等40多个个别项目，以及由其中数种项目组合而成的全能赛，以时间来计算成绩的竞走和跑类型项目，就叫［径赛］，而以高度和远度计算成绩的跳跃、投掷类项目则叫［田赛］，田径运动是径赛、田赛和全能赛的总称。

远在上古时代，人们为了获得生活资料，在和大自然及禽兽的斗争中，不得不走或跑相当的距离，跳过各种障碍，投掷石块和使用各种捕猎工具。在劳动中不断地重复这些动作，便形成了走、跑、跳跃和投掷的各项技能。随着社会的发展，人们有意识地把走、跑、跳跃、投掷作为练习和比赛形式。公元前776年，在古希腊奥林匹克村举行了第一届古奥运会，从那时起，田径运动为正式比赛项目之一。1894年，在法国巴黎成立了现代奥运会组织。1896年在希腊举行了第一届现代奥运会，在这届奥运会上田径的走、跑、跳跃、投掷上的一些项目，被列为大会主要项目。至今已举行的各届奥运会上，田径运动都是主要比赛项目之一。

### （二）运动竞技水平及运动训练科学化水平不断提高

随着现代田径运动的发展，各国优秀选手们的运动竞技水平明显提高。百年来，田径选手们的训练活动，无论从内容、方法，还是组织形式、安排技巧都发生了巨大的变化。从断续的训练发展到系统的训练；从闲暇娱乐式的训练发展到职业强化的训练；从着力提高个别因素竞技能能力的训练发展到综合提高全面竞技能力的训练；从仅由少数教练员构成的封闭性训练发展到有社会多种角色积极介入的训练性训练；从仅仅围绕训练场所组织实施的单一性训练发展到众多科学学科提供有力支持的全方位科学训练，现代田径运动训练已经与科学技术的发展不可分割地紧密联系在一起。

（三）田径运动在大众健身运动中起重要作用

因为田径运动本身就是从人类自然劳动中产生的，所以它一开始就是为大众健身服务的。通过田径运动训练可以有效地发展速度、力量、耐力等身体素质，短跑练习可以提高速度，长跑练习可以发展耐力，跳远练习可以发展弹跳力，投掷练习可以发展肌肉的力量。

## 二、田径运动的发展现状

随着体育事业的不断发展，作为体育运动之母的田径运动越来越受到广大体育爱好者的关注。为了适应田径发展的趋势。世界各国不惜重金投入田径事业，为田径运动员提供设施最齐全的训练场地、最先进的训练监控仪器、最优秀的教练员队伍等保证其享受最优越的待遇。在国家的大力支持与广大运动员、教练员队伍的不懈努力下，田径运动不断创造新的历史，一次次的刷新纪录，向人类的极限挑战。我国的田径运动在某些项目上也取得了突破性地进展，跻身于世界田坛一流水平。目前中国田径运动水平在亚洲处于领先水平，但与美国等西方田径大国相比，田径运动整体水平仍然较低，在世界田坛的地位相对落后，但田径运动的总体发展趋势是毋庸置疑的。

## 三、现代田径运动的发展趋势

（一）各国家和地区更加重视田径运动

1. 由于田径运动在体育方面的重要作用，因此田径是衡量一个国家体育运动水平的重要标志

体育界流传着"得田径者得天下"的说法，田径运动水平与一个国家的竞技体育地位有着非常密切的关系。美国是世界公认的长久不衰的超级体育强国，其秘密就是田径运动水平非常高。而且田径运动具有积极的影响效应，一个国家田径运动开展得好，普及水平高，就可以有更多的身体能力较强的人才流向其他体育项目，从而带动其他体育项目的发展和提高。例如，当短跑运动水平很高，人才储备较多时，部分运动员就可以选择从事像足球等那些需要速度的项目，一旦足球运动员的整体速度大幅度提高，足球的运动水平也可能随之提高。因此各个国家都在大力发展田径运动。

**2. 世界田径运动实力的格局将向多极化方面发展**

美国在世界田径大赛一枝独秀的局面将受到多国运动员的冲击。美国男子仍可保持金牌优势，女子田径夺金实力将会减弱，美国田径总体实力也会削弱。俄罗斯、德国将逐步恢复元气，尤其女子田径实力将变强，总体实力增强。中长跑项目优势将由一些发展中国家运动员占有。

**3. 一些国家的运动员为了得到更好的训练、生活及发展条件，已不再局限于本土作战，也同样走出国门，去寻找和转入更适合自己生存的国家**

而一些田径水平相对落后的国家，为了促进本国田径运动的发展，也愿意引进这些高水平的选手加入。例如在世锦赛上刚刚加入卡塔尔国籍三周，并为其摘得 3000 米障碍金牌的原肯尼亚长跑运动员切罗诺。此外教练员也有流动现象，为该国带来新的田径训练技术和理论教学手段。

**（二）运用现代科学技术的研究成果指导训练和比赛**

**1. 进一步重视科学选材**

运动技能和素质的遗传速度非常大，有的甚至高达 90% ～ 95%，换句话说，真正能改造机体的可能性只有 10% 左右。好的苗子是成功的一半。科学验证，运动能力与遗传有较重要的相连。例如姜玉民和李景明夫妇是 20 世纪 50 至 60 年代我国短跑和跳高的优秀选手，其子李彤是 110 米栏亚洲纪录保持者。在以前只是凭借教练员的肉眼观察以及采访运动员的家庭，凭借自己的经验看运动员是否有发展前途，而现在以及将来更加注重科学检测与选材经验的有机结合。选材经验可以升华为选材的科学理论，科学理论与科学的检测手段又可以给选材经验以估证或修正，彼此互为补充，在一定程度上加速选材的科学化。

**2. 训练中突出专项强度**

在现代田径运动训练中，对高水平运动员安排更多的是专门练习，使更直接地适应比赛动作的需要。专项练习手段的选择十分重视少而精和最优化的原则。但是，训练中有些人对运动量的大小理解不够深刻和全面，片面地追求训练课次多、重复次数多，但并不一定能够取得好的效果。训练理论和实践证明，训练过程只有不断加大运动负荷，才能加深对运动员有机体的刺激，提高其训练适应水平。在加大运动量的过程中，要处理好量与强度的关系。在当今田径运动训练总趋势中，人们越来越重视训练强度，尤其是专项强度。科学研究证明，在训练总因素中（运动量、强度、密度等）训练强度为第一，训练次数为第二，间歇时间为第三，训练时间为第四。当前训练的特点可归纳为"一快、二多、三大"。即全年训练节奏快，训练天数多、课次多，每次课总运动量大、密度大、强度大。

3. 比赛机会日趋增多，突出表现在"以赛代练"

田径比赛的特点之一是不受季节、气候、场地条件的影响，即使是严冬也可以在室内进行比赛。另外在竞技体育商品化和运动员职业化的影响下，现在的比赛次数比以往成倍地增加。运动员可按自己的计划随时在任何时间内选择要参加的任何比赛，在这样有利的条件下，能使优秀运动员的技术、战术水平、心理素质在大量的高水平比赛中得到提高，比赛内容更加丰富，可创造优异的运动成绩，使一批年轻选手脱颖而出。所以，比赛机会的增多，为各项田径水平的提高及整个田径运动的发展提供了极为重要的条件。

4. 科学技术广泛运用于训练

目前，在高水平竞技运动的成绩接近人体体能极限的情况下，依靠运动员自身体能和技能的提高来提高运动成绩的难度越来越大，为促进运动成绩的提高，人们越来越热衷于利用现代高新技术来辅助训练和比赛。信息技术日益广泛应用于体育器械中，加速了人们对运动规律探索、认识的进程，缩短了优秀运动员培养和出成绩的周期。运动员在训练时，可以穿装有多个压电晶体传导器的特制运动鞋，使用连接着测试仪器的运动器材，在三维扫描摄影或录像仪前训练，从电子计算机和电视荧光屏上，他们可以直接得出对自己动作的力学分析结果，得知自己多项生理和心理指标的变化情况。还可以利用高速摄影机拍摄训练状况，并迅速通过数据处理，用图像反映出自己的运动轨迹和状态，随时显示出各种运动参数，还可将实际参数与计算机的优化数据、运动员技术模型进行对比分析，指导运动员及时改进动作，提高成绩。

5. 运动场地器材的科学含量高

随着现代新材料技术的发展，特别是超级材料的诞生，体育器材识备、运动服装、运动场地等方面发生了深刻的变化，涌现出一批新型体育器材识备、运动服装和运动场地，大大促进了运动员运动成绩的提高，金牌的获得。例如1991年美国短跑名将卡尔·刘易斯在东京世界田径锦标赛上穿着美津浓公司特制的仅重115克的跑鞋，创造了9秒86的当时百米世界纪录。

（三）田径运动更加职业化

随着世界经济的不断发展，原为"业余"的田径运动也早已开始向商业化、职业化转变，越来越多的运动员已将从事田径运动和比赛变为自己的"职业"。因为他们只需要通过训练比赛就可以挣到足够的生活费用，特别是高水平的优秀选手，依靠奖金（水平奖及破纪录奖等）、广告费、出场费等就已经十分富有，甚至成为富翁。虽然钱本身并不能使运动员提高成绩，但却能够解除他的后顾之忧，使他们不必再去为工作、为生活操心，而可专心致志地投入到训练和比赛中，从而大大提高了训练的连续性、系统性及训练的效果。面对这种形势，国际田联对运动员参赛资格方面也放宽了限制，还创造了世界田径大奖赛以及黄金联赛，使成为职业田径运动员的人数大大增加，这对田径运动水平的提高起到了极大的促进作用。

（四）田径运动在大众全民健身的作用更加突出

1. 田径是开展全民健身活动的主要方法

田径运动以其他体育运动无法比拟的特点，在全民健身活动中独树一帜，健身价值高。健康表现为人体各种机能强盛，田径运动可以从不同角度提高人体的机能水平。不同距离的长时间走、跑练习，可以有效地增进人体的心血管和呼吸系统的能力，提高人体抗疲劳能力，也可以防止人体内脂肪储存过多，引起肥胖；跳跃和投掷练习，可以提高人体的上肢、下肢以及躯干等部位的速度与力量，提高完成工作的灵活性和协调性，提高人体运动能力。经常从事田径各项目的练习，可以提高机体对疾病的防御能力，达到防治病的健身目的。

2. 机动灵活，安全可靠

田径属于个体项目，练习时不受人数、时间、地点的限制，老少皆宜，机动性较强。练习的强度、时间可以根据练习者的不同年龄、性别、身体状况等客观因素自我控制和调节，自主掌握，不受他人的干扰。练习过程中不会与他人发生身体冲撞，出现伤害事故。

田径运动是人类在适应自然环境、长期的社会实践中发展起来的，凭借其在体育方面的重要作用，将在更多的国家和地区得到重视，将借助高科技迅速发展之东风，顺应数学化、网络化、全球化的社会经济发展之趋势。为人们献上更加精彩纷呈的演出。

随着世界经济的发展，田径运动的商业化、职业化将会进一步发展，其实力的格局将向多极化方向发展。

随着人们生活水平的提高，周工作时、工作日的减少，以及工作效率的提高，将有更多的人参与不同项目的运动，以提高健康水平，改善生活质量，田径运动凭借其机动灵活、安全可靠、简单易行等特点，在全民健身中将继续占据主导地位。

## 第三节 田径运动的功能

根据不同的视角，人们可以对田径运动进行不同形式和内容的分类。从内容上，田径运动基本上可分为走、跑、跳、投运动；从练习动作的表现形式进行分类，田径运动又可分为基本技能的练习和专门技能的练习；从能量代谢特点进行分类，田径运动又可分为速度性项目、力量性项目、耐力性项目。然而无论人们从何种视角、如何对田径运动进行分类，我们都可以依据活动的强度、各项活动的作用，以及活动的目的，将其概括性地划分为竞技性田径运动和健身性田径运动，即田径运动具有竞技性和健身性两大最主要的功能。虽然这两大功能之间具有极其明显的差异，但是两者之间具有一定的有机联系，并且是相互促进、共同发展的，否则田径运动就不可能在人类社会如此久远的历史过程中得以延续和发展。

### 一、正确认识田径运动的功能

田径运动的竞技性与健身性功能有着相同之处。它们都是利用田径运动中走、跑、跳、投人体最基本的运动技能为人类发挥积极作用。竞技性田径运动是运动员利用走、跑、跳、投人体运动技能，在各种类型的竞技比赛中为争夺金牌、挑战极限、取得最好成绩。它的功能在于推动田径运动的普及，加强国内、国际间交往，提高国家威望，振奋民族精神；对观众来说，起到消遣、娱乐和教育的作用。著名田径运动员所产生的明星效应，对提高田径运动的商业价值，激活竞赛表演市场，促进田径竞技运动按产业化方式运作，起着积极作用。

健身性田径运动是利用走、跑、跳、投人体运动技能进行健身活动。经常、系统地参加田径运动，能提高人体走、跑、跳、投基本活动技能水平，促使人体正常发育和各器官、系统机能的发展；全面发展速度、力量、耐力、灵敏、柔韧等身体素质。田径运动多在户外进行，能提高人体对外界环境变化的适应能力。为人们增强体质，提高健康水平具有广泛的积极性作用。

20世纪80年代前，人们普遍认为田径运动是走、跑、跳、投的比赛，甚至连体育系科的田径教科书对田径运动的概念也是这样定义的"：田径运动包括以时间计算成绩的径赛及用高度、远度测量成绩的田赛"。我国各级各类学校的体育课大多采用竞技体育项目的教材，田径运动又是作为体育课教材的主要内容，同样是以竞技项目出现在课堂的教学之中。受此教育的影响，人们总把田径场上的比赛看作是田径运动的唯一，是田径运动的最终表现形式。

历史进入 20 世纪 80 年代，大众体育作为国际体育发展的新浪潮，在世界各国迅速兴起，特别是 1985 年国际奥委会大众体育委员会的设立，更为各国大众体育和全民健身事业的发展指明了方向。随着国际大众体育事业的蓬勃发展，我国政府也把全民健身提到了重要的工作议程上来。1995 年 6 月正式出台和实施《全民健身计划纲要》，在全国掀起了全民健身浪潮。一直被忽视的田径运动健身功能这才显示出它的健身价值，表现与其他体育运动无法比拟的特点和作用。田径运动中的许多项目和练习方法不仅适用于竞技性的比赛，而且适用于大众健身。由此可见，田径运动也具有重要的健身性功能。

## 二、田径运动两大功能之间的本质差异

### （一）运动的实施主体存在差异

竞技性田径运动的主体是专业运动员、教练员、科研人员和相关管理人员。其中运动员的竞技水平的发展程度受其年龄、性别、先天的各种生理机能、形态特征、心理特征和运动素质因素的影响极大，而直接参与工作的教练员执教水平、敬业精神、比赛经验对运动员最终能否取得优异成绩起着决定性作用。从总体上说，参与训练活动的主体均具有明确的专门性、个体性和针对性等特征，而且有明确的各自分工和协作要求。

而健身性田径运动的实施主体则是由各个层次的大众群体组成，它既不受参与者的年龄、性别、职业等外在因素影响，也不受参与者的先天生理特点、身体状况、运动能力、心理特征等内在因素的影响，体现出参与人员具有很大程度的广泛性、随意性和融合性，而且在人员组合上也没有固定的人群和明确的分工。

### （二）运动的目标、要求和内容存在差异

竞技性田径运动的最终目标是运动员在比赛中争取获得最佳运动成绩和比赛名次；其基本要求是使运动员掌握高难度的运动技能，承受高强度和大运动量的运动负荷，培养良好的竞赛心理品质，并确保运动员能在比赛中表现出更高、更快、更强的运动技能和运动素质；在训练内容方面，它不是以健身或增进人体健康为前提，而是以在不损害人体健康为前提，根据竞技项目的特定需要采用最大限度地负荷刺激，并在不同固定的竞技能力进行综合

性强化训练。通过强化刺激使人体各部分的机能和运动素质水平，按照平衡—不平衡—平衡的路径逐步使运动员的竞技能力得到提高，这也是竞技体育无限追求更高、更快、更强的结果。从总体特征上来看，竞技性田径运动训练在内容和要求上体现出：全面身体素质与专项身体素质相结合、多项运动技术与专项运动技术相结合、力量素质—速度素质—耐力素质相结合、大—中—小负荷与强度相结合等特征。

大众化健身性田径运动则是以普及健身、增强体质、提高健康水平及生活质量为目标：其健身的基本要求是以健身化、休闲化和娱乐化为前提，根据个人的身体、生理和机能特点来确定适宜的练习内容、练习形式、练习方法和练习量；在练习内容方面，它是以个人特点为基础，根据安全性、合理性、适度性、实效性、随意性为依据，采用改造、挖掘、开发健身手段和方法进行个体化健身运动，其主要练习内容基本上涵盖在以下三个方面：增强人体内脏器官运动能力的机能性练习，增强骨骼、肌肉、心血管与神经系统的功能性练习，增强身体素质和运动能力的练习。练习方式一般也是以自然运动形式进行，运动强度和量相对较小，动作简单、易学，便于普及和推广。

（三）运动的方法存在差异

竞技性田径运动是为了达到更高、更快、更强的目标，它具有自己独特的、专门的训练原理、原则、内容和方法体系。仅就训练方法而言，竞技性田径运动就包括了身体素质、身体机能、身体形态、运动技术、战术、智能、心理和恢复等8个方面的训练方法，而且不同的专项即使是为了达到相同的目标，其采用的训练方法也不尽相同。竞技性田径运动员所有的训练手段和方法都是围绕如何提高运动员的竞技能力展开的。

大众化健身性田径运动，它具有自己独特的练习原理、原则和方法，并不是照搬竞技性田径运动训练的原理、原则和方法进行练习的。健身性田径运动的练习方法体现出健身性、简单性、自创性、趣味性与模仿性等特征。

（四）运用的场地、设备存在差异

竞技性田径运动训练和比赛对运动场地、训练设备、器材都有严格的要求和规定，竞技性田径运动训练和比赛场地要保证运动员的运动成绩、机体恢复状况、运动器官的保护水平、运动性损伤的预防和生命安全等方面具有统一的标准和保障。尤其是在比赛中要求运动员使用的运动场地、训练设备、器材必须严格按照比赛规则的要求准备，运动员也必须按照统一的各项标准进行竞赛，以保证竞赛结果的公平性和可靠性。而大众化健身性田径运动则不受场地、设备和器材的限制，人们可以在不影响他人的健康、休息、活动和安全的前提下，在任何场地条件下进行健身活动，并可以在场地中按照任意的组织形式进行娱乐性、休闲性、比赛性练习。

### 三、田径运动两大功能之间的联系

#### （一）田径运动两大功能分属不同的子系统

竞技性田径运动和健身性田径运动虽同源与田径运动，但两者无论是在运动主体、目标和要求方面，还是在运动场地、器材方面都存在着很大差异，两者分属田径运动系统中不同的子系统。任何系统都有其特定的质，正是因为系统的质才能使一个系统区别于另一个系统，竞技性田径运动和健身性田径运动存在着上述质的区别，说明两者分属同一个系统中的两个不同子系统。

一个国家田径运动竞技水平的提高是建立在竞技性田径运动系统中的，也是建立在该国家青少年田径运动员科学化训练和运动员的拼搏精神之上的。而一个国家健身性田径运动水平的提高则是建立在大众化的健身性田径运动系统中，它也必须建立在该国家全民健身性田径运动的普及之上。各个系统的发展道路必须依据各自的发展规律，任何一个子系统的发展水平也不能代替或决定另一个子系统的发展水平，但两者之间不是孤立的、互不相干的。

#### （二）田径运动两大功能是相互联系的

虽然田径运动两大功能分属不同的子系统，但两个系统在许多方面仍具有相互联系。将竞技性田径运动训练中采用的内容、方法和手段经过改造、挖掘、移植和创新，运用到中小学体育课教学和课余训练中去，使广大青少年学生对田径运动产生兴趣，从而积极参与田径运动，不仅有利于增强学生的体质、提高健康水平，而且还有利于扩大竞技性和健身性田径运动的基础人口；从而为高水平田径运动竞技人才的选拔提供充足的后备力量，促进竞技性田径运动水平的提高。

而高水平田径运动员在国内、国际大型运动会上取得的优异成绩，会极大地增强民族自尊心和自信心，激发人们建设伟大祖国的热情，激励人们参与田径运动锻炼的欲望和主动精神。有效地提高竞技性田径运动的影响和宣传力度，进而促使健身性田径运动蓬勃发展。

### 四、田径运动的社会功能

社会功能即社会要素或要素组合（结构），因其特定的性质、组合方式产生的能力和发挥的、可满足社会一定需要的作用及结果。由走跑跳投运动要素组成的田径运动是一种社会性活动，它是社会文化的组成部分，是政治的显现标志物，是商业的谋利中介，是军事训练的重要手段，并有极强的观赏性。它是在人类为生存的劳动；为丰富生活内容所进行的各种游戏；为阶级社会所需求的军事训练；为人们对神崇拜所进行的祭奠；以及为把运动机能传承给下一代的活动过程中，而逐渐发展成以竞技运动为主线的田径运动。人类利用田径运动固有的特性，积极发挥其作用，以满足社会的需求。田径运动的发展与社会发展同步，与人类的经济活动密切相关。目前在以经济活动为中心的历史阶段，社会更加重视田径运动的诸多功能。在全面建设小康社会的进程中，田径运动在群众体育、竞技体育及体育产业发展中发挥重要作用，体现出政治、经济、人文教育、娱乐等社会功能。

（一）田径运动在群众体育中的作用

1. 健身功能是田径运动的本质功能

随着国家经济的发展和社会的进步，人们强身健体的意识普遍增强。目前广大群众对于生命意义的认识，及健康的身体对人生、对家庭、对社会重要意义的理解比以前任何时期都清楚、都理性。社会越进步、经济越发达，人们对身体和生命的理解将越深刻，这种理解付诸行动，即自觉的锻炼身体，在锻炼身体中，大多选择田径运动项目，因它是人体自然本能的动作，大部分项目简单、易实践便于掌握，使人们较快地达到健身目的，深受群众的喜爱，得到广泛开展与普及。可以看到，每天早晨在清新的空气里、在夕阳西下的暮霭里，不同性别、不同年龄的人们，在公园内、马路边、跑道上进行各种类型的走或跑步，人们既健身又健心。这种客观实在的、使人们身体健康的功能，是田径运动的本质功能，它是其社会功能的基础。随着全民健身运动的开展，田径运动已面向社会，深入社会，人们对田径运动的认识更加深刻，从事田径健身的人口不断增加，进而推动着田径运动的持续发展。

2. 田径运动具有防病治病的功能

目前知识经济社会改变体力劳动在各项工作中的地位，日益紧张的生活节奏及生活方式，使人类健康面临很大威胁。专家研究分析，我国城市成年人中处于亚健康状态的约占有1/3多，肥胖症、高血压、高血脂、高血糖等生活方式病，及抑郁、焦虑、不安、烦躁、自卑等心理疾病向人类发起进攻，它直接损害人们身心健康，严重地削弱社会生产力。

根据国外专家研究及多年经验证明，时间长、速度慢、距离远的有氧运动是预防和治疗生活方式病、心理疾病、改变亚健康状态的有效途径。而田径运动中的走，中、长距离的跑，就是专家所指的极好的有氧运动。人们根据自身状况，采用不同强度、不同时间、不同距离的各种走跑运动，可广泛提高机体脂肪分解的速度，提高肌肉、肝脏等组织的脂肪分解关键酶的活性，使致动脉硬化的血脂指标下降，抗动脉硬化的保护因素水平增加，减少心血管疾病发生；通过各种走、跑运动可增加骨钙吸收，减少骨质丢失，有利保持骨密度和关节正常功能；它也是呼吸系统疾病的康复不可缺少的运动；并可增强自信，降低抑郁，医治心理疾病的发生。由此看来，各种走、跑的有氧运动，如若成为人们生活中不可缺少的日常行为，并长期坚持下去，可减少多种疾病的发生，提高人们健康水平。

3. 田径运动具有人文教育功能

人们进行田径各项运动须要付出体力，克服惰性、战胜自我、战胜困难，以达到锻炼身体增强自身健康的目的。在此过程中，能改进自己在体力、技能、情绪等方面所存在不足。同时人的意志品质能得到很好的磨炼，使之充满自信、体现自我、去面对工作和生活。

田径运动的人文教育功能，还体现在各级各类学校的田径教学、训练中，通过田径运动教学与训练可产生很多进行思想品德教育和培养心理品质的因素，它是进行人文教育的一种重要手段。在田径教学和训练中学生要承受一定的生理负荷、要克服一定的心理障碍去掌握各项技术，在此过程中，可培养学生勇敢顽强、吃苦耐劳的优良品质，竞争意识及协同一致的团队精神，从而促进学生身心健全发展，提高适应社会的能力。

（二）田径运动在竞技体育中的作用

1. 田径运动在竞技体育中的重要性

在当今各个级别的竞技比赛场上，田径运动是最重大的竞赛项目之一，它的比赛场地是竞技比赛的主场地。它有40多个比赛项目，是设立奖牌最多、影响最大、人们最为关注的热点项目。田径比赛能够最大限度地发挥个人和集体在运动能力和心理等方面的潜力，它是体能、技能、战能、心能和智能的典型较量，充分地体现"更快、更高、更强"的奥运精神。所以被视为奥林匹克精神化身。田径运动竞赛成绩可以反映出一个国家竞技体育整体实力水平。它是各项运动的基础。世界各国都将提高田径运动的技术水平作为竞技体育发展的重点来加以重视。

2. 田径运动的政治功能

田径竞赛是运动员与对手的比赛和较量，通过比赛激发人的自强不息、奋勇拼搏精神和超越意识，是勇气和毅力的提高；在田径运动中唯一的集体项目——接力比赛，它要求同伴默契合作、团结一致，进行周密的战术配合，体现团队精神；在紧张激烈的比赛中，运动员遵守规则、服从裁判、尊重对手、尊重观众；田径比赛能培养人的竞争、协作、公平、律己等优良品质，这些品质同时影响、感染观众，有利于整个社会人们的精神风貌的形成，有利于社会稳定的发展。田径运动作为一种特殊的社会文化现象它展现民族精神，唤起民众的国家意识和爱国热忱。例如在28届奥运会上，刘翔一举夺得110米栏冠军，并且是本届奥运会田径项目中唯一获得平世界纪录者，从2004年8月25至28日的4天里，预赛、次赛、复赛、决赛连续4场比赛，一波接一波，一浪高一浪，那完美的技术，拼搏的激情，充满自信的表现。激励着、鼓舞着日夜守候在电视机旁看比赛的亿万观众，人们为刘翔所取得的成绩，为中国田径运动员在110米跨栏比赛中的历史性突破而欢呼、而跳跃。当刘翔身披国旗跃上领奖台，人们看到鲜艳的五星红旗冉冉升起，听到雄壮的义勇军进行曲时，无不热泪盈眶，激动万分。人们此时看到的不仅是运动员在领奖台上挂上的奖牌，头戴的桂冠，而是看到中华民族的崛起。这一切不仅带给全国人民巨大的欢乐和奋进精神，更激发人民的爱国热忱，增强民族的自信力和凝聚力。在28届奥运会上我国运动健儿荣获32块金牌，位于世界第二，在全世界人民面前显现出中华民族的伟大形象，提高了中华人民共和国的国威。

通过田径运动的各种国际性比赛，加强世界多区域民族文化的交融，促进国际间的交流，增强世界各国青年友好的相处，增进世界各国人民彼此间的了解和友谊，它给人类带来和平，进步和温馨。

3. 田径运动竞赛具有极强的观赏性

近年来世界田径赛场，赛事频繁，锦标赛，黄金联赛，大奖赛，如火如荼，许多大牌明星登场亮相，而且都竭尽全力去创造好成绩。比赛异常精彩，场面高潮迭起。这一场场的田径比赛，使人们看到最基本、最原始的走跑跳投运动经过人类在漫长的社会实践中演绎成如此更快更高更强的激烈竞赛项目。在每次的比赛中运动员是一种人体美、运动美的展现，是竞技美的创造，是身心完美的展示。如乔伊娜优美的跑姿，布勃卡撑竿腾空而跃的轻盈动作，邢慧娜万米最后冲刺的美丽形象，刘翔向栏进攻的勇猛顽强的姿态，使人们观赏到田径运动各项技术动作的规范和优美，观赏到运动员的健康美、形体美、服饰美和道德美。欣赏田径比赛的过程就是审美、享受一种纯真艺术的过程，它愉悦心情、调节情感、满足人们精神的需求。通过田径比赛改造和创造运动员个体生理环境及社会群体的生理、心理环境。这是个体人格和社会人格的和谐与统一的体现，并不断地永恒地创造和赋予新的意义和价值。

（三）田径运动促进体育产业的发展

市场经济已成为人类社会经济发展最主要、最普遍形式，在这种形式下促使田径运动全面融入社会，推向市场，成为体育产业发展的运动项目之一。

田径运动是人们增强体质、防病治病的最好的运动项目，它对劳动者健康水平的提高有着明显的效果，在人力资本的体力投资方面，做出显著的贡献。劳动者是生产的主体，是首要的生产力；劳动力数量的增加和质量的提高，对促进社会经济的发展起着积极作用。随着社会经济的发展，人们物质生活水平不断提高，参加体育锻炼的需求和欲望迅速增加。这样一来，必将促进体育产业中的服务产业、体育用品产业、健康体育相关流通产业、健康体育空间设施经营管理产业迅速发展。

田径运动在奥运会及各类大型比赛中占有举足轻重的地位，所以它一直是商界青睐的对象，各厂家的产品都想借助田径比赛来提高知名度，树立国际形象，扩大商品销路。例如美国的耐克公司，他们以研制高科技跑鞋而著称，先后为迈克尔·约翰逊研制成"神奇跑鞋"，为格林制造价值百万美元的"金鞋"以及为琼斯设计"无跟跑鞋"。又如阿迪达斯公司像耐克公司一样，努力开拓体育用品市场，提供更多更好的体育消费产品，它给德国、法国、英国、美国的长跑运动员专门设计一种新的运动袜——"强力袜"，穿上后将包裹整个小腿，促进血液循环加快，减小运动员腿部疲劳，能更好地承受长时间快速奔跑的负荷，使运动员创造优异成绩，取得奥运会冠军，打破世界纪录。从而这些公司名声大噪，订单不断，财源滚滚。世界还有众多公司利用田径运动明星的知名度——这一无形资产制作广告，推销产品，获得利润，使之产生巨大的经济效益和社会效益。

大型的田径运动会不管在哪个国家成功举办，都会给承办国带来巨大的经济效益。使之体育产业得到发展的契机，直接收入是出售门票、彩票、纪念品、广告、电视转播权。另外，需要建设现代化室内外田径运动场馆，配备先进的田径运动器材、仪器。还要考虑解决作为本次活动直接参加者的运动员、教练员、裁判员等人员的饮食起居及多方面的活动要求，考虑作为本次活动间接参加者的观众在观光、旅游、交通、通讯等方面的需求。由此，促进了城市建筑交通的一体化，以满足人们对城市物质环境和精神生活的高度需求，这必然会给建筑业、环保、交通、通讯，旅游，餐饮等行业带来发展的契机。田径运动促使体育产业经营进入跨行业、跨部门、跨领域、多业种结合的现代"综合经营时代"，从而促使体育产业的迅速发展。

### 五、田径运动的健身功能

（一）田径运动健身的特点与优势

与其他运动健身相比，采用田径运动健身有着自身的特点与优势。这些特点与优势表现在运动手段与方法的灵活、场地器材简单、健身成本低廉、健身的动作简单易学、安全性强、内容极为丰富、选择性强，田径运动健身是其他体育项目的基础等方面。从田径运动健身的这些特点与优势可以看出，田径运动健身是易于在群众中推广和普及的一项可行性较强的运动，而且更适于我国当前人口基数大、经济不发达、大部分地区体育设施不足的这种健身现状，是广大城乡居民最适宜开展、最容易接受的群众性体育项目。

（二）田径运动的健身功能性分析

田径运动的健身属性指的是田径运动中所具有的健身特点、性质。通过对专家的访谈与对前人研究成果的分析，一致认为田径运动具有竞技性与健身性的双属性。狭义的理解田径运动的内涵和目的，必将忽视甚至无视田径运动的健身属性。田径运动中的走、跑、跳、投在体育健身中的作用是不可替代的。因为田径运动产生和发展的初衷是人类追求生存、追求健康、追求身体与精神的完美结合。

1. 对心血管系统机能的提高和改善

近些年来，心脑血管疾病严重影响着现代人的身体健康。经常参加田径健身可以提高心血管系统的技能：（1）持之以恒地参加田径健身可以让人体心脏呈现选择性肥大。采用田径运动中不同的健身方法，人体心脏会出现不动的功能增强变化。进行投掷类爆发力的田径健身方法，可以让心室壁出现选择性肥大；而长期参加有氧健身走跑类锻炼，可以让心室（主要是左心室）出现选择性肥大。这种通过锻炼出现的选择性肥大的心脏在机能上要优于锻炼前，体现在每博输出量比锻炼前多。据科学数据显示：锻炼后比锻炼前每博输出量增加 10% 左右。（2）伴随心脏选择性肥大的产生，在安静时的每分钟心脏跳动次数减少。原因在于心脏容积增大，心肌收缩力加强，每博输出量增多和心迷走中枢紧张性增强。经常参加田径运动锻炼的人心动徐缓，但博动有力，心脏舒张期延长，心肌可得到充分的休息，减少了心肌负担有利于心脏工作能力的持久。因此，心率降低时检验健身对心脏机能锻炼效果的标准之一。（3）通过长期坚持田径运动锻炼可有效控制和治疗心血管系统疾病。其机制为人体血压受副交感神经与交感神经控制，副交感神经兴奋使血压降低，交感神经兴奋使血压升高。而长期参加田径健身可以使副交感神经的兴奋性处于优势，抑制和降低交感神经兴奋性，导致血压下降。

2. 对运动系统机能的提高和改善

经常从事田径运动健身能对由骨骼、肌肉、关节等组成的人体运动系统产生深刻的影响：（1）对骨骼的影响体现在形态结构上，如骨径变粗、骨密质增厚、骨面肌肉附着处突起明显、骨的新陈代谢加强、血液循环得以改善。长期参加田径运动健身可以预防和减少少年儿童扁平足、预防和治疗骨质疏松症。（2）关节的稳定性和灵活性随着年龄的增长而逐渐下降，这一现象的发生是因为机体的胶原纤维降解、关节面退化、关节韧带伸展性下降、滑液黏滞性减小、滑液膜纤维化等造成的。长期参加田径健身对上述情况可以起到延缓的效果，而且可以有效地防治关节附近肌肉萎缩、韧带松弛、老年性关节炎、关节强直和滑液分泌减少。（3）对肌肉的影响体现在提高肌肉的抗疲劳性与骨骼肌肉力量增加两个方面。

3. 对呼吸系统机能的提高和改善

对呼吸系统机能的提高和改善体现在肺活量的增大。肺活量是评定呼吸机能的指标之一，反映出呼吸器官的最大能力。肺活量的大小与个体差异性、性别、年龄、体表面积、呼吸肌力量强弱、体位等相关。研究发现，经常参加田径锻炼的人比不参加锻炼的人的肺活量高 20% 左右。其原因在田径运动健身，可以使呼吸肌力量增强、胸围变大、肺与胸廓的弹性增加，从而提高人体的呼吸机能。人体呼吸机能的提高不仅大大提高了人体的摄氧能力，还可以有效地预防各种疾病发生。

4. 田径运动健身对心理健康的功能

长期从事田径运动健身可以矫正对人体有害的心理，培养人健康向上的心理。田径运动健身对心理健康主要有以下几个方面：（1）对焦虑和抑郁的调节作用。焦虑和抑郁是当今社会影响人们心理健康的两大危害。长期参加田径运动健身可有效改善焦虑和抑郁的心理状态。美国精神病学家格雷斯特博士，通过对精神极度低落的病人的分组实验发现，通过 10 周的时间，练习跑治疗的实验组与接受传统的治疗的对照组取得的疗效大致相同，这说明田径运动在心理疾患的治疗上有显著的效果。（2）对情绪的调节作用。俗话说："笑一笑，十年少。""笑口常开，青春常在。"这些都说明情绪、精神对人的健康的重要性。田径运动对情绪调节的机制为在田径运动的健身过程中，参与人可以在健身过程中体会到运动带来的成功喜悦、健身成效的满足、优美自然环境的刺激等给参与者内心带来愉快的心境。

5. 田径运动健身对社会适应能力的作用

对社会适应能力的高低也是衡量一个人健康的标准之一。良好的社会适应能力可以让人体处于正常稳定的机能活动状态。其主要作用体现在：（1）对外界自然环境的适应能力的提高。由于从事田径运动健身大多都是在户外的自然环境中，一年四季外界温度会相差很大，如"三九天"外界气温处于一年当中的最低，通过在户外的田径锻炼可以提高机体的御寒能力，维持机体的恒温，提高自身对疾病的抵抗能力；"三伏天"外界气温处于一年当中的最高，通过对环境的适应，机体可在水盐代谢、心血管机能和体温调节等方面得到改善，有效防止中暑的发生。（2）培养现代人的竞争意识。在田径运动竞赛中，其规则严谨，排除了个人身心以外的任何不平等因素，让人处于平等环境中通过自身努力取得相应的成绩，从而增强参与者的竞争意识。（3）田径运动给人们提供的情感体验是复杂多样的，顺应了现代人对情感多方面的要求。在田径运动中，人们可以得到对集体、团队、协会的信赖感、依托感；人们可以在成功与失败、荣誉与耻辱、竞争与退让之间拼搏选择，享受着各种复杂情感的"折磨"和"冶炼"。

6. 田径运动健身对道德健康的价值

经常参加田径运动，对人遵纪守法的影响方面也有不可低估的作用，潜移默化地影响参与者，使人们都会学会遵从"公平竞争"精神。参加田径健身运动的人要熟知田径的竞赛规则，田径竞赛规则的制定是以"法律面前人人平等"为基础构成的，一切违反规则的行为都会受到社会舆论和人们的谴责。这种潜移默化的效应会作用与参与者的社会生活中去，在一定程度上能提高人们的社会道德水准，树立健康的道德价值观念。

# 第四节 田径运动的价值

随着全民健身热潮的掀起，人民群众参与体育活动的意识有了很大的提高，更多的人选择参加不同的项目来达到健身的效果。田径运动是一个集走、跑、跳、投掷于一身的运动，理应成为人们健身和学生学习的一个重要的项目。本文从多方面视角对田径运动的价值进行分析，力求使人们更加深入地了解田径运动的多方面的价值功能，为田径运动的持续健康发展提供一些启示。

## 一、田径运动的文化内涵

田径运动作为一种包含有个人和集体的运动项目，一直贯穿着人类进化的始终。田径运动文化是人类自身所创造的一种特殊的文化，它主要是指田径运动在形成、传播和发展过程中，对社会发展与人的价值观、行为方式以及与田径有关的物质表现形式影响的总和。可分为观念文化、关系文化和田径物质文化三种形式。田径运动与很多层次的文化都有多多少少有些联系。首先他包含有技术方面的层次，其次是社会制度的层次；最后还包含审美情趣、价值观念、内在价值观念、道德情操等方面的层次。所以说田径运动有非常丰富的文化价值。

## 二、田径运动中的健身价值

纵观田径运动的发展历程，会发现田径运动其实是一项充满生机和活力的古老的运动项目。田径运动在形成之初就带有一些竞技色彩，目前世界很多国家对田径认识还是停留在竞技体系这一观念上面。但是以目前的发展来看，田径运动在大众健身方面的价值也是不容忽视的。田径运动作为健身项目与竞技项目有着很大的差别。

田径健身项目和田径竞技项目的差别主要有：（1）田径竞技运动重视竞技性，是以获得金牌为主要目的的，田径健身项目则主要是以娱乐、健身、修心为主要目的的，比较适合人民群众参与；（2）田径竞技运动的目的决定了运动员必须掌握难度较大的专门技术。可是对于普通健身者来说，没有必要对他们在技术上有过高的要求，而且田径运动的最初来源于人体的基本运动方式，是人体本能的动作，所以会比较简单易学，便于开展，只需要健身者掌握一些基本的健身知识，便可以进行一些自主锻炼；（3）田径竞技运动项目的种类虽然比较多，但大多固定不变，运动员的专业分工十分明显。而田径健身运动的练习形式就比较的多样化，可供选择的余地比较大，人们可以根据自己的喜好选择运动项目。而田径健身运动的这个特点也为田径运动的进一步拓展和开发提供了可能；（4）田径竞技项目有场地、器材、设备等方面的限制。但作为健身项目时，就不受这些因素的约束，人们可以自由的选择在公园，小区空地、空旷田野、沙滩、室内等地方进行各种跑、跳、投的简单练习，使田径运动便于开展；（5）田径竞技运动需要专门的营养补充和恢复手段，才能避免运动员的疲劳积累，可是对于普通的健身者就没有必要采取这些专门的恢复手段，普通的健身者不需要达到那么大的训练量和训练强度，通过一些普通的饮食和简易的恢复手段就可以达到很好的疲劳恢复效果。

田径运动包含了走、跑、跳、投等人体运动的自然动作，有着其他运动不可比拟的全面健身优势，是提高身体素质，提高自然适应能力的基础性健身项目。田径运动的健身价值首先体现在学校教育中，田径运动属于一项在道德和利益冲突中体验竞争的实践教育，可以更有效的教育学生，学生可以在参与田径活动的过程中尽情地展示自己的个性，享受运动所带来的快感。

学生可以通过田径运动来发泄他们在学习和人际交往等方面产生的压力，消除不良情绪。田径运动有其特有的提高机体机能水平的作用，一直以来田径运动因简单易行、机动灵活、安全可靠等方面的特性成为全民健身的首选项目。它不受场地、人数、地点的限制，而且练习的强度还可根据练习者的年龄、性别、身体素质来量身设定，在练习的过程中练习者可以自我控制和调节不受他人干扰。因此适用于各个年龄段的人群。田径运动可以有效地改善呼吸系统和心血管系统的功能，增加呼吸肌耐力，增大肺活量，提高机体的抗疲劳能力，防止脂肪堆积而引起的疾病。长期参加田径运动可以提高防病能力，增加力量和耐力，提高机体各方面的素质。已有研究表明：健身跑可以预防和治疗胃溃疡、十二指肠溃疡等消化系统疾病，还有保护肝脏、防止神经衰弱、减少癌症的发病率等方面的功效；跳跃可以减少学生形成扁平足的概率，提高站立的持久性和运动的能力，保持脊柱的正常发育。

### 三、田径运动中的健心价值

世界卫生组织（WHO）对心理健康所下的定义是：心理健康不仅指没有心理疾病或变态，个体社会适应良好，还指人格的完善和心理潜能的充分发挥，亦在一定的客观条件下将个人心境发挥成最佳状态。经常从事田径运动可以有效地促进练习者的身体健康和心理健康，在田径健身的过程中人体大脑的兴奋和抑制会达到平衡，去甲肾上腺素的分泌会增多，会使人产生愉悦感。又由于田径运动的多项运动项目都是在室外进行的，户外新鲜的空气和多变的环境可以放松锻炼着的精神，从而促进机体的心理健康。田径运动给人体心理健康带来的价值，是任何其他锻炼方式无法取代的。它可以培养人们顽强拼搏的意志品质，使人们获得愉快、幸福的情感体验，舒缓心情、缓解压力，增强自信心和自尊心。国外知名心理学家的研究表明：体育锻炼可以提高自信心和自我知觉，促进人际关系的良好发展，还能积极的改善个体的焦虑、抑郁、紧张等不良情绪在内心的积累，预防和治疗心理疾病的发生。目前国内许多学者也运用田径运动手段对一些心理问题进行干预研究，研究者发现采用这种手段可以积极、有效的消除心理健康方面的问题。如健身跑，能消除由于心理不健康而引发的一系列睡眠、饮食方面的障碍，提高睡眠的质量，增加睡眠的时间。不仅能最大限度地降低胃肠道、心血管以及呼吸道系统等方面的不舒服的感觉，还能减缓由于头痛、背痛、肌肉酸痛而引发的症状及焦虑情绪，有效地增强人体的生理机能，消除焦躁、不安的不良情绪。有效地消除自我怀疑和依赖心理、改善自我认识和评价，一定幅度消除社交恐惧心理，有效地树立和增强自信心，消除自卑感，改善交往心态，有效地消除厌烦，敌对情绪，改善合作态度，增强合作意识、能力以及情绪的稳定性和调节能力。

## 四、田径运动中的审美价值

田径运动的美是通过人体的动作、姿态和技巧显现的、进而唤起欣赏者的思维和联想。"掷铁饼者"是一部具有美学意义代表的作品，创作者抓住了掷铁饼运动员发力瞬间的身体姿态，勾勒出一种强壮、饱满的肌肉，刚毅的神情，雄健的体魄，时至今日仍透射出一种现代人难以企及的精神，这种美是如今世界运动员一直苦苦追求的目标。这种形式结构的比例和谐及其变化统一的美，对人类社会的审美有一种潜移默化的影响。田径运动中的美主要包含有肌肉工作所展现的力量美、快速移动显现的速度美、身体伸展的柔韧美、衔接各种动作的协调美。

### （一）肌肉工作所展现的力量美

在从事田径运动的过程中，人们可以通过锻炼健美肌肉，为进一步攀登体育高峰提供很好的平台。一个健美有力的体型能给人一种勇猛、雄壮、强壮的感觉。比如百米运动员在快速奔跑的途中所展现的那种力量与速度结合的姿态，是使人们感觉到运动美的完美体现，这种通过肌肉和运动器官展现出的一种具有激情和生气的美在我们的审美意识中发挥着重要的作用。

### （二）快速移动显现的速度美

速度美是指人体在快速的运动过程中采用正确的姿势，合理的技术动作，协调的完成某项动作所展示的美。例如在近几届奥运会上的百米飞人博尔特在跑道上像一头猎豹，闪电般地冲向终点，以及他在冲向终点时轻松、自信的表情，给了人们极其难忘的速度美感。这种美感即使是在比赛过去很久，依然会在人脑海中久久挥之不去。

### （三）身体伸展的柔韧美

人体在田径运动中身体的韧带、关节、皮肤由于伸展所展现的柔美曲线，可以使观赏者感到一种柔和和舒展美。柔韧美在一些舒展的动作中出现的机会比较多，主要突出人体曲线和柔软度，使之具有婀娜多姿、窈窕柔软的韵味。在撑杆跳比赛中运动员的空中过杆动作，将美与柔韧完美地结合在一起。

### （四）衔接各种动作的协调美

协调美是指运动员完成熟练、灵活、流畅的完成动作过程中所展现的美。

例如，世界各国优秀的背越式跳高运动员在跳高时将快速助跑和快速起跳结合在一起，表现出力量和速度的完美结合，历史上一个个跳高运动员和撑杆跳运动员创造世界纪录的一幕幕永远留在人们的心中。

## 五、田径运动的商业价值

我国的田径运动项目属于国家拨款扶持的项目，自己没有"造血"功能。但是田径潜在的价值正被各商家努力挖掘着。田径运动员在收入方面虽然不太高，但其奖金、广告费以及出场费一直逐年攀升。田径运动赛事自身还有很好的广告效果，田径赛事项目众多，持续时间长，在转播的时候展示广告的效果好。国外很多高档体育知名品牌看好中国的广大的消费市场，抓住商机，通过在田径赛事上做广告入驻中国，取得可观的经济效益。如美国的耐克，当年商家独具慧眼看中中国市场，通过赞助中国田径队进驻中国，如今已在中国的体育消费市场占据极大的份额。所以说田径运动富含有很强大的商业价值。

田径运动与很多层次的文化都有联系，它包含有技术方面的层次，社会制度的层次，还包含审美情趣、价值观念、内在价值观念、道德情操等方面的层次。

田径运动作为一项古老的运动项目，虽含有很浓烈的竞技色彩，但是作为健身项目适用于各个年龄阶段，且具有很好的健身和健心效果。长期从事田径运动可以有效地改善呼吸系统和心血管系统的功能，增加呼吸肌耐力，增大肺活量，提高机体的抗疲劳能力，防止脂肪堆积而引起的疾病。提高防病能力，增加力量和耐力，还可以促进心理健康，提高自信心和自我知觉，促进人际关系的良好发展，还能积极的改善个体的焦虑、抑郁、紧张等不良情绪在内心的积累，预防和治疗心理疾病的能力。

田径运动含有审美价值和商业价值。田径运动项目会给人呈现出肌肉工作所展现的力量美、快速移动显现的速度美、身体伸展的柔韧美、衔接各种动作的协调美。田径运动潜在的商业价值已被不少商家发现，他们通过田径运动赛事植入广告，扩大品牌的知名度，进而获取经济效益。

# 第五节 田径运动体育文化内涵与价值的探析

在所有的体育运动中，田径运动是一项很重要的运动，其中包含了很多运动项目，占到体育运动的很大一部分。田径运动在锻炼过程中，能够强壮人们的身体，磨炼精神意志，促进身心的良好发展。可以说田径运动的体育文化价值非常大，这些重要的价值作用需要在开展田径运动、田径教学过程中不断地挖掘出来，从而才能提高人们参与田径锻炼的热情，尤其是对于高校的学生，通过参见田径运动，不仅能够锻炼良好的身体素质，还可以磨炼心智，培养自身的吃苦耐劳抗压精神。

## 一、关于田径运动文化的概念界定

在该文的研究中，通过查阅相关的资料，总结出田径运动文化的几点要义第一，田径运动的形式多样，基本上以速度为比赛标准的项目都属于田径运动。第二，田径运动在学习和锻炼过程中，需要投入足够大的精力和体力，对人的精神意志具有很好地锻炼和塑造作用。第三，田径竞技提高了人们的竞争意志，而竞争不仅是体育技术方面的竞争，更多的是精神价值文化的竞争。综合来说，该文认为田径运动文化，就是指田径运动在形成、传播和发展过程中，对社会发展以及给人的价值观、行为方式以及与田径有关的物质表现形式所产生综合性的影响，细分来说可以划分为观念文化、关系文化和田径物质文化这基本的三种形式。

## 二、田径运动的基本特点

### （一）田径运动是当之无愧的"运动之母"

从历史上来看，田径运动是在人们的生产劳动和生存发展过程中逐渐产生并且发展成特殊的运动形式，其中包含的基本属性主要包括人体运动的速度、身体耐力、协调度、抗压能力、灵敏度等，具备这些综合素质的人，通常是身体健康、思维活跃和意志坚定的。说田径运动是运动之母，更多的是在精神层面，田径运动所能体现得价值和精神高度。

### （二）田径运动是现代奥运精神的最直接体现

在现代的体育运动竞技赛场上，项目最多，设立奖牌数目最多的就是田径类的比赛。奥运精神在田径运动中，能够得到最直接的体现。例如"更快，更高，更强"的奥运精神，在田径运动的短跑比赛中，体现是非常明显的。比赛选手们相差百分之一秒，其名次就可能相差几名，一点点小小的差距，就有可能导致与奖牌失之交臂。正是因为这样，田径运动选手在准备比赛过程中，不断挑战自我、突破自我，充分发掘田径运动的竞技美。

### （三）田径运动较少受到其他条件的制约

同其他类的体育运动项目相比，田径运动更容易开展，其不容易受到比赛场地、运动器械设备、环境等客观因素的制约。从身体生物学的角度来看，田径运动属于"绿色"体育运动项目，无论是运动员在锻炼过程中，还是在真正的比赛环节，所产生的身体疲劳均会被这种运动所带来的激情所掩盖。田径运动可以起到愉悦身心的作用，并且参与过程简单，不容易受到外在客观环境的制约，更能让人感受到自由自在的运动魅力。

## 三、田径运动的文化内涵分析

（一）田径运动蕴含着丰富而又深刻的人文精神

田径运动的竞技精神内涵丰富，价值深刻，是人们对自己身体极限的超越和对自我精神的不断升华。从更高的层面来看，更是人们对自身命运的挑战，其中包含人类的价值，尊严，和理想需求，权益的关注，是人积极参与社会管理的重要体现。具体来说田径运动的精神价值主要体现在如下几个方面第一，公平竞争精神，在田径运动比赛中，所有参赛选手，无论来自那个国家，均需要遵守相关的比赛竞技规则，公平参与竞争。第二，顽强拼搏精神，在田径运动的锻炼、比赛阶段，运动员需要顽强拼搏的精神，无论严寒酷暑，日复一日的坚持锻炼，在承受身体受伤的情况下，坚持奔跑等，这些精神，都是田径运动的宝贵财富。第三，共同协作精神，田径运动比赛，离不开团队的协作，取得好成绩，不能单靠一个运动员，需要所有参赛，并且做好协调配合，采取科学的比赛策略。第四，开放创新精神，田径运动的技术是在不断变化创新发展的，运动员要具备创新思维，不断创新田径运动的训练模式，提升训练水平，让田径运动的精彩程度和技术水平不断提升。

（二）田径运动创造巨大的商业价值

在现代很多大型的运动会上，田径运动都会产生很大的商业广告效应。尤其是像奥运会、世锦赛等这样规格高的比赛形式，很多知名企业会给田径运动提供商业赞助，支撑企业进行商业赞助的核心逻辑是，田径运动可以创造巨大的商业价值，对于赞助企业品牌的推广、社会影响力的扩大，均有着十分重要的作用。一些运动衣、运动鞋的广告，经常出现在高校田径运动场地上，吸引万人瞩目。可以说，田径运动，之所以能够创造巨大的商业价值，背后源于它的参与人群，主要是年轻人，具备青春活力，又对一切新的事物充满兴趣，因此，社会商业价值更容易在他们身上体现。

（三）田径运动在个体人格塑造方面有着显著功效

同其他的运动相比，田径运动在磨炼人的意志、塑造人格方面，更具优势。田径运动，一般不涉及人与人之间身体激烈的对抗，更多的是一种个人对自我的超越，例如长跑运动，参与长跑的运动员，每一次比赛，其实都是同自己在比赛，在锻炼心智的同时，提高人民的情操。让人变得更加坚韧，自信，勇敢。在塑造个人良好的精神品格的同时，帮助人云人之间建立更加真诚的友谊，提升自我的集体荣誉感。

（四）田径运动健身价值的开发，形成运动文化的正向引导

在锻炼身体方面，田径运动更是具有显著的作用和价值。有研究发现，与不跑步者相比，跑步者的平均寿命会延长年，身体机能比不跑步者强。作为一项高效的有氧运动，长期坚持跑步的人，其心脏溶血量是普通人的倍，肺活量多增一升，身体新陈代谢机能更强，还能延缓衰老。可见，坚持跑步是远离亚健康的最好方式。近年来，跑步这项以往被人们视为乏味、单调的基础运动，已逐渐变成普罗大众最喜爱的运动之一，各种马拉松和酷跑活动在中国各地层出不穷。而这一点，从年世锦赛第一个项目"男子马拉松"同时进行的"十公里大众跑"民众的参与度上也能得到印证。不容否认，类似跑步的全民健身运动客观反映着一个国家和民族民众生活水平的提高，因为只有实现财务自由的人才更加注重拥有一个强健的体魄。在这些人掀起健身热潮后，一旦有越来越多的人加入，就会形成一种良性互动，建起全民健身的氛围。除此以外，全民健身热潮更会有助竞技比赛成绩的提高。

田径运动文化内涵给予了人们启示它是一项富含哲理的运动项目，蕴涵着很高的价值，因而具有很强的生命力。田径运动更是学校体育之本，在人们体质日趋下降的情况下，更要正确对待田径运动，从文化的视角审视田径运动，引导人们对田径运动深层的理解和认识，防止对田径运动的片面理解和误解，使田径运动沿着以前的道路健康、可持续地发展。

# 第二章 田径运动的特征研究

## 第一节 田径运动的文化特征

### 一、现代田径运动文化的内涵

现代田径运动文化是现代体育文化的重要成分，它既具有现代体育文化的共性，又有其独特的个性。现代田径运动文化由观念文化、关系文化和物质文化三大部分构成，它是各种田径运动形式的本质属性的总和。所谓现代田径运动的观念文化就是指现代田径运动对人的世界观、价值观、人生观的影响及与之相关的文艺活动。如育人夺标、舞龙舞狮活动等。现代田径运动的关系文化是指人类在现代田径运动文化的创造、发展的过程中所形成的各种社会关系的总和，以及为维护这些社会关系而形成的各种社会组织形式，如中国田径协会等。现代田径运动的物质文化是指为田径运动而筑建的赛事场馆、比赛设备等物质文化设施。在这三种文化形态中，观念文化是核心，处于上位文化，关系文化与物质文化围绕着观念文化，处于次位文化。

### 二、现代田径运动文化的基本特征

#### （一）强烈的竞争性

"更高、更快、更强"是现代奥林匹克运动的精神，也最能体现现代奥林匹克文化竞争性。现代田径运动文化的核心是为了充分地展示人类的极限，也是为了更好地满足个体发展的终极目标。现代田径运动是现代奥林匹克运动的重要组成部分，因而，"更高、更快、更强"也是现代田径运动的精髓。现代田径运动项目中的跑类项目追求时间上的更快、跳类项目追求更高、投掷类项目追求更强，这与现代奥林匹克文化的精神不谋而合。

在现代田径运动赛场上，我们从表层上看仅仅能看到各运动员之间的激烈竞争，但从实质上看，现代田径运动中有各种层次的竞争，这包括运动员超越自我的竞争、超越对手的竞争和超越赛事纪录的竞争。

（二）公平公正性

现代田径运动的公平性主要体现在比赛的公平上，为了确保比赛的公平性，在现代田径赛事中，赛前的测量骨龄、测量兴奋剂等措施就是为了充分确保比赛的公平性。现代田径运动的公正性与公平性一致，也是要求运动员严格遵守比赛规则，并遵从统一的评判标准。现代田径运动与现代奥林匹克运动一样，均要求公平、公正、公开地遵守比赛规则。

现代田径场上展示的是公平的竞争而不是丑恶的斗争，无论是在赛场上，还是在赛前、赛后，都不允许破坏田径比赛的各项规则，更不能容忍弄虚作假。遵从规则、公平公正，这是现代田径运动为人类文化创造的重要遗产。

（三）主体性

现代田径运动分为不同的单项，每个单项之间又有不同运动员个体进行的竞争，这就是现代田径运动的主体性。在现代田径运动中运动员个体的竞技状态和能力是决定比赛成绩的关键。因此，现代田径运动反映的是从事田径运动项目中各个主体的最佳状态和竞技能力，而现代田径运动中的各个参与主体他们可以凭借自身的意志和能力充分展示出自己的最佳状态，将能力发挥到极致。

（四）审美性

现代田径运动中运动员身体形态美、跑跳运动中的动作技术与节奏、运动员服装和塑胶跑道的设计等均是文化艺术创作取之不尽、用之不竭的源泉。现代田径运动美凝聚着速度、力量、灵敏、协调和准确，是形体与精神的完美结合。现代田径运动中的审美性具体表现在以下几个方面：第一，人体美。现代田径运动员长期训练形成的匀称、协调的体型美。第二，竞技美。从每一个参加现代田径运动的运动员身上都能够发现出竞技美，因为，田径运动竞赛属于竞技体育运动核心部分，竞技性是现代田径运动的本质特征，因此，竞技美也是现代田径运动的重要特征；第三，道德美。从现代田径运动的发展历史中，我们能够看到有许多道德品质高尚的运动员，他们将现代田径运动的道德体现得淋漓尽致。

（五）艺术性

现代田径运动中身体运动的节奏动作、技巧、姿态等本身就是一种动作语言，它们是构成现代田径运动文化语言的不可分割的部分。在现代田径运动中可以说是处处折射出文化的艺术性，如短距离跑类项目的奔跑动作、跳跃类项目中运动员的过杆技术动作、投掷类项目中运动员的最后用力动作等，均直观而强烈地表达了现代田径艺术性的各种信息。现代田径技术动作的艺术性，是现代田径运动文化的载体与传媒。

（六）政治性

随着社会的发展，体育与政治、经济、文化等已经融为一体。田径运动作为社会文化的一部分，其既受政治的制约，也反作用于政治，为政治服务。现代田径运动，特别是奥运会、各大洲运动会等大型国际竞赛，对世界各地影响面之广，传递信息之明确，产生效应之迅速，是其他任何活动都无法比拟的。现代田径运动的成败在一定程度上关系到国家的荣誉，譬如在比赛中夺得奖牌的运动员，都能够看到自己国家的国旗冉冉升起，都能够听到本国国歌的奏响，这无疑是在向世界宣誓，在向世界呐喊，让世界永远记得这个国家和民族。由此可见，现代田径运动可以满足民族自尊心，增强自豪感，激发爱国情感，振奋民族精神，鼓舞国民士气，弘扬国家威风。

（七）表现性

表现性是现代田径运动文化的基本特征之一。现代田径运动是以西方体育文化为主流的文化，而西方体育文化的典型特征就是表现性，这不仅仅体现在各个运动员身上，也体现在各大赛事中。在西方体育文化的影响下，现代田径运动对人的表现要求极高。

# 第二节　田径运动的体能特征

## 一、对体能概念的理解

随着客观事物的发展，每经过一段时间，就会产生一些新的概念。从某种意义上讲，概念的产生和变化也是科学发展的一个标志。针对体能一词到底应该怎样科学的去理解和把握？这正是本文需探讨的问题。传统对体能的理解是：人体各器官系统的机能在体育活动中表现出来的能力。包括力量、速度、灵敏、耐力和柔韧等基本身体素质，以及人体的基本活动能力"。如走、跑、投掷、攀登爬越等。这只从满足运动需要的身体素质方面进行了概括。

我们从体力和能力方面进行分析，其意义和范围可进一步延伸。这里的体力就是指身体抗疲劳的能力。它是体能组成因素之一。体力主要包括耐力素质、力量素质以及速度素质三大要素。能力是指完成竞技比赛的综合能力的体现。包括身体运动能力，身体适应能力，机体状态和各项身体素质。我们可以认为体能有广义和狭义之分。所谓的广义就是运动员体能发展水平是由其身体形态、生理机能、运动素质及适应能力的发展状况所决定的。其中，身体形态是指反映人体生长发育状况的外部形态特征，以及心脏的大小、肌肉的横截面等内部形态特征，形态特征可以反映出专项运动员形体的特征。身体机能是指人体各内脏器官的机能状态，随着训练和竞赛强度的提高而同步提高。素质是指运动员的各种身体和心理素质的体现。适应能力是运动员的心理适应和身体适应的总和。

## 二、田径运动的体能特征分析

田径运动体能结构反映了田径运动体能系统的内部关系。人体各器官、组织和细胞的形态结构是其机能的物质基础。田径运动员的运动素质、形态结构和机能与代谢状况构成了田径运动体能的三维观。三个构成因素之中，运动素质与身体形态是体能的外部结构，生理机能是其内部结构。在此基础上，笔者欲从专项特点、生理机能和体能因素结构及其特点等视角，从理论层面进行简要分析。

（一）田径运动体能的专项性

在田径运动中，运动员最基本的活动方式有瞬间转体，旋转，跳跃，弹跳，加速等这种反复的形式进行的。整个竞技过程中这些动作都是以高速度、大爆发力完成。这也决定着田径运动员机体能量代谢的形式，因此田径运动员在田径运动中是以无氧供能、有氧供能或两者相结合为主的供能方式。当今比较经典的训练理念是体能的发展与专项技术及其特点高度的结合，并取得了很好的效果。田径运动员体能的发展是通过采用与专项特点高度结合的方法与手段。所谓符合专项特点的训练，是指在高度符合田径运动的项目特点与竞技要求的基础上，采用不同的有很强的针对性与实效性的训练方法与手段下的反复刺激与适应的过程，并表现出高度的专项性特点。其生物学机制在于训练适应过程的专项特一性，这是运动员竞技运动中保证竞技能力提高的前提。

（二）田径运动体能的稳定与非稳定的动态适应性

田径运动体能的稳定与非稳定的动态适应性表现在如下两个方面：一方

面是体能的获得过程（即运动员有机体的适应过程），主要是人的机体对外部刺激的一种生理适应过程。任何适应过程都存在着两种适应反应：一种是急性但不稳定的，另一种是长久的相对稳定的。急性适应性反应产生的体能，取决于刺激的大小、训练水平及其机能系统的恢复能力和运动智能水平。由专项强化训练所获得的体能虽然目的很明确，但并不表示有极大的稳定性。而相对稳定的适应性反应是建立在各器官、系统的形态改善基础之上，是随着专项成绩水平的提高而变化的。即使在某一时期已形成较为稳定的体能，但随着专项特点的改变，原有的体能将不再能满足未来专项特点的需要，也表现出动态适应性。因此，田径运动体能具有明显的稳定与非稳定的动态适应性特征。

（三）田径运动员体能水平的弹性特征

从广义上讲，运动员体能发展水平是由其身体形态、生理机能、运动素质及适应能力的发展状况所决定的。由于运动员自身个体差异明显其个子因素的不稳定性决定了体能水平具有绝对的非衡性。田径运动员体能中各个子因素之间的不均衡状态是普遍存在的，从哲学意义上说，这种现象的存在又是绝对的。这种现象构成了体能水平的"弹性"基础。

在田径运动员训练过程中，通过适应大强度训练来实现自身体能的提高。人体适应所获得的体能不可能在较长时间的工作过程中维持在同一水平，系统中的各个子系统之间是相互联系、相互作用的，这种作用具体表现为控制与被控制，竞争与制约，以及协调与促进的关系。由于这种关系促使系统的状态发生各种各样的改变，因此，体能系统指标具有明显的弹性。

（四）田径运动体能因素的非衡结构与"补偿效应"特征

国际运动医学委员会在 1964 年东京奥运会期间，就成立了"国际体能测试标准化委员会"，并制定了标准体能测试的 6 大内容。对此，拉森（LARSON）提出了构成体能的 10 大因素：防卫能力、肌力能力、肌爆发力、柔韧性速度、敏捷性、协调性、平衡性、技巧性和心肺耐力。"由于运动训练过程、个体条件和环境条件的差异，构成体能的 10 大因素都呈不均衡状态，并且这种现象是普遍存在的，这就导致体能系统呈现非衡结构特征。

体能系统的非衡结构是客观存在的它具有整体性与层次性等多种特征。在这一非衡结构中，优势因素能够在一定条件下对弱势要素予以补偿，这就是非衡结构的补偿机制。"非衡结构的补偿机制"揭示了田径运动体能系统中的非衡状态，同时，描述了通过训练主动的加强优势要素，实现对弱势要素在一定范围内的补给，从而使体能的保持或提高成为可能。"非衡结构的补偿机制"突出了田径运动体能各构成要素的相互关联，辩证地看待体能各要素不同水平存在的事实与意义，为体能各要素中"特长"的获得或加强奠定了理论基础。

从哲学视角审视，体能系统是一个绝对非平衡状态。非平衡是指组成体能系统的子系统及其单元的功能、作用不是等同与均匀的，这就导致各单元之间及各子系统之间互补、重组的协作及势差的动态作用。田径运动的体能是由各方面综合作用的结果，是各因素相互作用所形成的。只有各方面协同工作，才能提高其运动能力。运动员的体能表现除身体形态、生理机能和运动素质三大主要组成部分外，还由环境与主动能动性及意志品质等其他方面的因素所决定，是多因素相互作用的结果。它们相互之间综合互补地组织在一起，共同表现出运动员在专项中的体能水平。

# 第三节 田径运动的美学特征

田径运动是比速度、高度、远度的运动项目，要求运动员在短时间内表现出最大的速度与力量或较长距离的忍耐能力。田径运动美学是指从美学的角度去研究它，运用美学的理论分析田径运动中美的现象及其美学价值的科学。

## 一、身体素质构建的形式美

公元前 5 世纪希腊大雕塑家米隆所雕刻的《掷铁饼者》被公认为是体育运动与健康体魄的象征。上下几千年一直是人类苦心追求的目标，这种形式结构的比例和谐及其变化统一的美，对人类和社会都有一种耳濡目染、潜移默化之功，为我们陶冶情操，端正品行有积极向上的作用。

（一）力量美

改变事物运动状态的作用称为力。田径运动员通过力量训练使肌肉发达强壮有力，为不断攀登体育高峰打下坚实的基础。100m 运动员刘易斯在奔跑途中，显示出力与美的姿态，使我们认识到肌肉运动器官在体育活动的审美意识中发挥着特殊的作用，是感觉运动美的基础之一。有力的健美体型给人以雄壮、勇猛、活泼、强健的感觉。表现出具有生气和生命之美，力之壮美体现在田径运动项目之中，如古希腊的塑像"掷铁饼者"至今仍作为美的化身供人们欣赏。

（二）速度美

速度反映了人体进行快速运动的能力，是对运动审美评价的标准之一。

为了达到更快的速度，必须采用合理的动作技术，采用正确姿势，最协调的动作，是最科学、最优美的姿势。如奥运会100m赛金牌获得者，唯有乔伊纳在冲向终点时轻松、妩媚地微笑着，因此，只有她给人以如此难忘的速度美感。刘易斯和约翰逊都是世界上跑得最快的人，步型、动作也各有千秋，刘易斯弹跳好、步幅大，身体重心高，因而跑姿轻盈；约翰逊步频快、蹬地有力，身体重心低，因而跑姿迅疾勇猛，但许多人更欣赏刘易斯的跑姿，国外报刊评论说："从姿势看，刘易斯在飞，约翰逊在跑"，由此可以看出刘易斯给人较多的美感。

（三）柔韧美

人体骨骼关节、韧带、肌腱及皮肤等伸展性带来的身体曲线变化，能使我们感到一种柔和、舒展和轻松的美。柔韧美一般寓于较为舒展的动作之中，能突出人体柔和的变化曲线，使之具有婀娜多姿、窈窕柔软的韵味。柔韧有助于加大运动幅度，由于肌纤维的弹性及关节的灵活性，表现出舒展大方的空间特征。例跨栏跑中的攻栏技术，跳跃运动项目中起跳蹬地技术等。

（四）平衡美

身体运动中相对静止的均衡动作显示出平衡美。例如背越式跳高运动员过杆成桥技术；投掷运动项目中最后用力换脚保持身体平衡动作；跳远中腾空步技术等。许多运动项目是以急剧地起动转体和突然加速或减速改变身体的位置，保持身体平衡，以免犯规。从整体上观察空间结构的比例变化，很容易感受到平衡美。通过肌肉收缩保持平衡的力学条件，重心和力量的均衡制约，是完成优美动作所必需的，所以，在田径运动训练中要加强对运动员平衡器官的培养，平衡感觉对于运动员发展表现力也有很大的影响。

（五）协调美

体育之美寓于运动之中，运动中体现出美。在连接动作的和谐中能够显示出协调美，田径运动尤其要求运动员全身各部分协调一致，完成运动动作的各个阶段分序严谨而不停顿、动作轨迹显得轻松而协调。这需要人的神经系统各种感知觉良好配合，才能控制和调节身躯做各种变化，也才能给人以美感。协调美是熟练性、灵活性、弹性与平衡力、组合力、想象力等诸多因素的综合效应。

国外学者对"运动协调"一词的解释为"：由各组成部分之间构成最好的，具有美学效果的比例关系而产生的运动动作的特点。说明：完成动作的协调性，取决于运动的技术水平和个人特点。"。

## 二、田径起源——文化美

远在人类发展最初阶段的上古时代，人们为了获得生活资料，在和大自然与禽兽的斗争中，不得不走或跑过相当的距离，跳过各种障碍，投掷石块和使用各种捕获工具。在每天的劳动中不断地重复这些动作，形成了走、跑、跳跃和投掷的各种技能，并且人们也把这些技能教给了下一代，一代一代往下传。

人类是创造历史的主人，人类不仅为了生存和自然界作斗争，而且在斗争中丰富发展着自己的生活。田径运动就是人类在斗争中创造的。光辉的历史、灿烂的文化，应该说田径运动的起源是人类文化进步和发展的象征，标志着人类的文明进程，蕴藏着文化美。一个个动人的故事流传至今，每一个故事都有着深刻的文化背景。公元前490年，希腊人和波斯人在马拉松这个市镇进行了一场激战，结果希腊人得胜，为了将这个消息传到希腊首都雅典，英勇的战士菲力比斯从马拉松跑到雅典，当他跑到时已筋疲力尽而死，为了纪念这个爱国人士，年第一届奥运会举行了从马拉松到雅典的马拉松跑比赛。马拉松跑起源的故事，鼓舞和教育着一代又一代人。挑战极限，战胜自我，勇往直前。这种文化基石和文化美是田径运动美学的代表。

## 三、场地器材——自然美

历史的变迁，人类的进步，时代的发展，田径运动和田径比赛，正逐步走向完善。作为国际大型综合运动会主场地的田径场，演变得更加壮观。坐在看台上，看到米环形的田径场，给人很轻松、很自然的感觉，能体验到一种自然美。红色的塑胶跑道，白色的跑道线，激励着人们勇往直前。圆形的投掷圈，扇形的投掷区，长方形的沙坑，交相辉映，还有米同大自然宽的跑道，助跑道和踏跳板，构成田径场地一幅美丽的图画，参加比赛是为了竞争，观看比赛是一种美的感受。田径器材制作精美，跨栏架、跳高架、金属竿、标枪、铁饼、铅球、链球形象逼真，融为一体也能体现自然美。

## 四、田径运动——健康美

世界上参加田径运动的人应该是最多的。只要上过小学、中学和大学的人都要参加田径运动，通过田径的跑、跳、投等锻炼，使人在坐、立、行等姿势上更加完善、矫健，因此，田径运动给人的是健康美。

田径是体能类运动项目，能充分显示人的自身运动能力和自由创造的素质力量，表现人类战胜自然的新水平。随着现代社会经济和科技的发展，人们生活水平的不断提高，锻炼身体，增强体质日益成为大众共同而迫切的要求，那么与人们生活密切相关的走、跑、跳、投必然成为最易实践，最受欢迎和便于普及的运动。这是因为田径除竞赛属性外，还具有锻炼身体手段的属性。根据年龄、性别和健康状况的差异，可以从田径运动中选择适合自己的健身内容、形式和手段。一般参加田径活动很少受条件的限制，不论是年前就刻在希腊埃拉多斯山崖上的格言，还是今天流行的"慢跑——健康的处方"之名句。都深刻阐明了田径运动在大众健身中的意义和作用，健康美是田径运动又一重要的审美特征，参加田径运动更能有效地提高健康美。

## 五、田径技术——力与美

田径运动是力与美的较量，力量是基地。这种力量不是单纯的用力，而是十分讲究技巧，能给人以美感，可以说田径运动的技术动作是复杂的，用力的技巧也是十分科学的，其技术动作是力与美的结晶。田径运动的技术动作一般都是向前的运动，十分强调用力的方向、用力的技巧，如短跑可以说是勇往直前的运动，运动员用力合理，跑得轻松，才能战胜对手，夺取胜利。人们常常形容短跑如万马奔腾、猛虎下山，说明力与美达到了最高境界。因此，观看百米大战是一种力与美的享受。田径运动集结着更快、更高、更强的内涵，短跑、快跑、障碍跑要更快跳高、撑竿跳高要更高投掷的力量要最强，所有这些都体现着力的凝聚、爆发用力的基本特征。特别是投掷项目最能体现力与美的结合，如标枪最后出手时，必须肋对前，拉满弓，犹如弓箭离弦，整个运作一气呵成，用力瞬间动作特别美。

## 六、田径比赛——运动美

体育的动作之美就是身体的运动之美，在田径比赛中，田径运动员体现了速度和力量的美。被称为"东方神鹿"的王军霞在奥运赛场上，以最快的速度跑完一万米，她有力的冲刺，永远使不完的劲，让世人惊叹，显示了中华女儿的运动美。

马克思曾说过"人的本质力量的对象化"，也就是说体育运动美的形象应反映出运动员作为人的本质力量。那么，田径运动员怎样把自己的本质力量在对象中实现，并变换为运动美的形象呢跳高运动员，通过刻苦的训练，技术的钻研，在比赛中跳出了自己的最好高度，取得了好的成绩，而这一成绩就可以作为他的力量、勇气的证明和标记，这一活动的结果显示了他的本质力量。作为一个中国的运动员，要通过平时艰苦卓越的训练，不断地提高运动成绩，在比赛中敢于拼搏，创造优异成绩为国争光，只有这样才能是运动美。

## 七、田径精神——崇高美

当今的田径运动迅速发展，运动极限不断突破，比赛成绩不断提高，纪录日新月异，女子向更多的"男子化"项目进军，赛场上顽强拼搏，竞争激烈，比赛是无情的，残忍的，需要在单调枯燥的训练中年复一年的勤学苦练，需要有锲而不舍的奋斗精神。这种精神就是田径精神，是一种崇高美。在中国女子长跑运动员身上已经体现出来。她们为了祖国的荣誉，在训练中，承担着超人的负荷，忍受着脚趾甲脱离，皮肤冻裂的种种痛苦。在比赛中承受着种种压力，咬紧牙关拼到最后，显示了中华儿女不可压倒的气势和冲破极限的毅力，这种为实现理想而不屈不挠的奋斗精神，忘我、无私、超越自我的无私奉献精神，是人类崇高精神的升华，是崇高美的体现，具有撼人心灵的巨大力量，一种精神可以激励几代人奋发向上，为了中国田径运动的发展和腾飞，需要提倡田径精神，需要每个田径运动员和田径工作者树立崇高美。

## 八、田径运动美表现形式

田径运动整个过程都是在"动"中进行的，运动渗透到田径运动发展过程的每个环节，可以说体育运动的灵魂就在于"动"。运动美的审美对象是人体的动态美、构造美和竞争美。

（一）动态美，表现在动静结合上

田径运动从整体上来说是动，因而运动是绝对的。但动中有静，是运动中静，静是相对的、动与静是田径运动中的两种状态，而这两种状态相互交替，相互转化，构成动中有静，静中有动，动静结合。生动、鲜明、引人入胜的运动造型表现出动态美的魄力。动就是活力之美，是生机、是人体生命力的展现。动作为审美对象，是以人运动为核心，它的一切技术动作的构成和节奏都是人创造的成果。例如：欧文斯首先跳过 8m 大关时，他的起跳动作好像从板上跑过去一样，空中姿势介于蹲踞式和走步式之间，动作简练，平衡协调，他以快速助跑起跳给人们留下了印象。长跑运动员在马拉松或万米赛中奔跑的瘦削身影，也同样使人感到美。

静是为动而准备，如竞赛运动员起跑前的静伏，只等枪声一响，由静到动像一枚发射出的火箭，具有无穷的威力，给人以朝气蓬勃和奋发向上的活力之美。

（二）构造美，表现在主体活动与客体相一致并能动于客体

例如：跳高运动项目从跨越式、剪式、滚式、俯卧式到背越式的演变过

程充分说明运动之美通过其美的结构呈现出来，这美的结构体现出真、善、美的高度统一。人类的田径运动项目是符合自身生理和心理科学规律的运动，这就使运动的结构既符合人体运动的客观规律，又符合人的目的性，是一个不断提高动作结构的过程，也是一个不断创造动作结构美的过程。在对运动美的结构进行审美欣赏过程中，欣赏者自身也是创造者。要有所创造首先是要自我欣赏、自我评价、创造者自身首先是运动美或具体的运动技术美、意志品质的第一个欣赏者。只有自我欣赏才能完善创造过程，创造出更美的运动结构。一定程度上欣赏是创造的动力，创造是欣赏的成果，欣赏者于创造者的同一性是运动美赖以产生的特点所决定。这样就可能促使运动员经过欣赏美、创造美的多次反复实践的体验和认识的飞跃，按照人体科学和美的规律再次进行美的能动创造，使运动结构之美日臻完善。

（三）竞争美，表现在相互作用上

竞争是体育运动发展的动力，体育的竞争美表现在激烈的对抗之中。竞争美是战胜对手为目的，在平时训练所具备的基本素质和掌握技术、战术的基础上，临场创造性地运用和发挥并达到完美程度所显示出来的美。例如奥运会、世界田径锦标赛、长跑比赛、撑杆跳高和障碍赛跑等。竞争美，随着赛事变幻莫测，极富神奇色彩，扣人心弦。由于目标的唯一性，决定了体育竞争的排他性，在竞技场上，它不承认除个人身体和心理之外的任何不平等；它最讲法制，不徇私情，不论资排辈，不以运动员过去的辉煌论英雄；它最讲现实，这就要求每个运动员要凭自己的实力竞争，竞争求胜才被人誉为真正的英雄。运动场上的竞技者，是通过技术和战术的较量，时空的争夺，去战胜对手的。竞争之美是在比赛双方的相互作用、相互影响、相互制约、相互对抗中呈现出来的，在竞争中双方的技术水平越高，实力越接近，竞争就越激烈，更能全面地展现巨大的体力、体能、智慧和技巧，因而审美价值就越高。

## 九、田径运动审美中的主体与客体

田径运动与其他运动项目一样能够影响人体的形态和机能，使之完善，使其日益健美，展现出人体美。田径运动员在从事田径运动过程中展现出来的意志品质、技术、智慧、风格都是运动美。田径运动员在比赛中表现出来的伦理道德、风尚、意志、情操都是道德风尚美。田径运动是比速度、高度、远度的项目。速度反映了人体快速运动的能力，是对运动审美评价的标准之一。为了达到更快的速度，必须采用合理的动作技术，最协调的姿势，展现给人们技术美、姿势美，使人的肌肉发达。健美的体型给人以雄壮、勇猛、活泼、强健的感觉，表现出具有生气和生命之美。

（一）田径运动审美中主体与客体的关系

有美（客体）就要有人（主体）欣赏，否则美的存在就没有价值或意义了，但有人欣赏没有美，审美关系也不能发生。田径运动美（包括身体美、运动美、道德风尚美等）的欣赏者（观众）与田径运动美的载体——田径运动员（田径运动美都是通过田径运动员展现出来的）的相互关系上是一个很通俗而且非常形象的比喻。田径运动审美欣赏中的主体与客体是双向交流，相互影响的。田径运动美的载体——田径运动员在从事田径运动过程中越是能够展现出身体美，运动美和道德风尚美，越是跑得快、跳得高、跳得远，就越能够吸引观众（审美主体）的注意力，激起他们的美感、愉悦、兴趣和惊叹。反过来，观众越是表现出兴趣、惊叹也越能够促进田径运动员表现的欲望，从而充分展现身体美、运动美、道德风尚美。在田径运动审美活动中，人们（观众）欣赏田径运动美。是欣赏者，是审美的主体；田径运动美是被欣赏的对象，在审美关系中属于审美客体。审美主体与审美客体之间相互关系的建立，是以审美客体的属性和主体的审美能力互为条件的。田径运动美的存在，这是审美客体一个重要的属性。人们对它进行感知、寻味、体验、欣赏，会情不自禁地发出赞叹，既是主体精神上享受到审美愉悦的情感的自然流露与升华，也包含着主体对客体的鉴别与评判，这就是美的鉴赏。我国美学家王朝闻说："艺术美能不能成为审美主体的欣赏对象，即要看自身美的还是不美的，也要看对方是不是艺术美的知音。美的艺术能不能成为艺术接触者的知音，还要看接触者是不是转化为接受者"。这两句话也充分说明了田径运动审美中的审美主体与审美客体之间相互关系建立的条件。

（二）审美主体与客体应具备的条件

1. 审美主体应具备的条件

（1）审美主体要有正确的审美态度

审美态度是人们在从事审美活动时所持的审美观照的态度，它是人们在审美活动中形成的一种心理状态。正确的审美态度必须把握一点：在审美活动中，不能单纯从功利价值的角度衡量对象，而应当在主体与客体之间保持一定的心理距离，以便于进行审美关照。否则，审美活动就无从谈起。比如观看田径运动比赛，你所关心的只是这次比赛会带给你多少利润，这时你的心思就没有在审美上，展现在你面前的田径运动美你也会视而不见。

（2）审美主体要有高尚的审美情趣

审美情趣又称审美趣味，是指人们在审美活动过程中表现出来的富有情感的、带倾向的爱好志趣。审美情趣是主体选择、评价美的内在标准尺度，也是审美主体审美能力发展水平的一个重要标志，反映了审美主体的审美修养和审美经验所达到的程度。审美情趣有积极、进步、健康、高尚、有益和消极、落后、病态、庸俗、有害之分。健康的审美情趣引导人们选择并追求那些生机勃勃、高雅明快、给人力量、给人启迪的真正称得上美的事物，使人身心健康、精神愉快、生活丰富多彩，能在美的享受中获得知识和教益。而庸俗的低级的趣味只会导致人们选择并追求那些颓废、消沉、晦暗、刺激的东西，以丑为美，以至造成心灵空虚、意志消沉、精神麻木、粗野下流的恶果。在田径运动中也存在一些不良的现象，如服用兴奋剂、不遵守比赛规则、与裁判员争执等，如果审美主体（观众）的审美情趣是积极、进步、健康的，他们就会以此类现象为耻，认为是丑恶的，加以批评。而那些审美情趣庸俗、低级的审美主体就不会以此类现象为耻，反而认为是美的。

（3）审美主体要有一定的审美感觉能力

田径运动美中的身体美、运动美、姿势美、技术美感目，道德风尚美感心。说的是田径运动美是通过视觉等不同感官的作用而发生心灵感应的。从审美感觉的角度来说，田径运动美中的身体美、运动美、技术美、姿势美等可称为视觉美，道德风尚美可称为心灵美。感觉是对美的形式外在情状的反映，尽管它是直观的，却是真实的。这里说的美不等于审美客体。审美客体是审美主体意识到的客体或意识中的客体，是在审美主体审美感知中构建起来的客体形象。这就是说，欣赏田径运动，不等于发现审美客体，发现田径运动美。田径运动美只有在我们感知到它才能得到确证，对我们来说才是现实存在着的美。要想感知田径运动美，就需要具有包括审美的感官、审美的敏感、审美的素养、审美的心灵等在内的审美能力。王朝闻说："只有当他不只是美与丑的接触者而且是美的接受者，也就是具备了发现美的敏感能力，能够深入美的奥秘的人，他对审美客体来说才堪称符合需要的，有资格的审美主体"。

2. 审美客体应当具备的条件

（1）审美客体应具有美的属性和审美价值

所谓美的属性，就是一种能够确证人的本质力量的性质。审美价值是审美客体客观具有的，能在一定程度上满足人们的审美需要，给人以美的享受。有了美的属性才有审美价值，才有可能引发欣赏者的美感。田径运动美的审美价值的实现程度，取决于审美主体对田径运动美的感觉和理解程度，审美价值的大小决定着田径运动美的美学品位的高低。审美价值愈大，田径运动美愈有感染力，就愈能保持其持久不衰的魅力。

（2）审美客体应具有进步性

田径运动场可以说是社会的一个缩影，所不同的是其成员只有运动员和裁判员及竞赛工作人员。在这个"小社会"里，运动员、裁判员及竞赛工作人员频频发生交往，在田径运动竞赛规则的要求下，裁判员、竞赛工作人员要公正严明，运动员要公平竞争。田径运动员身体线条美，跑得快，跳得远、声，投得远，但如果是服用兴奋剂才有此成就，不是在公平竞争的条件下取得的，观众就不会为他（她）喝彩、欢呼，只会送给他（她）蔑视的眼光和嘘声。如 1988 年汉城奥运会田径赛，加章大短跑名将本·约翰逊以 9.79 秒的成绩夺得男子 100 米金牌，"创造"了新的世界纪录。但赛后兴奋剂检测呈阳性，国际奥委会立刻取消了他的冠军资格，这一事件震惊了世界田坛，严重影响了田径运动员在观众心目中的形象。像这样服用了兴奋剂的田径运动员所展现出来的"田径运动美"是扭曲的、变形的、非自然的美，自然不会引起审美主体的美感；对人类的进步，社会的发展也起着消极的作用。如果田径运动员身体美、跑得快、跳得远、跳得高、投得远是通过他（她）的刻苦训练才有此"成就"，观众就会为其鼓掌欢呼，送给他（她）敬佩的眼光和赞扬。如 1996 年亚特兰大奥运会上，我国女长跑运动员王军霞获得 5000 米冠军，为国家争得了荣誉。她优美的身体线条、矫健的步伐、顽强的意志、一流的跑步技术，深深地吸引了观众，给观众以美感。全中国人甚至全世界人都被她展撼，为她欢呼喝彩。像这样刻苦训练的田径运动员所展现出来的田径运动笑是真实的、自然的美，自然会引起审美主体的美感，对人类的进步、社会的发展都会起着积极的作用。像这样具有进步性的田径运动美触动人们的心灵，沟通人们的思想；它影响着人们的内心世界，使人们的精神境界得到升华。

# 第四节　现代田径运动的人文内涵及其多样化发展特征

作为最古老的竞技运动项目之一，田径运动是各项体育运动的基础，其充分展现了竞技运动中蕴涵的人文内涵。一直以来，人们往往关注于田径运动的健身价值和竞技作用，却对其人文内涵研究甚少，也没有得到足够的重视。人文精神是人类精神的外貌，是人类对于其自身的权益、需求、理想、尊严、价值、命运等的关注、追求和思考，是人类的主观能动性的具体表现。如果缺少人文精神以及人文价值观，那么就没有古代体育活动的兴起和发展，当然也就无从谈起现代田径运动的高层次发展。本研究从人文精神的视角出发，分析和探讨了现代田径运动的发展特征，旨在更好地把握田径运动的本质核心，充分发挥田径运动的作用，推动其向更高、更深层次的发展。

## 一、现代田径运动的人文内涵

田径运动的历史是人类追求生存、追求健康，追求身体和精神的完美结合，追求奋发向上的历史，它之所以经久不衰，在于它本身固有的魅力，在于人类不断赋予它的深刻内涵。以往提到田径运动，人们就会想到田径场上奋力拼搏，你追我赶的激烈竞争场面，会想到叱咤风云的田径健儿的英姿，会想到闪光的金牌和观众的欢呼。的确，这一古老悠久的运动早已随着时间的推移在人类历史上保留下深深的痕迹，然而，对田径运动的理解不仅局限于对其竞技体育的认识，更应从人文价值内涵去深刻理解，只有高度发达的社会才更加重视人文价值、培养人的价值、发展人能力价值。田径运动中有着丰富的人文内涵，其中无处不蕴含着公平竞争、创新精神、拼搏奋斗精神，这种精神已成为人类文化中重要的组成部分。

（一）田径运动中无时不体现着"公平竞争"

公平竞争是人文精神最主要的部分之一。竞争是人类生存和发展的基本动力，是社会存在的核心内容，没有竞争就等于没有发展。但在社会竞争中，人们往往向往的是公平竞争，在文明社会中，人们也无不将公平竞争视作社会存在的最重要原则，其是人类社会人文精神的重要内容。而在竞技体育中，充分体现了公平竞争的艺术。可因为部分人们在各种客观、主观等诸多条件的影响下，往往使得一些竞技体育活动出现了非公平的竞争。比如，在一些球类比赛中往往出现误判、漏判、错判、黑哨、假球等现象，甚至有时还出现裁判舞弊的情况。但是，在田径运动中，几乎不会出现这类情况，这主要是由于田径运动已发展了很长时间，已经形成了一个有效的、完整的考核、评价、评判体系，这套体系能够对田径运动比赛进行公正地、客观地、准确地进行评判，其主要是以量化指标为主要评判指标，最大限度地避免了人为主观的因素，充分实现了公平竞争精神。并且，国际田联为了确保田径运动中避免出现政治、宗教、种族等歧视现象，还特定采取了相应的措施进行制止，使田径运动在众目睽睽下充分展现其公正性、透明性。

田径运动比赛是根据非常严格的规则，在严密的组织下进行的。田径运动的规则主要包括对分组、器械、场地等作出了具体的规定。田赛以及径赛所进行的全部测量都必须采用经相关部门核查、检测了的科学测量仪器或者钢尺。其中，对于径赛运动员，也规定其在听到指令后方能起跑，并且跑过距离也有统一的规定，为保证起跑的公平性，还在起跑器上进行了起跑检测器的安装。其终点则利用精度极高的电动计时来计取成绩，以及高倍摄像设备来判断名次；对于田赛运动员，也规定了对其采用一样的器械在统一的或者条件相同的场地上开展他们的比赛，并且也采取电子遥感仪来进行成绩的测量。因此，在竞赛中不存在投机取巧、不存在弄虚作假、不存在舞弊行为，只有竞争的各方经过艰苦的训练，不断地提高其心理、技能、技术方可取得胜利，所有不正当的、规定之外的竞争都将得到相应的惩罚。比如约翰逊（加拿大田径运动员）由于服用了超量的兴奋剂而被停赛终身。所以，田径运动充分体现了公平竞争精神，是公平竞争的典范。

（二）田径运动中不断体现着"创新"

纵观人类社会的发展历史，创新一直以来是人类社会发展和进步的最强有动力。人们为了生存、进步和发展，不断地进行创新和革命。如果人类缺乏创新精神，就无法实现现代文明。没有了创新，国家、社会、民族将会永无希望。创新是人类人文精神中最为核心的内容。田径运动充分展现出其人文内涵，无时无刻不体现出"创新"。通过公平的竞争，人们不断地创造出各种各样的新技术、新理论、新器械。

田径运动的百年历史在各个方面都渗透着创新精神。场地上，各式各样的田径场地不断出现在人们的眼前，从过去煤渣跑道变成现在塑胶跑道，这都是创新的功劳。器械上，从过去的手工计时到现在的电动计时，从人眼观评到现在的高倍摄像设备，从过去的竹制标枪到现在的金属标枪……，所有这些，无一不是创新的结果。技术上，运动员经过长期的实践实战，不断创造了许多新技术，比如，跳高从跨越式发展到背越式；训练方法上，田径运动中不断涌现出各种各样的科学的、有效的训练方法，如，举重力量的训练中引进了生物力学和高科技训练手段，如电子遥测技术、液压斜跑道、三维动态力值测试仪；同时，在理论上，许多新型理论运行而生，比如：美国计算训练法、玛克训练理论体系、以赛代练的理论、多周期训练理论等等；最后，在项目设置方面，比如女子田径运动项目，其增设了撑竿跳高、链球、马拉松等。田径运动中，无论哪个方面，无论何时，都体现出"创新"。在运动员比赛和训练中，也是不断进取、不断创新的过程。成绩上的创新是田径运动最深刻的内涵，是最为终极的目标。

（三）田径运动中体现出"拼搏精神"

在人类社会的人文精神中，无时无刻都显现着拼搏精神，拼搏精神跟创新一样是人文精神的主要内容之一。人类社会的历史就是一部艰苦奋斗、不断拼搏的历史。没有拼搏精神，就没有人类文明，也无所谓人类的现代化。拼搏精神是民族的灵魂，是国家社会生存与发展的支柱。在田径运动中，竞赛的成败，主要取决于运动员瞬间的发挥。径赛运动员则是从起跑开始，就要进行全程的拼搏。田径运动比赛是运动员能力、技术和心理等方面的较量，要想获得胜利，运动员必须有超强的实力，在比赛中要不畏强手，充分发挥自己的最高水平。超强的实力来自刻苦的训练，一个运动员所取得的成绩，绝不是一朝一夕，一蹴而就的获得的，是依靠不懈的努力和刻苦的训练获得的。

人们往往以为田径运动是一项基本活动，所要求的能力并不高，其动作非常简单，容易学习，并且要求的技术含量不高，变化度也不大。但是真正要使自己在田径运动中具有超强的实力，要想在竞赛场上战胜对手，却存在着非常大的困难。首先，在体能上，运动员必须要接受枯燥、简单、大强度、大运动量的训练；在技术上，每项技术都需要经历上千上万次的磨炼，才能使其熟练，并且还须接受天气的考验，不管是大雨天还是炎热天，运动员都必须接受大负荷、枯燥的训练。也只有具备了坚强的拼搏精神和顽强的拼搏意志，田径运动员才能克服种种困难，才会提升其运动技能，才会取得较大的胜利。他们成绩上进的每一厘米或者每一毫米都需要付出巨大的艰辛，都必须进行拼搏。可以想象，在田径运动竞赛场中，激烈的竞争气氛贯穿全过程，水平接近，相持不下，胜负决定于毫秒或厘米之间，这就要求运动员必须有能够承受挫折和失败的心理。同时，成功和失败都是暂时的，挫折和失败又是经常的和普遍的。胜利了要努力保持，要争取更大的胜利，失败了要总结经验争取下一次成功。运动员要不断地拼搏、不断地奋斗，必须要有恒心，要始终保持必胜的信心，要有克服一切困难和正视一切挑战去实现自己目标的勇气，才能到达胜利的彼岸，才能达到理想的目标。

## 二、现代田径运动发展特征

田径运动中充分展现了公平竞争、创新、拼搏等人文内涵，在田径运动人文内涵的基础上，其未来的发展更具多样化的特性。主要表现在以下几个方面。

### （一）赛事商业化

田径运动在其人文内涵中突显着其蕴含着"公平竞争"，既然是公平竞争，其更具有竞争的特性。在目前市场经济体制下的商业社会，随着全球经济的不断发展，田径运动的竞争化发展逐渐将其引向商业化发展路径。目前，在促进田径项目蓬勃发展的同时，各项赛事已成为各大媒体、商家关注与投资的对象，其赛事商业化采用商业化运作方式，使田径运动发展有了经济的依托，使其更加符合社会发展的潮流，为田径运动全面发展推向市场、走上繁荣昌盛开辟了一条广阔的道路。商业化能够更好地传承田径文化精神，吸引更多的人参加活动，使赞助企业获得巨大的商业回报，每场竞赛背后都有无数的经济人在其中谋利，每一方竞赛者在赛场外都有其利益相关者的支持，包括训练经费支持。近年来，以竞技体育为依托的田径竞赛市场已日趋成熟，商业化运作伴随着田径赛事的成长而发展，已成为现代田径运动发展的基本特征之一。

（二）运动员职业化

自80年代中期以来，自80年代中期以来，世界田坛最重要的特征和进展之一就是加快了田径运动职业化进程。发展体育经济，把运动员推向市场，尤其是90年代以来，高额奖金刺激不断激发众多田径高手的热情和欲望，也使一些想"隐退"的"大龄"运动员欲罢不能，这一现象，把很多运动员被动训练和竞赛活动变成了完全自觉、积极主动的活动，客观上促使了田径运动的发展和运动成绩的不断提高，也使人类的生理潜能进一步得到开发。在竞争的驱动下，人们将不断地创新。因此，目前越来越多的运动员已将田径训练和比赛作为自己的"职业"，依靠奖金、广告费、出场费等变得十分富有。这种以从事田径比赛来谋求高额奖金，以运动员的大牌明星之位获得各大企业财团老板青睐和兴趣，使得田径赛场上出现了众多的"常青树"和"不老松"，在一定程度上促使了运动员运动寿命延长，竞技职业化越来越明显。

（三）训练系统化

当前田径运动在不断创新的基础上，其训练越来越趋于系统化和科学化。运动训练系统化是当前提高运动成绩的前提，心理、身体、技术、战术训练共同构成现代田径运动训练的完整体系。近些年田径运动训练和比赛的实践使人们越来越深刻地认识到田径比赛不仅消耗很大的体力，而且也消耗很大的心理能量，特别是在势均力敌的重大比赛中，其心理品质的好坏对运动员竞技能力的发挥及比赛的胜负起着关键性作用。因此，现代田径运动训练，整合心理、身体、技术、战术训练，使训练更加系统化。运动训练的科学化对现代田径运动所起的作用越来越大。目前，田径强国利用生理、生化指标控制负荷量和负荷强度，利用各种先进仪器评价运动员的机能状况和身体素质水平，利用高速三维摄影仪分析技术动作，创新了各种各样的训练方法，如缺氧训练法、高原训练法、模式训练法等，这些方法都不同程度地促进了现代田径运动技术水平的提高，使训练向科学化方向不断迈进，促进了田径的发展。

（四）恢复手段科学化

随着现代田径运动的发展，为了提高训练恢复的效果，近些年来，国内外专家和学者为此做过大量的研究和探索，发现和创造了不少具有显著效果的方法及手段，有教育学恢复方法、营养学恢复方法、药物学恢复方法、物理学恢复方法、按摩学恢复方法和心理学恢复方法等。如，目前很多优秀的运动员，通过肌肉按摩、牵拉、桑拿浴等加快其体内代谢物质的消除过程，解除局部肌肉的痉挛和僵硬，使多次收缩后的肌肉充分放松；又如，通过营养膳食以及有针对性地营养补剂快速补充体内营养物质的消耗，增加肌肉ATP、ADP、CP以及糖原储量的加速恢复过程，从而使其保持良好的训练和比赛状态；再如，现代营养学证明合理的营养对于运动员的机能状态、体力、运动能力、运动后的体力恢复有着十分重要的作用，等等。这些恢复方法组成并形成了现代田径恢复训练的方法体系，使田径运动恢复训练工作正发生着深刻的变化，其明显标志就是多学科恢复方法正在取代单学科的恢复方式，科学的恢复方法正取代着自然的恢复方式，专门性恢复方法正取代着一般化恢复方式，综合运用的恢复方法正取代着简单运用的恢复方式。

（五）器材科技化

随着科技的发展，运动服装、运动装备、运动器械等方面，发明了更高科技产品，比如塑胶跑道不但使径赛项目成绩得到了提高，而且使田赛项目多数受益；光滑、轻薄、超短的质地有弹性的紧身背心和充气式钉鞋，减少空气阻力的同时又便于动作的完成；撑竿跳高的尼龙杆、玻璃纤维撑竿等，弹性强、重量轻，这些新科技产品更加促进了运动成绩的提高。电脑编排、激光测距、电动计时和微机联网等应用于田径裁判工作中，使田径比赛更加合理，判定成绩准确。还有许多科技成果运用于科学训练，如利用电脑控制训练的负荷；利用各种仪器测试运动员的机能状况和身体素质水平；利用高速摄影分析技术动作，为改进运动技术提供科学依据；运动生理学、生物化学、心理学、运动医学等学科的成果为田径运动员的科学选材，训练过程调控、医务监督和训练恢复等提供了科学的方法，使训练更有目的性和针对性，提高了田径训练水平。

田径是一项伟大却又平凡的竞技体育运动，是各项竞技类体育运动的基础。田径运动不仅是各项运动的基础和源泉，也是人类生存的基本素质，而且更是培养人文精神的一项重要的运动。它培养了人类公平竞争这一时代精神，有效地推动人类创新精神的发展，展现了人类拼搏奋斗的精神，增强了人们拼搏奋进、不怕挫折和失败、一往无前的勇气和精神，以及集体主义精神等。田径运动中无时不体现着"公平竞争"、田径运动中不断体现着"创新"、田径运动中体现出"拼搏精神"等人文素质，其发展也将逐步实现竞赛商业化、运动员职业化、训练方式科学系统化、运动器材科技化、恢复手段科学化。因此，只有全面而又深刻地理解和认识田径运动内涵和发展特征，才能真正把握其本质特征，从而推动田径运动的进一步发展。

# 第三章 田径运动训练的准备活动

## 第一节 田径训练中的热身运动及发展趋势

运动训练是一个复杂的系统工程，而准备活动是这一系统中不可缺少的有机组成部分，是训练前有意识、有目的地进行各种身体练习以提高中枢神经系统的兴奋性，使一般神经中枢与运动系统有关的中枢处于兴奋状态，唤醒神经的暂时性联系，加快运动动作动力定型神经交叉点的连通，提高大脑的分析、综合和判断的能力，有利于中枢神经对外周运动器官的调节，使动作达到灵敏、准确、协调；并且，使运动员可以较快地进入运动状态，充分发挥机体运动机能的作用，为训练所需的各种心理素质（如运动感知觉、注意和记忆、情绪和情感、意志与品质的努力等）提供储备。准备活动的优与劣，直接影响着一次训练课任务的完成状况和训练后机体的恢复状况，而高质量的准备活动可预防运动损伤的发生，提高运动员的体能水平和训练后机体的恢复，并对掌握运动的基本知识、基本技能、基本技术，提高运动成绩，都有较重要的作用和意义。

### 一、传统准备活动的目的、内容与形式

#### （一）目的

准备活动的英语为"Warmup"，译为"热身"，是一种低强度的热身运动，目的是提高神经系统的兴奋性，减小肌肉的黏滞性，使肌肉收缩速度加快，提高肌肉组织中血流速度和血流量，促进氧合血红蛋白解离氧，加速氧气和二氧化碳的交换速度等，为进行更大强度的运动作准备。运动前进行适度的准备活动可以给运动员带来良好的生理和心理效应。

传统意义上的准备活动大体有两种形式：一种是先慢跑几分钟，再做一些专项柔韧性练习，然后做小步跑高抬腿跑、后蹬跑、车轮跑以及加速跑等专门练习；另一种是先慢跑几分钟，再做一些柔韧性练习，然后进行一些游

戏或集体项目的活动，再做几个专门练习。充分地准备活动，可以加强肌肉工作，提高能量的产生，使体温升高，从生理观点看，体温升高的反应过程，可以使体内的酶反应过程加快，组织液的黏滞性降低，血液渗透能力增强，神经冲动更快等一系列生理变化过程。因此，准备活动可使肌肉、韧带的力量和弹性增强、关节活动范围加大，避免肌肉和关节韧带的损伤。

2. 内容

（1）一般性准备活动

一般性准备活动以使各主要肌肉群、关节、韧带都得到充分的活动，达到全面热身的目的。内容与形式有：走跑练习、徒手体操、持轻器械的一般发展练习、音乐或舞蹈或健美操、气功与按摩、武术操及游戏等，训练过程中应根据训练的任务、内容有选择地安排。

（2）专门性准备活动

专门性准备活动主要是与完成每一次运动训练课有关的肌肉群、关节、韧带、器官以及各主要系统的机能做好充分准备。专门性准备活动的内容与形式：着重活动身体的有相关部位，并采用一些与训练内容的性质和结构相类似的动作练习。例如，田径中的走跑以及跳跃项目应多做些下肢肌肉、关节韧带和腰腹部肌肉的活动，如小步跑、高抬腿跑、后蹬跑、车轮跑以及加速跑等；投掷项目可以有选择性安排能促进上肢肌肉，关节韧带及腰腹活动的运动，如推铅球、掷铁饼等的模仿练习等。

（3）形式

结合项目运动特点，可划分为全面热身、专门准备和技术准备 3 个阶段；每一阶段都有不同的积极作用。准备活动的安排，应从运动员的实际情况出发，根据运动员的年龄、训练水平、习惯、场地、气候条件和训练的量与强度，使他们从各个方面作好准备。运动训练开始后便能发挥出最高的机能能力和强度，并以积极主动的心态投入到运动训练中，以保证运动训练的质量和效率。

## 二、现代运动训练体系下的准备活动

随着科技的发展和科研的深入，准备活动在运动训练中的作用越来越重要，在运动训练体系中的比重越来越大，准备活动的好坏不仅关系到运动训练的质量，也影响着运动训练后机体的恢复。

### （一）多维交叉是提高准备活动质量的前提

随着运动训练理论体系的深入发展，以及人们对运动训练规律再认识的加深，人们对训练课中准备部分的安排，不再单纯地为基本部分的主要训练内容服务，而是其自身同样具有多维的作用，并与基本部分交叉构成了运动训练的主体。准备活动的作用在运动训练体系中的作用越来越大，通过准备活动的效果便可预测运动员的训练质量。将一些诱导性、补偿性、兴趣性、迁移性、意念性、放松性、作业性准备活动融入准备活动中，使一些力量、速度、耐力、灵敏和柔韧性身体练习加入其中，形成了一种多维交叉的趋势，不但达到了传统准备活动的目的，也增强了运动员体能。

（二）中等强度，短时间高效率的准备活动是训练的保证

在训练中采用中等强度短时间高效率的准备活动，可以节约体力到运动训练中去，培养运动员的节奏感、速度感，提高在短时间内对自身状态的调节能力。中等强度短时间的准备活动也易于缩短机体生理惰性、刺激神经系统，提高机体的兴奋性，及早进入运动训练状态，培养吃苦耐劳的拼搏精神。

（三）柔韧和拮抗练习是准备活动的核心，缺一不可

在现代训练体系下，训练作为一个系统，小力量练习也被融入其中。拉肌肉既是柔韧练习，也是力量练习。进行这项练习时，应尽力让运动员有一个主动用力的过程。给运动员一些外加的阻力，把力量训练融入其中，也就是平时所说的拮抗练力量，而且是刚柔相济。根据运动项目的不同，选择抗拮练习的方式也不同。总之，柔韧性练习必须和力量训练结合起来，这样的柔韧练习才会对运动训练起事半功倍的作用。所以，将每次课的柔韧练习都当作是训练内容的一个重要部分来进行，而不单纯只是为把肌肉拉开，更是为了加大小肌肉群的力量。

（四）神经系统的恢复开始于准备活动

从中国运动员参加大型比赛成绩的发挥也可以看出，远度项目的成绩都是一次比一次好，往往到比赛规则规定的最后一次跳或投的时候，兴奋性才逐渐达到最高点，发挥出个人的最好成绩；但国外优秀选手却往往会在第1、2次就发挥出了个人的最好成绩。导致运动员在训练结束的时候依然兴奋性很高，往往有很多运动员在训练结束以后才说自己刚刚进入运动状态，导致运动员久久无法平静，会继续持续很长时间，甚至整个晚上，对运动员的恢复、特别是神经系统的恢复非常不利。

由于大脑皮层的保护性抑制，机体处于兴奋的状态毕竟是有限的，机体及早进入状态，也必将及早地恢复到稳定状态，在准备活动时就为运动员的恢复做铺垫，使其在正式训练一开始机体就进入最佳状态，然后再慢慢下降，

形成一个"峰线形"的曲线，在结束训练的时候，机体兴奋性基本平稳下来。

总之，随着体育赛事的增多、运动训练体系的更新与发展，必须学会借用他山之石，发展自己。"千里之行，始于足下"，准备活动作为运动训练的开始部分，在每次训练课中都起着关键作用，为每次训练课做铺垫，也为训练课后机体的恢复做铺垫。为此，准备活动部分应引起教练和运动员的足够重视，杜绝采用"放羊式"准备活动的安排。应当遵循训练的基本规律及训练原则，求新、求变、求实效，以高水平、高质量的准备活动，培养和提高运动员的兴趣，调动机体的潜能，最终圆满地完成训练任务。

## 第二节 田径运动训练前的准备活动

在田径运动中，准备活动的好坏直接关系着运动员的参赛成绩和竞技水平，是取得优异成绩和防止损伤的关键，有许多田径项目的运动员，都是由于各种伤病而过早退役。从资料分析看许多运动员的损伤是由于准备活动不充分或准备活动方法不正确所造成的，特别是基层教练员千万不要忽视准备活动这个重要的环节。

### 一、准备活动的概念和机理

准备活动是田径课前有意识、有目的地做各种身体练习。通过身体练习提高中枢神经系统的兴奋性使一般中枢与运动有关的中枢处于兴奋状态，唤醒神经的暂时性联系，加快运动动力定型交叉点的连通，提高脑的分析、综合判断能力，有利于中枢神经系统对外周器官的调节，使动作做得准确、协调、灵敏。准备活动可以克服内脏器官的生理惰性，升高体温，预防运动损伤。提高中枢神经系统的兴奋性，带动植物神经系统大大提高兴奋性和灵活性，从而提高整个肌体的运动能力。另外，通过准备活动的各种身体练习，可以发展力量、速度、耐力、灵敏性和柔韧性以及身体素质等。

### 二、田径运动项目开展的现状

田径运动是学校体育教育的一项最主要内容，是学生体育活动最主要的组成部分。从学校教育教学上看，田径运动不仅能够使学生的体质得到增强，而且可以促进学生智力的发展，帮助培养学生高尚的思想品德、坚强的意志品质和审美能力。然而由于田径运动自身的特殊性，运动中常伴有一些风险事故，由此产生的法律、经济纠纷等，不仅给学校教育工作造成了不良影响，同时也给学生、家长、教师带来了生理、精神上的伤害。这在一定程度上给学校带来不良影响，同时也加重了体育教师的心理负担。准备活动对于田径运动健康、有序地完成起着至关重要的作用。一些老师在实际的教学过程中，对准备活动忽视或是不够重视，从而给学生、学校、家庭带来伤害。因此，认清现在田径运动项目准备活动中存在的不足之处，是改善当前田径运动中遇到问题的前提。

### 三、影响准备活动的因素

影响准备活动完成质量的主要因素有准备活动的强度、持续时间及与正式练习之间的间隔时间等。其中准备活动的强度和时间还应考虑年龄、季节、训练水平等特点。例如少年的神经系统灵活性高，准备活动可少些；寒冷季节准备活动可多些；练水平较低者的准备活动量不要过大等。另外，就教材内容来说，凡是持续时间较短的项目，如投掷、跳跃等，准备活动的强度可以大一些，而持续时间较长的项目，如中长跑等则准备活动强度和量不宜太长，当然最重要的是因材施教。根据学生的身体素质情况，一般可以做到身体发热，微微出汗均可，准备活动结束到正式练习开始时的间隔时间一般不超过 15 分钟，在一般教学课中以 2 ～ 3 分钟为宜。

### 四、田径运动项目准备运动存在的问题

（一）教师对准备活动认识不足，甚至忽视准备活动

准备活动是体育课的重要内容，是指较剧烈运动前所做的一系列身体练习，旨在使身体各器官系统预先得到适当活动，为逐步提高运动强度和做各种运动动做准备，以预防伤害事故。可见，准备活动是一堂体育课的开头，有着不可忽视的作用。但是，有的教师觉得体育课的重心应该是放在课堂的教学内容上，把教授田径运动知识安排得满满的，觉得这就是充实的一堂课，对准备活动认识不足，轻视甚至忽视了准备活动，在实际教学过程中盲目地压缩准备活动时间或是直接没有准备活动时间。

（二）准备活动内容单调，缺乏多样性

准备活动是体育教学过程中不可或缺的一部分，有些体育老师在教学过程中虽然有安排准备活动，但是整个学期下来，就是一套基本体操从头用到尾，准备活动内容过于单调。学生久而久之，就会感到乏味、厌烦。对于准备活动，通常都只是延续着一成不变的"跑跑步、伸伸腿、弯弯腰"，只要有个热身效果就好，准备活动过于简单，缺乏主动地对准备活动内容的研究探

讨与改进，导致准备活动缺乏多样性。

（三）准备活动形式化，动作缺乏规范

准备活动具有调节身体各项机能，全面提高身体素质的作用，有效、规范的设计与组织准备活动将有利于学生注意力的集中、肢体的充分活动、运动损伤的预防、课堂气氛的活跃、动作技术的掌握。然而，由于准备活动堂堂有，难免会出现重复，也因此导致学生枯燥无味感的产生，因而学生对其不重视，在完成准备活动的动作是，都未能按要求规范完成，往往都会动作变形，达不到标准。

## 五、准备活动的作用

（一）适当升高体温提高全身各系统的兴奋性

通过积极活动而导致的体温升高可使细胞的代谢过程加强，可以加速氧从血液输送到组织的过程，也可以加速神径的传递，还能提高肌肉收缩时的量和速度，最好是使体内温度（肛温）升高 1 ～ 2 度。其练习的主要方式是慢跑（注意控制强度），慢跑后的心率应在 140 ～ 150 次 / 分的范围内为宜。

（二）相关工作肌肉群进入工作状态

通过对肌肉和肌腱的拉伸或给肌肉以适当的负荷等办法，使即将参加工作的肌肉群进入工作状态。某一关节周围的肌肉被拉伸时，关节的灵活性就会增长。在进行拉伸肌肉时必须遵循以下原则：根据将要练习项目的特点有重点对某些肌肉群进行拉伸；要有正确的开始姿势；要缓慢而自然地拉伸，防止过分用力：在准备活动中要使参与工作的肌肉群得到足够的刺激。

（三）通过专门练习使大脑皮层中已产生的各兴奋灶之间形成暂时的有关的联系

准备活动不光是身体上的准备还有心理上准备，运动员参加竞赛的心理准备包括以下几点：对自身力量充满信心，这就是我们通常所说的自信心；为争取胜利而斗争到底的远大志向；情绪兴奋的最适宜程度；随意控制自己的动作，情感和行为的能力；高度的抗干扰能力。

## 六、准备活动的分类和方式

准备活动按性质和任务可分为一般性准备活动和专门性准备活动。准备活动的基本方式采用慢跑、基本体操、柔韧性练习（以牵拉韧带为主）、各种专门练习、加速跑等内容。一般性准备活动主要是提高中枢神经系统的兴奋性，使全身各主要器官都得到充分的活动。主要的内容以慢跑热身、徒手操为主。专门性准备活动是调节各器官与中枢神经间协调机能，把与基本部分主要内容有关的肌群、关节和韧带都充分地拉开。主要的内容以结合基本部分有关的练习进行编排，促使身体、思想上尽快进入基本部分的学习状态。

柔韧性练习的方式一般是有弹性、大幅度的屈和伸动作，动静结合，以动为主。有节奏地重复 8～10 次作为一组，逐渐加大动作幅度和强度。练习的组数因人而异，以保证达到个人最大的动作幅度和机体兴奋的适宜程度。牵拉练习的目的不仅是提高肌肉伸缩性、弹性和灵敏性，更重要的是减少肌肉与肌腱的损伤，使肌体系统在放松状态下，充分调动其潜能，表现出良好的竞技能力。高水平运动员在世界大赛中的表现证实，准备活动在调动运动员潜能方面起到了重要作用。调查发现，在肌肉牵拉前必须进行 2000m 左右的慢跑，能使肌体在慢跑中逐渐升温，克服肌肉的黏滞性，使肌肉获得较好的伸展性，肌体的这种活性可以保持约 2h 以上。所以，在基本训练部分前慢跑、牵拉，使运动员的肌体得到最有效的保护。若柔韧性差，将导致不能完整地掌握各种技术动作，部分肌肉产生多余的紧张，降低动作的高速能力，甚至拉伤。

## 七、不同的田径项目有着不同的准备方法

### （一）短跑的准备活动

伸展运动，从放松慢跑开始，然后逐渐提高速度，使身体的温度升高。最好把前两种方法组合穿插在一起进行，其效果更好，尤其是多加入柔韧性的练习。不穿钉鞋跑 2～3 次，要求动作速度要快，幅度要大，特别注意放松。起跑后的加速练习。听枪等信号做出快速反应，检查从加速跑到最大速度的技术能否很好地发挥出来。在放松跑、慢跑和体操后，可采用按摩等手段，以达到使紧张的肌肉放松的目的，同时注意保温和休息。注意短跑要求有高度的集中力，因此，这个准备活动不能过长。同时，还要注意动作的速度和幅度。

### （二）中长跑的准备活动

事例说明根据调查的结果 80% 的中学生为中长跑项目本来就是持续时间较长的跑的项目，如果再做准备活动的话不是越做越累吗？那接下来还怎么进行其他的练习呀？这反映了体育老师以往在这方面做得不够，对这方面的教学内容讲得不够没的使学生形成正确的学习观念，从而出现这一较大的

误区，因而要求我们去正确的引导和说明。中长跑是属于有氧运动项目，在运动过程中对机体供氧有能力要求很高，机体在投入工作开始需要吸入大量的氧来满足机体的供能要求。因此我们要采取与比赛相同的速度，间歇跑300～400米逐渐升高体温，加速跑应逐渐提高速度，用接近最大速度的速度跑，预先给予刺激，进行简单的体操伸展运动并注意保持体温和休息。

（三）跳跃项目的准备活动

慢跑、伸展运动和放松跑为主。进行起跑等练习，可以代替跳跃运动，如跨步跳等。助跑练习。预先在练习场地进行步点确定助跑，并根据当时具体情况进行必要的调整。用1～2次80%的力跳跃，以体会肌肉用力的感觉。少量体操练习和放松慢跑，按摩与休息。

（四）投掷项目的准备活动

充分进行伸展运动。放松慢跑和放松跑。跳跃的助跑练习，准确细致地进行投掷助跑。用80%的力量进行数次试投获得直接感觉。按摩和休息。

## 八、对不同田径项目的准备活动应注意几个问题

不管在哪项田径准备活动过程中，我们都要专心认真、注意力集中，尽量不交谈，不看别人活动，尤其是不看发奖和别人比赛，不要打听比赛消息，更不要和观众接触。运动员尽量使用自己早已习惯的一整套赛前准备活动，可以保证赛前心情舒畅，精力充沛，这样减轻比赛中的心理压力。各项田径运动准备活动必须严格遵照循序渐进的原则，不要突然加大强度和运动量，避免做准备活动时受伤。准备活动应具有提高体温和引起排汗的强度，但不要练得局部疲劳。准备活动的内容不但包括一些伸展、放松练习、一些强度练习，还应包括一些模仿比赛动作的练习，如赛跑选手练跑，铅球选手练推等，这将为即将投入比赛的专门肌群做好准备，而且还可加强神经肌肉的支配，但是避免强度太大。运动量应在比赛前10～15分钟时开始减小，约在比赛前5分钟结束准备活动，这可使机体在轻度暂时的疲劳中得到恢复，但又不失去准备活动的效果。

在田径比赛中，准备活动的好坏直接关系到参赛运动员能否发挥出真实水平，是取得优异成绩和防止运动损伤的关键。教练员应当充分运用体育科学理论指导训练工作，重视和改进赛前的准备活动，同时还要把握好准备活动的时间和强度，准备活动的强度和时间取决于个人的具体情况，强度应掌握适宜，过小达不到要求，过大又能引起机体疲劳。

## 九、重视田径运动准备活动的重要性，认真做好田径运动的准备活动

田径运动准备活动是体育运动的重要组成部分，是为运动训练做好生理上和心理上的充分准备。因此，必须认真做好准备活动，才能更好地调节运动状态，而做好田径运动的准备活动需要科学、合理地安排准备活动的时间、形式和强度。

（一）田径运动准备活动应时间适宜，运动量合理

田径运动准备活动是体育运动的重要组成部分，对学生和运动员的运动成绩和身体健康都起到了重要作用。准备活动的适宜时间以体温上升为主要标志，体温的适度升高，能加快神经传到速度，有利于氧气的供应。如果时间过程，运动量过大，容易造成体力消耗过大，引起身体的疲劳，反而不利于训练和比赛。一般情况下，一堂45分钟的体育课，适宜的准备活动时间为10分钟左右。另外，还应根据不同的天气、温度、项目等情况，适当调节准备活动的时间和运动量。比如夏天天气炎热，人的身体比较容易就能达到热身效果，因此准备活动的时间和运动量就可以小一些，冬天天气较冷，准备活动的时间、运动量都要稍微大一些。总之，准备活动的运动负荷一般以感觉身体发热和微微出汗为宜，准备活动的时间要充分考虑学生的特点、季节气候、运动项目等具体情况，对个别身体体质较弱的学生，要重点关注，可根据学生个人具体情况安排适量的准备活动运动量。

（二）田径运动准备活动应形式多样，富有针对性

形式多样的田径运动准备活动可以更好地提起学生的兴趣，吸引学生的注意力，针对性的准备活动可以使学生在接受新知识和技能之前做好心理和生理的双重准备。教师在田径运动准备活动的设计上，可以准备多套小型、简便、易于实施的游戏方案，可以不仅仅局限于每次的准备活动都是排成排大家跟着做，也可以列不同的队形，进行双人或是多人的配合性的准备活动。科学、合理地采用形式多样的准备活动，使学生每次上课时都有新鲜的感觉，这既能体现因材施教的原则，又能激发学生的运动欲望，让学生积极主动地参与到准备活动中来。同时，针对不同的田径运动项目，可以加入富有针对性地准备活动。比如做跳远运动，主要以腰部一下活动为主，需要活动腿部的各个关节，以往的准备活动的练习都是做一些枯燥的关节运动，学生积极性和完成效果上都比较差，可以在准备活动的形式上尝试着改变。

（三）田径运动准备活动应强度适宜

田径运动准备活动的强度一直都没有受到重视，有些学生有做准备活动的练习，但是在田径运动过程中还是会肌肉拉伤等伤害，这大部分原因就是与准备活动的强度有关。运动项目的强度有高、中、低的区分，相应的准备活动的强度也应有所区别。对于运动强度大的剧烈项目的活动，准备活动的强度也应适当加大，使身体充分活动开，特别是在天冷的情况下，进行强度较大的田径项目练习时，应注意加大准备活动的强度，务必充分调动学生的中枢神经系统的兴奋性，即让学生身体达到一定的兴奋度，如果准备活动做完后，同学还是一副懒洋洋的样子，说明准备活动的运动强度不够，或是学生完成效果不好，教师应要求学生按要求完成相应强度的准备活动，克服人体的惰性，使学生达到一个兴奋的运动状态，这样才能避免受伤。

总之，田径运动的准备活动不能仅仅是摆一个形式，它是田径运动中一个不可或缺的组成部分。在教学中，准备活动还应与教学内容相结合，遵循人体生理和心理的规律，选择形式多样，富有针对性地准备活动，科学、合理地安排准备活动的时间、运动量和强度，从而可以提高学生的兴趣，充分调动学生练习的积极性和情绪。

体育课的准备活动是体育教学中不可忽视的重要环节，必须要有科学的态度，严谨地教学。同时还应当考虑到不同的田径项目的差异性。做到准备活动充分、得当，从而更好地投入接下来的体育运动。根据学生的实际身体素质、接受能力出发，不可以强度太大或动作过繁，以免影响基本部分的学习或降低学习兴趣。准备部分占用的时间不可过长，以免影响基本部分的讲解和练习，避免舍本逐末的现象发生。要遵循循序渐进、由浅入深、由易到难的编排原则，做到内容和方法由易到难，动作速度和节奏由慢到快，动作连接及组合由简到繁。

# 第四章 田径运动训练的理论与方法

## 第一节 田径运动训练的基本理论

当前，竞技运动训练理论和方法在世界范围内出现了快速的发展，大量新的理论与方法正在不断补充、修正甚至颠覆传统的运动训练，新、旧训练理论和方法的更迭已成为一种潮流和趋势。在此关键时刻，竞技运动训练界的专家、学者应该以批判、继承和发展的态度，梳理和审视各种训练理论和方法，尤其是经典理论和方法．客观分析与界定各种训练理论与方法的科学性以及对当前运动训练的作用。田径是一个历史悠久的竞技运动项目，是最早开始科学化训练的运动项目之一，也是诸多现代竞技训练经典理论与方法的主要发源项目。梳理和了解田径运动训练经典理论与方法的形成与发展，不仅对田径训练具有重要作用，而且对整个训练理论的建设具有指导意义。

当前，在所有的运动会当中，田径都是一种最为主要的竞技项目。田径分为很多不同的项目。每种项目都对运动员自身的专业能力有着很高的标准。所以对运动员的培训就显得尤为重要。经过千百年来的发展，在考虑实际情况的基础上，总结了前人的理论成果之后，田径运动的训练理论已经越来越完善，再加上很多新的训练设备的问世，导致训练理论不断被更新、改革，逐渐被细化，成为一个相当全面和科学的理论体系。田径训练理论体系的完善也为其他运动项目的训练提供了参考依据，对整个体育界的发展都有着促进的作用。

### 一、田径竞技运动训练理论的形成与发展概述

田径这项运动在刚刚出现的时候，运动员还没有固定的教练，知识根据自身的理解进行简单、基本的训练。那样的训练不仅没有减少运动员的负担，而且取得的效果也不是很明显。直 20 世纪初到中期的 50 年，田径运动开始逐渐被人们所熟悉和重视，运动员开始在训练方面下功夫，这一时期是田径

运动训练理论的第一个转型期，最具代表性的训练方法就是"法特莱克训练"和"间歇训练"。

在接下来的 50 年当中，这两种方法都被运动员们广泛地运用到训练当中，随着人们不断地实验，在训练过程中的各种数据显示，得出了训练效果会受到运动员本身的身体机能、各个训练内容的安排顺序等情况的影响，而且运用相应的技巧可以增加运动员的整体爆发力，因此，训练方法开始朝向技能训练和负荷训练发展。这期间的代表训练理论是以提高运动员适应能力为主的"鲍曼训练系统"训练体系。这一理论是首次强调运动员恢复能力重要性的训练体系，到现在为止，还有很多教练借鉴这种理论对运动员进行训练。

进入 20 世纪之后，田径运动训练理论发成了以此里程碑式的变革。这场变革的发起人是詹姆斯·康希尔曼，他是一位游泳教练。虽然最初的理论提出是为游泳运动打造的，但是其中的理论对田径运动的训练有着十分深远的意义。世界范围内的一大批田径运动员都受到这一理论的积极影响，成为世界知名的运动员。他所开创的"3+1"的周训练负荷模式是在"鲍曼训练系统"的基础上进行改革的，同样是注重运动员的适应能力和恢复能力。只是更加全面、具体、科学的针对不同运动员的生理特性进行不同的短期训练。这种训练方法需要配合相应的机械设备和医疗设备，经常对运动员各部分的生理现象进行数据统计，从而分析出运动员的极限范围，制定出运动员接受范围内的负荷训练。事实证明，这种训练方式有很强的实用性和科学性，可以取得明显的训练效果。

如果说"3+1"的周训练负荷模式是一种很好的短期训练理论，那么马特维耶夫的周期训练理论就是一种针对运动员长期训练的理论成果。周期训练理论的出现是长期训练计划变得更加有序化、合理化、目标化的标志。长期训练中，教练员所要注意的问题有很多，要保证运动员训练的稳定性和周期性，不能过度训练也不能停止训练，因为运动员的身体机能会存在相应的疲惫期，如果始终保持高强度的训练内容，在训练后期会显得力不从心，而且训练的效果也不如最初的时候明显，周期训练理论的出现很好地解决了这一问题。这理论之后被很多项目的教练员所借鉴，并在其基础上逐渐设计出其他相似的训练理论，一时间周期训练理论成了炙手可热的理论成果，为世界很多国家造就了优秀的田径运动员。

直到现在，田径运动不仅没有被时代所淘汰，还逐渐成为最重要的运动项目。各个国家对田径运动报以支持的态度。再加上近几年科学技术的不断进步，各种科学理论成果的相继问世，这都对田径运动训练理论的发展起到了促进的作用。目前，人们思考问题的角度越来越全面，不会只是追求眼前的成果，而是把眼光放远，站在宏观的视角，对田径训练方法进行不断地完善和革新。各家注重以运动员作为主体，重视运动员的适应能力和接受能力，安排合理、科学的训练方法。而且对于细节的处理越来越具体，因为很多细节的部分都可能影响整体的训练效果，虽然要站到宏观的角度思考问题，但也不能够忽略微观的作用。比如说运动员受伤之后，就算按照医嘱养好了伤，也不能马上投入正常的训练，而是要采用逐步递增法，慢慢加强训练，在训练过程中注意运动员各种身体数据的变化，以防止伤源复发，影响运动员以后的发展。

虽然理论知识非常重要，但是也不能一味地相信理论，要具体问题具体分析，将理论和实践完美地结合在一起，只有这样才能制定出符合运动员健康发展的训练计划，才能最大限度地挖掘运动员的潜力，发挥训练的效果。教练员要注意的是不能总是模仿前人的理论，要多多融入现代科学技术和生物技术，不断地推陈出新，实现自我完善。

## 二、现代田径运动训练理论的发展趋势

随着科学技术的迅猛发展及由此带来的先进的体育训练手段和方法的不断出现和应用，人们对田径运动的实质、机制、影响成绩的因素等问题的认识也不断完善、深刻。对田径基础理论认识的深化将是未来促进田径运动成绩不断提高的一个最重要的因素。田径运动训练理论近 "$ 年来有了较大的发展，许多被人们认为已经达到人类运动极限的纪录，也纷纷被打破，这些现象向世人展示出，田径运动训练理论已达到了一个崭新阶段。在此情况下，我们应该重新对田径训练理论的发展进行认真的分析研究，以便明确今后的努力方向。

（一）重视运动员早期科学选材

早期科学选材是在充分研究和认识儿童、少年生长发育规律及其遗传特征的基础上，根据不同运动项目的特点和要求，综合运用有关学科的知识，采用调查、测试、评价和预测等科学方法，把具有发展前途的儿童少年选拔出来，给以科学、系统专门训练，使先天的能力得到最充分的发挥和发展，进而达到高水平。人体形态特征如身高、体型等受多基因遗传控制，其形成受多种因素影响，其中遗传因素是主要的。遗传因素对人体形态特征发展的总趋势起着决定的作用。科学验证，运动能力与遗传有极重要的相连，如身高、外型和最大吸氧能力，遗传因素占 93.4%，最大脉搏频率遗传因素占 85.9%，血乳酸浓度遗传因素占 81.4%，红肌白肌纤维，骨骼肌纤维数量都取

决于遗传的支配。德国学者格拉姆在研究运动能力遗传时指出"在运动能力遗传中，具有卓越运动才能的亲代，其子代中有 50% 的人具有优秀运动才能，而且有可能超越亲代个体"。因此在现代田径运动的选材中，教练员更加重视运动员早期科学选材。

（二）训练中突出专项强度

训练理论和实践证明，训练过程只有不断加大运动负荷，才能加深对运动员有机体的刺激，提高其训练适应水平。在运动训练实践中有的教练员和学者提出要在训练过程中经常采用与比赛接近的负荷量和强度，才能使运动员长时期的保持良好的竞技状态，随时参赛。当然，在加大运动负荷过程中，要处理好量与强度的关系。而在当今训练总趋势中，人们越来越重视训练强度，尤其是专项强度。科学研究证明，在训练因素中，运动量、强度、密度等训练强度为第一，训练次数为第二，间歇时间为第三，训练时间为第四。一般认为大负荷训练适合于任何年龄、任何水平的运动员，但关键在于如何理解这个"大"字。第一，大负荷是相对而言不是绝对的，要适合于训练对象的具体情况。第二，不同运动员所承受的大负荷的构成因素应是不同的，高水平运动员所进行的大负荷训练中，其负荷的构成因素也不同。一般要根据项目的特点、训练及比赛任务的要求确定该时期的负荷强度，然后在保证强度要求的前提下安排达到负荷要求的数量。第三，对高水平运动员来说，改进技术的训练也必须在较高强度的情况下以完整的形式进行。现代训练，以逐步加大运动员的训练负荷，尤其是以逐步提高训练专项负荷强度为最突出的特征。

（三）主、副项相互促进专项化程度加强，兼项成功率减小

优秀田径运动员都具有很好的主项和副项素质，如跳远运动员的 100 米的成绩比较突出，三级跳远运动员的跳远成绩比较突出等。运动员所有这些能力是在长期的训练过程中自然发展起来的，并且主副项成绩相互促进。有意识、有目的地去发展这些副项成绩，从而促进田径运动专项成绩的提高，这将是一条有效的途径。由于专项化程度的提高，运动员不可能再像以前一样在几个项目同时取得好成绩。因此，在将来的田径训练中将呈现主副项相互促进，专项化程度加强兼项成功率减小的趋势。

（四）现代高科技在田径运动训练中的广泛应用

现代科学技术高速度发展和应用手段的现代化，运动生理、运动生物力学、运动生物化学、运动医学等多种理论的发展和科学手段的渗透，对田径

运动训练理论的发展起到了积极作用，田径训练中常使用的幻灯、投影仪、录像电视教材、程序训练机、电脑模拟训练机等，这些现代手段的出现和逐步应用，增加了向运动员输入的信息量，使运动员在视、听、触、本体感觉等器官全方位进行立体刺激，既加深了运动员对技术动作的理解和感受，也为田径训练的现代化提供了保证。在田径运动训练过程中，采用运动生理相关知识来判断运动员在训练过程中的疲劳和恢复程度，比传统的方法更加科学准确，能有效避免过度训练的产生，对运动量和强度进行合理的安排。现代高科技在田径运动训练的应用近年来日益增多，这些新训练理论的运用促进了田径运动技术的提高。运动场地器材的科技含量随着现代新材料技术的发展，特别是超级材料的诞生，体育器材设备、运动服装、运动场地等方面发生了深刻的变化，涌现出一批新型体育器材设备、运动服装和运动场地，大大促进了运动员运动成绩的提高。在田径运动发展史上，由于场地器材不断地改进使各项目的成绩大幅度提高，如在1991年举办世界田径锦标赛的日本东京国立体育场的塑胶跑道，由于加入了一种新材料，增大了摩擦系数，结果使男子100m和跳远以及女子400m栏的世界纪录均被刷新。如撑竿跳高的尼龙杆的弹性增大、重量减轻使运动员的成绩大幅度提高。又如充气式钉鞋；女运动员的服装向游泳衣连体式和超短背心，三角短裤的分体式发展；男运动员服装出现紧身裤与背心的连体式。这些材料弹性强、表面光滑、薄而轻，减少了空气阻力，便于动作的完成。当前田径诸多世界纪录很难提高，未来的田径成绩突破途径之一便是通过高科技含量的场地和器材来完成。

（五）高度重视恢复

负荷后的恢复已成为田径运动训练不可缺少的内容，大负荷训练和紧张激烈的比赛后必然引起运动员身心疲劳，疲劳产生后必须及时采取措施，使身心得以恢复，这样才能继续参加比赛和训练。否则，将造成过度疲劳，造成训练中断。从某种意义上说，没有恢复就没有训练。在田径运动训练过程中，采用运动生理相关知识来判断运动员在训练过程中的疲劳和恢复程度，比传统的方法更加科学准确，能有效避免过度训练的产生，校对运动量和强度进行合理的安排。在如何加速恢复过程的研究中，起到了重要的作用。我国著名田径教练马俊仁采取了我国的中医药的理论，将人体的各个部分看成是相互依存并通过经络联结的整体，在恢复过程中，要考虑通过全身机能的调理来加强整个人体机能水平，达到消除疲劳的目的。中国的中草药具有广泛的药效，其中一些本身就是人类食物的一部分，作为恢复手段加快了机体的恢复过程，有效的恢复使我国女子中长跑项目走在了世界的前列。

### （六）年度训练大周期增多，每个大周期的训练时间缩短

传统的训练模式将全年分为准备期、竞赛期、过渡期等几个周期。无论是双周期或单周期安排，都离不开这几个时期，并且各时期的训练目的和内容都有所不同。这种情况的重要程度由当时的训练条件限制和比赛的安排所决定。现在情况发生了变化，在全年的每个季节都有国际比赛举行，这就要求运动员全年都保持最佳的竞技状态。因此，传统的周期训练理论不能适应现在的训练要求了。田径项目的特点之一是不受季节气候、场地条件的影响，即使在严冬也能进行比赛。现在比赛次数比以往成倍增加，田径的短跑跳跃投掷和中跑项目运动一年中比赛多达 50 次长跑也可达 20 次以上，过去一个年度中各运动项目划分一至两个人训练周期显然不能适应现在比赛的需要。多周期训练是在年度训练中大周期增多，每个大周期的训练时间缩短，使运动员连续出现最佳竞技状态，赛后经调整就能迅速恢复，紧接着参加下次比赛，并取得优异运动成绩。目前，对一个运动队、一个运动员应划分几个周期应根据专项特点、自身训练水平和参加重大比赛的任务而定。

### （七）速度训练为核心的指导思想

田径运动项目都属于速度性项目，其成绩好坏的原因主要取决于速度，这一点已经越来越被人们所认识。值得注意的是，在这里所讲的速度，不仅仅是指跑的速度。这个速度的含义包括：所有的训练内容，如包括跑的练习、各种跳跃、力量以及技术练习等，都应该有速度要求。世界优秀运动员无一例外是把提高运动员的速度放在了首位。以专项速度为核心，并建立合理的速度结构。以速度为核心，使专项技术与专项速度力量紧密结合是我国女子铅球项目成功的重要经验之一。坚持速度训练为核心的指导思想有助于高水平田径运动员的培养，也是田径运动训练的发展方向。

综上所述，田径训练理论的发展趋势是多维的，把握这种趋势才能更好地促进田径运动训练的发展，在今后的田径比赛中才能取得胜利。重视运动员早期科学选材、训练中突出专项强度、主副项相互促进专项化程度加强兼项成功率降低、现代高科技在田径运动训练中的广泛应用、高度重视恢复、年度训练周期增多每个大周期的训练时间缩短、树立了速度训练为核心的指导思想。这些发展趋势的出现已经显现了强大的生命力，有些训练理论在训练实践中已经引起了相关专家和教练员的重视。

# 第二节 田径运动训练的内容与方法

田径运动的基础功能表现在三个方面。首先，随着社会生产力不断发展，人类已从原始社会时依赖走、跑、跳、投获取生活资料和延续生命中逐步解脱出来，但人类永远需要依靠走、跑、跳、投等基本活动去提高人类的生活、生存和生命的质量；其次，很多运动项目都离不开走、跑、跳、投等动作，田径运动成为很多运动项目的基础；再次，由于田径运动能有效和全面地发展人的各项身体素质，而身体素质全面发展的水平越高，对于各项运动的技术发展和成绩提高也越能起到积极的作用。因此，很多竞技项目都把田径运动作为身体训练的重要手段，使田径运动成为提高各种竞技项目运动水平的基础。

## 一、身体训练

（一）力量训练

力量是人体或身体某部分肌肉在工作时克服阻力的能力。力量是各项目的基本素质。任何运动项目技术的掌握都要通过肌肉用力去实现，它是运动成绩提高的前提。通常按运动时肌肉克服阻力的表现形式，可以分为最大力量，相对力量，速度力量和力量耐力四种。

1.最大力量（亦称绝对力量）训练

最大力量是指身体或身体某部分肌肉克服最大阻力的能力。发展最大力量，首先要弄清影响最大力量的因素有哪些，才能有针对性地进行训练，取得最佳效果。影响最大力量的因素很多，主要的有：①肌肉的白肌纤维的数量：白肌纤维的收缩速度快，达到最大张力的时间比红肌纤维快两倍，表现出的力量大。因此，肌肉中白肌纤维数量越多，则力量就越大。②肌肉的生理横断面大小：肌肉的生理横断面越大，力量就越大。③肌肉克服阻力时肌纤维的初长度：肌肉克服阻力时的初长度长可增大肌肉的张力，肌肉纤维充分拉长可使收缩力量增加2030%。④肌肉群的协调能力：肌肉在克服阻力时，动员参与协调用力的肌纤维越多，力量越大。

最大力量的增长主要有两个途径：一是依靠肌肉内协调能力的改善，即提高神经系统的指挥能力，以动员更多的运动单位参与工作，提高肌纤维收缩同步化的程度，提高肌肉群之间的协调性。二是通过增大肌肉生理横断面，从而增加肌肉收缩力量。

发展最大力量最常用的手段是负重抗阻力练习，其效果取决于负荷强度、重复次数与组数、练习持续时间及组间间歇时间等因素。负荷强度以本人最大极限负重量的6595%为宜。100%的极限负荷强度要慎用或少用。练习次数和组数以3～10次X38组为宜。练习持续时间通常以2秒钟完成一个动作较好，组间休息3分钟。

2. 相对力量训练

相对力量是指人体每千克体重所具备的最大力量，在不增加体重的前提下增大最大力量，是提高相对力量的基本原则。由于最大力量增长的同时，肌肉也增粗，体重会相应增加（经研究发现，进行力量训练时，力量与体重的增加比为3：1），因此，要通过提高肌肉的协调功能增加最大力量，这有利于控制体重的增加。练习的基本方法是用85%以上的负荷强度，以动员尽可能多的运动单位参与工作，以减少肌肉功能性肥大。练习次数3次×6～10组，组间休息要充分。为控制体重增加，除控制饮食外，还应采用其他一些方法。

3. 速度力量训练

速度力量俗称爆发力，是指肌肉在运动时加速克服阻力的能力。速度力量对田径运动成绩起着至关重要的作用。速度力量是力量和速度有机结合的一种。特殊力量素质，具有速度和力量的综合特征。运动员在完成动作时所用力量越大、时间越短，所表现出的速度力量就越大。

在力量和速度两个因素中，只要其中一个或两个因素提高，速度力量就得到提高。在实际训练中提高力量相对比提高速度要容易得多。因此提高速度力量往往采用发展力量的练习，在力量练习的同时，注意加快动作频率。速度力量的练习方法主要采用负重或不负重练习两种。负重练习时，最重要的是所负重量要适宜，一般以40～60%重量为佳。练习次数一般为5～10次X3～6组，组间休息要充分。不负重练习多利用克服自身体重进行各种跳跃或跑的练习，如跳深、立定跳、多级跳、蛙跳、单腿跳和跑等。

4. 力量耐力训练

力量耐力是指运动时肌肉长时间克服一定阻力的能力。阻力越大，运动持续时间就越短。只有在克服一定较小的阻力的情况下，才能维持较长时间的运动。力量耐力对各种跑，特别是长距离跑项目有重要意义。由于力量耐力主要依靠有氧供能，所以它的发展不仅依靠肌肉力量的发展，而且要依靠血液循环、呼吸系统机能的改善和有氧代谢能力的提高，以满足长时间工作的肌肉所需氧气和能源的供给。力量耐力发展水平是以最大力量水平为基础的，在完成同一动作时，力量大的运动员比力量小的运动员重复次数多。

力量耐力主要通过负一定重量或不负重的极限重复完成某一动作的练习来发展，应尽可能结合专项用力特点进行。力量训练应遵循经常练习、全面发展、逐渐加量及练后放松等基本原则，防止受伤，这样才会收到良好的效果。

（二）速度训练

1.影响运动员速度的因素

根据运动员的反应方面统计的结果，反应速度的大小取决于人体反应时间的长短。运动员从外界受到刺激开始到肌肉做出相应动作的时间即为反应时间。反应时间的长短具体与运动员的感官灵敏度有光，感觉器官俞灵敏神经系统俞敏感反应时间俞短，反应速度俞快。速度的大小与运动员的身体健康程度以及注意力集中程度有着重要关系。中枢神经机能良好可以提升运动员反应速度，而肌肉纤维良好的状态通过提高兴奋度来提升反应速度。

2.把握好速度训练的时机和强度

速度训练最好在小负荷运动或者训练调整后的第一天进行，而在一天中或者一堂田径训练课中，最好放在早晨或者前半节课，那时运动员身心状态良好，精力充沛，神经系统灵活，反应较快，兴奋和抑制间的转换率高，进而能达到良好的速度训练效果。还有在这个基础上要注意适宜的训练强度，通常每周安排 2 到 3 次，各节课的平均训练强度保持在 80% 左右。通过适当强度的速度训练，运动员可在跑动过程中肌肉放松。因为只有运动员处于肌肉放松的状态下，才能加大动作幅度、增强肌肉爆发力和增加动作频率。

3.田径训练中各方面反应速度训练的探析

（1）强化反应速度的训练方法

简单反应作为大部分田径运动反应的表现形式，对其速度的训练也就成为速度训练的重点。简单反应速度训练主要有以下方式：一是运用完整性练习，在重复完成蹲踞式起跑动作中，运动员可在熟悉其动作的过程中，对外界信息作出及时应答用以提升反应能力从而达到训练目的；二是采用分解性速度练习，其目的是经过反复的动作练习让一个复杂动作分解成几个连续的简单动作，从而达到了简单动作的反应速度转移的效果，分解性速度训练对于运动员简单环境下做出应答动作，增强简单反应速度有很大的帮助；三是选用变换性练习，此种练习方法通过外界刺激信号的转变，做出应答刺激的动作形式加大或者减小动作反应的难度来训练不同环境下运动员的反应速度。

（2）提高运动员动作速度的训练方法

首先，在运动员的动作速度训练中，必须保持动作速度与技术的统一性。为提高运动员的身体素质、改善其身体柔韧性及增加其反应灵敏度，在速度训练中让运动员更好地熟悉动作技术，包括熟练掌握动作幅度大小、方向、角度等等。反复训练可提高运动员身体协调平衡性，在身体肌肉收缩与内部身体结构动作协调一致，从而提高运动员的动作速度。其次可使用外力对运动员进行速度训练。外力包括自然的和人为的两个方面。自然方面的运动员可以依靠风的阻力和推动力，水的阻力与推动力进行速度反应训练，这样既降低了训练成本，又能增强运动员的身体素质。而人为方面的，运动员可采取专业机械设备进行速度训练或者按照教练员辅助进行训练。凭借适宜的外力可让运动员的训练效果事半功倍，像运动员在加大动作速率的训练可以逐渐增大助力，在提升单个动作速度训练中可以逐步减少助力，运动员还可以变化动作的快慢和器械重量来增强动作速度。最后要为了持续改善动作速度一定要逐渐加大动作的训练难度。运动员动作的完成程度通常要受制于自然以及场地等外界条件，运动员能适应高难度的速度训练，才有可能在比赛上表现较高的动作速度。

（3）改善运动员位移速度的方法

从起点到终点，田径运动员的移动速度先后经历了增加、保持和衰减阶段，其中包含了田径运动过程中各个位移速度的变化。运动员的动作速度的快慢、耐力的持久与否与个人意志力的强弱都很大程度地决定位移速度的大小。第一我们要做的是训练并加以提高运动员的专项速度能力。随着位移速度的变化波动，运动员应把步幅频率及长短当作速度训练的重点。运动员的专项速度水平训练方式有运动员在外界助力下进行加速跑训练、上坡下坡跑等。这些训练能最大限度地提升运动员专项速度训练水平，激发运动员的身体潜能，发挥个人极限，从而达到突破位移速度的能力。第二，要加大运动员的身体素质训练。健康良好的身体是比赛竞技的先决条件，身体素质好，肌肉爆发力、柔韧性以及持久耐力都相应提高。第三，运动量的大小要合理分配。要控制持续的高强度的速度训练，根据运动员的训练周期来分配运动量。如果运动量过大，运动员就会出现身体疲劳，强度过高可能造成运动员肌肉拉伤。除此之外，还有留有时间以供运动员恢复精力和体力，保持良好的速度训练循环，让运动员更好地适应训练。还有，关于应对外界干扰的能力要对运动员进行专项练习，如赛场上来自对手的压力和观众的呼声等等。通过训练使运动员无论在何种情景下都从容应对，状态良好。

以上我们知道田径运动中影响运动员速度的诸多要素，在深入研究分析后找到了相应的田径训练中速度训练的方法，加以实践我们得出：教练员和运动员应熟练掌握速度规律，提高运动技术，根据自身特点提出合理的针对性的速度训练方法，达到速度训练的效果，使扬长避短，发挥实力，最后能在赛场上展现风采。

## 二、耐力训练

通常人体长时间地进行肌肉活动或对抗疲劳的能力被称为耐力。而耐力性锻炼是一种增强呼吸、心血管功能和改善新陈代谢的锻炼方法。对于田径运动，尤其是那些以有氧代谢为主要供能来源的项目的运动员来说。耐力素质是非常重要的基础素质。它直接影响着运动成绩。

（一）耐力训练应把握的基本原则

在组织耐力训练时，有许多应该把握的基本原则，因为一些个性化的训练负荷参数监控体系和完善的综合训练计划是田径运动项目发展耐力最关键的一项。

1. 训练与实战相一致

要求训练时应将实际比赛时的环境、气候、强度等方面的因素融入其中。这种方法有利于帮助运动员在训练中感受到实际比赛的氛围，体会到训练和比赛的一致性。

2. 按周期性规律进行训练

运动员都具有不同的生理、心理周期，因此为了确保训练质量，应当把握好耐力训练的周期性规律。

3. 进行科学性训练

我国田径项目一直落后于世界先进水平，但有人将其归因于训练强度不够，因此在训练中一直在盲目增加训练强度，但实际上却没有得到明显的效果。因此必须加强训练的科学性，不要只追求训练时间和训练强度的增加，多关心运动员的身体机能和对训练的承受能力。

（二）耐力训练的分类

如果要按照不同的标准将耐力训练进行分类，可以有如下几种分类方法：按运动素质分：速度耐力、力量耐力和静力耐力；按运动的性质分：一般耐力和专项耐力等。按比赛时的能量供应方法分：有氧耐力和无氧耐力；按训练所设计的项目分：一般耐力和专项耐力。

（三）提高耐力性素质的注意事项

1. 加强指导和监督

加强对运动训练的科学指导和监督是非常有必要的，因为如果负荷不当就很有可能导致局部乃至整体的机能紊乱。适当地加强指导和监督对于避免伤害事故的发生是很有必要的一项措施。

2. 身体素质的高效能恢复

加强身体素质的高效能恢复的主要方法是充分利用现有条件，科学地安排训练与恢复。除此之外，还应注意及时采取措施来建立高效能的恢复，构建健康的营养系统。

3. 多种练习方式相结合

为了使运动员在训练过程中更加积极，应该采用多种联系方式相结合的方法。耐力训练的方法和手段不是只有一种，可以积极探索各种有利于训练的方法进行训练。另外在进行耐力训练的同时，也要兼顾好其他方面的训练。

4. 速度训练的方法和手段影响着运动的成绩

运动员技术的经济性和实效性严重影响着运动员的成绩。以目前田径运动中负责中长跑的运动员为例分析：这种运动员一般分为两种类型，一种频率相对较慢，但是后蹬用力较大，大腿前摆较高且步幅较大；另一种的频率相对较快，但是步幅相对较小，这样后蹬力较小，腾起时间缩短，跑起来比较平稳且轻松省力。如今采用第二种方法的人比较多，因为这样是很符合经济性原理的。在过去的训练中，一般都是对后蹬用力不叫重视的，加大步幅而忽视了动作速率，由于过分的后蹬和高抬，每一步都会消耗很大的能量加之中长跑运动员一般都是身材较低的，因此不提高步频也就没有出路。

然而，步频和步长并不是绝对对立的，而是应该根据跑的距离的不同采用不同的步频和步长比例。中跑是一种速度耐力项目，因此在其速度训练中，要求运动员既要有良好的速度耐力，同时也要具备绝对速度。这很明显的说明了中跑运动员专项成绩与百米成绩有直接的联系。

耐力训练是一个长期而且枯燥的过程，因此只能不断创新和改进，并且要坚持以人为本，在科学的指导下结合运动员自身特点，扬长避短。训练后及时对训练的效果进行评估。此外，教练和运动员也要做好各方面的准备，只有坚持不懈的训练才能达到预期

（四）实行耐力训练的实际意义

随着现代社会的迅猛发展，我们对田径运动尤其是中长跑的重视程度也在逐年增加。人们对人体自身的结构和机能的认识越来越深化，耐力训练的

观念、训练结构、训练负荷、训练方法和手段也在不断更新，但人们对耐力训练的真实意义却缺乏应有的认识。进行训练有利于改善呼吸系统和心血管系统功能，发展耐力，培养顽强的意志和克服困难的精神。从实践中得知，制约运动员竞技能力的关键是人体能量的产生，和运动员体内能量快而持久的输出，这样有利于保证运动员在比赛中进行长时间高速跑进，并最终取得优异成绩。运动中决定能量产生和动员的是遗传资质和训练。遗传因子只是使人体具备迅速产生一定能量的能力，要保证竞技能力的提高和能量的充分供应，最主要的还要取决于教练员科学的训练与控制。如何充分挖掘和控制运动员潜在的产生能量的能力，并使能量得到最有效的利用，对于教练员来说是必须应当注意的。同时这也是中长跑训练的发展趋势，突破了对中长跑项目原特征的界定，使训练理论产生了新质的飞跃。

### 三、柔韧训练

柔韧素质是指人体大幅度完成动作的能力。这种能力由人体关节活动灵活性、肌肉和韧带的伸展性与弹性及肌肉紧张与放松的协调性所决定。柔韧素质的基本训练方法是拉伸法。拉伸法又分动力性拉伸和静力性拉伸，这两种拉伸法又都可采用主动性和被动性两种练习方式。在运用拉伸法发展柔韧素质时，要掌握好练习的强度、幅度、重复次数和组数、间歇时间及动作要求。

### 四、灵敏性与协调性训练

灵敏协调素质是指运动员在各种突然变换的条件下迅速、准确、协调改变身体运动的能力。灵敏性与协调性是相辅相成的，其优劣取决于大脑皮层神经过程的灵活性，以及所建立的动作技能的数量和巩固程度。发展灵敏协调素质时应注意以下几点：

1. 发展灵敏协调性要密切结合专项特点与要求进行，使训练效果与专项要求相一致。

2. 训练手段要经常变换，以利于提高运动员各种分析器的机能。

3. 灵敏协调性训练前，应尽可能消除运动员的紧张与恐惧心理，否则难以获得训练效果。

4. 灵敏协调性训练应安排在体力充沛、精神饱满的状态下进行。

### 五、技术训练

技术训练的任务是学习和掌握运动技术，为创造最佳成绩而有效地发挥机能潜力。

1. 提高身体素质是学习掌握运动技术的基础。运动员必须具备良好的力量、速度、耐力、柔韧及灵敏协调等身体素质。身体素质水平越高，掌握技术就越快。

2. 技术训练要抓住关键。田径运动各项目有各自的技术关键，如短跑的蹬摆配合技术、跨栏跑的"跨栏步"技术、跳跃项目的起跳与过杆技术、投掷项的助跑旋转速度和最后用力等关键技术。

3. 技术训练要贯穿于训练工作的始终。技术训练要从小抓起，技术训练的主要方法有分解法、完整法、重复法、变换法和比赛法等。不同的训练方法用于不同的阶段。

## 六、心理训练

越来越多的体育实验与体育科研证明，运动员在参加田径运动比赛过程中，技术、战术之外，不仅需要消耗大量的体能，而且在竞赛紧张的氛围下，心理还需要承受强大的压力，因此运动员如何在竞赛过程中形成最好的参赛状态，需要技术、战术、体能、心理的综合协调。这种与日常生活中压力相异的心理能量消耗，具有一定的独特性、阶段性和专属性。这种具有独特性的心理作用，需要在不断地训练下磨炼，才能成就比赛时刻的强大信心。因此，田径运动员心理训练具有必要性，也具有专属性的训练方式。一个优秀的教练员在田径运动员训练过程中，必然会对运动员进行具有针对性地心理训练"课程"。

### （一）运动员心理训练概述

运动员因为个体的不同，心理特点也各不相同，即使是同一个运动员，也会因赛事层次、场地环境、参与对手、自身准备情况、自我调节情况的不同而不同。因此，运动员心理训练内容的设定需要根据具体的环境进行相应的设定。但是，教练在对运动员进行心理训练中不可能模拟所有的赛事环境等来进行体育训练，这就要求教练通过其他训练内容的设定来锻炼运动员的心理素质。

在运动员的心理活动中，大体可以分为两类心理控制，一种是安定型，另一种则是爆发型。安定型顾名思义，是心理活动波动较小，控制力较强，赛事成绩波动较小的人群；爆发型则受环境影响较大，时而能够充分协调身体机能，时而协调性较差，赛事成绩波动相对较大，但是控制良好的情况下，爆发型一般具有冲刺较高成绩的可能。在运动员的心理活动倾向上，与心理活动具体有一定差别，也可以分为两种，其一是活动内向型，其二是活动外向型；主要表现为内向型多关注自己，外部的影响也多反射到内心中，外向型则是外部环境的调动者，具有较强的影响能力。

（二）心理训练对田径运动员的影响

1.影响运动员发挥的因素

田径运动员成绩的创造，受比赛过程中各方因素影响，抛开自身以外的客观因素而言，主要受技能、体能、战术、心理等四方面因素影响。其中技能、战术是教练在训练过程中给予的竞赛方法指导，体能是自身身体素质的综合体现，而心理，则是控制技能、战术、体能的最主要因素。不论任何运动员，心理因素控制的好坏，决定了技能、体能、战术的协调程度，也就决定了最终的比赛成绩。因此，心理因素的控制，是比赛成绩优劣的重要因素之一。

2.影响运动员态度的因素

任何人的心理活动都会影响自身的态度表现，运动员也无一例外，同时，任何人都具有相应环境下的心理活动。心理活动的广泛性决定了心理活动的波动性和丰富性。运动员在训练场上与竞赛场上的心理活动较大的差距，心理活动在积极状态的情况下，比赛成绩一般相较于心理活动消极取得的成绩要好一些，而一般老运动员心理素质更为过硬，训练场与赛场差异较小，新运动员因为赛事较少、磨炼较少、心理波动较大，对最终成绩的取得也影响较大，这也是新运动员比赛成绩不稳定的重要因素所在。

3.心理因素影响的身心反应

心理因素对运动员的影响主要表现在正反两个方面，正向的心理因素影响会让运动员在生活、比赛、工作当中充满信心，能够以强大的内心世界包容所遇到的各类环境，而反向的心理因素又称为心理障碍，不仅会让一个职业运动员丧失优异的比赛成绩，在生活当中由于存在一定的心理阴影，对个人的身心健康也存在影响。比如，消极的心理因素下的生活，身体素质的整体机能能力和技术水准不能得到良好的发挥，使比赛技术和战术失去效果。同时，过度的消极心理，还会导致身体器官，尤其是肌肉的紧张和内分泌系统的紊乱，因此，运动员有必要通过心理训练来提升心理因素的内在稳定性。

（三）运动员心理训练方法

运动员心理训练方法整体较多，但是效果各有不同。主要分为一般心理训练和个别心理训练两大类。两种训练类型交错穿插，互相影响，具有较多的共同点。

### 1. 模拟训练

模拟训练是运动员较常用的训练方法之一，不论心理还是体能等，都会经常使用。因此，模拟训练是对心理活动进行训练的重要方式。在模拟训练中，细分开来主要分为语言描述模拟和场地实景训练两种。语言描述训练是通过教练等其他人对"赛事"情况进行讲解，通过对赛事的描述让运动员"深入实景"进行心态调整、锻炼和练习，比如：通过语言描述预赛和决赛不同的实景，让运动员通过心理主观调节为相应的心理应对，达到习惯性的心理影响调整。语言描述训练中，也可以借助图片、哨声等体育器械。场地实景模拟需要较大的场地，通过场地的布置、人员匹配等环境的拟造，达到比赛现场场景的影响，通过场地实景的模拟训练，让运动员通过场地的影响来调节不同的心理活动，以达到心理训练效果。

### 2. 放松训练

放松训练也可以称为自我暗示，是用一定自我暗示进行肌肉、心理等放松的方法。同时，自我心理暗示也是精神转移法的本质，通过注意力的转移调整，进行心理训练、心理放松，也可以通过自我暗示增强信心，调整赛事过程中产生的心理障碍，或者通过暗示进行赛事失败阴影等的心理修复，因此，放松训练与自我暗示通常同时进行，是运动员调节心理最便捷的训练方式之一。放松训练，是有意识地在暗示、想象、转移中进行自律训练，以达到提高赛事技能、增强信心的目的。

### 3. 念动训练

念动训练又称回忆性训练，主要是运动员在日常的赛场当中通过切身参与，形成训练的印象，随后通过不同时期的回想与回忆，将已经训练过的或者赛事实际经过的技术动作进行再现，然后通过动作的不断重复和不断修正，让以后的技术动作等更加标准。在念动训练过程中，运动员要运用视觉再现集中精力回忆，形成视觉、动觉相结合的场景回现，以达到巩固和改进技术动作及心理活动的目的。通常，念动训练与以上放松训练和模拟训练相结合应用，效果会更加理想。

综合而言，运动员心理训练不仅有模拟训练、放松训练、念动训练，还可以通过知觉训练、注意力训练、意志训练、生物反馈训练等等方法，原理本质与以上三种具有异曲同工之妙。通过有效的心理训练，才能让运动员积极主动地控制自己的心理活动，并在特定的环境中形成具有有利因素的心理状态，从而稳定自身的赛事成绩，更好地对自身进行提高。

## 七、间歇训练法在田径运动中的应用

（一）间歇训练法作用和形式

通过严格的间歇训练过程，可使运动员的心脏功能得到明显的增强；通过调节运动负荷的强度，可使机体各机能产生与有关运动项目相匹配的适应性变化；通过不同类型的间歇训练，可使乳酸能系统的供能能力、磷酸盐与乳酸能混合代谢系统的功能能力、乳酸能系统与有氧代谢系统的混合供能能力、有氧代谢供能能力等有效地发展和提高；通过严格控制间歇时间，有利于运动员在激烈对抗和复杂困难的比赛环境中，稳定、巩固技术动作；通过较高负荷心率的刺激，可使集体耐酸能力得到提高，以确保运动员在保持较高运动强度的情况下具有持续运动的能力。间歇训练法的基本类型主要分为三种：高强性间歇训练方法（是发展乳酸能系统的功能能力、磷酸盐与乳酸能混合代谢系统的供能能力的一种重要训练方法）、强化型间歇训练方法（是发展乳酸能代谢系统与有氧代谢系统混合供能能力以及心脏功能的一种重要训练方法）和发展性间歇训练方法（是发展有氧代谢系统供能能力、有氧代谢下的运动强度以及心脏功能的一种重要训练方法）。

（二）如何科学合理的运用间歇训练法

1.间歇训练法要符合有机体能量供应的学说

从间歇训练法的分类和完成的主要任务看，它属于对有机体基本能力即运动素质的训练法，并非属于动作学习类的训练法。因而，如何安排上述五个要素，如每次练习的强度，间歇时间的长短等等，都应符合运动生理学有机体能量供应的学说，其基本原理及构成间歇训练的数据都要据此来考虑。

人在运动时，能量供应有两种形式：有氧氧化供能和无氧氧化供能。其中无氧氧化供能又包括在无氧或氧供应不足情况下的非乳酸能（依靠肌肉中原先储存的三磷酸腺苷及磷酸肌酸供能），以及乳酸能（糖原无氧分解供能）两种形式。肌肉活动时供能形式始终处于这样一个顺序：非乳酸供能—乳酸供能—有氧氧化供能（即无氧氧化供能—有氧氧化供能）。

非乳酸供能随工作强度的不同，这一过程可持续几秒至十几秒钟。乳酸供能产生在人体处于缺氧的情况下，当组织缺氧达 70% 时，它即开始，直至供氧系统能满足机体的需要为止。

因此，要提高速度就要加强非乳酸供能能力；要提高速度与速度耐力就要加强乳酸供能能力；要培养一般耐力就要加强有氧氧化供能能力。

当把这三者对应起来后，首先就决定了间歇训练法中的前两个要素：练习的绝对强度与每次练习的持续时间。其中，发展无氧氧化供能能力的强度指标，定在"接近极限"和"最高速度的90～95%"，是为了要保证机体在工作时能处于"无氧"的状态。每次练习的时间定在"3～8秒"和"20秒～2分"，实际也就是非乳酸供能和乳酸供能所能持续的时间。发展有氧氧化能力的强度和持续时间指标是否定得太高、太短？这是因为有人在对供能情况做进一步研究后指出，在发展有氧氧化能力时，用无氧氧化的工作方式可取得较大的效果。在进行短时间大强度的工作时，无氧氧化分解的产物对呼吸过程是一种强烈的刺激物，在完成这类工作后的最初10秒～90秒内耗氧量会大大增加，心脏的血输出量也增加。当然这是仅从心血管系统角度考虑的指标，如从运动支撑器官考虑的话，这些器官耐久力的提高还有赖于低强度长时间的运动。把发展有氧氧化供能的练习持续时间控制在1分～1分30秒也是从上述原因考虑的，其作用主要是为了保证吸氧的最大值能在休息间歇中出现，以利于提高呼吸系统的能力。

2. 间歇时间的长短和休息方式

有氧氧化供能能力发展所采用的间歇时间，主要是考虑不让在上一次练习后已进入工作状态的肌肉微血管收缩，使有机体进入工作状态比较容易。采用积极性休息的目的是加速机体工作后的恢复过程，加快消除上一次练习后的代谢产物。同时，间歇时间不长，即第二次练习是呼吸、心脏处于较高水平时，随着一次次地重复，耗氧量在未达最高点前将不断增加。当工作和间歇保持一定关系时，就会出现机体需氧量与当时耗氧量的平衡。到那时，重复练习就可持续较长的时间，甚至有时还会出现超过运动员原有最高耗氧量的水平。这对提高呼吸能力是一个很好的刺激。要能用无氧氧化工作方式来发展有氧氧化能力，关键也就在于选择工作与休息结合的最好方式。

非乳酸供能能力间歇时间的长短主要考虑：（1）非乳酸能"偿还"氧债，通过速度较快，经2分至3分间歇后即可基本"还清"；（2）磷酸肌酸在肌肉中的储备不是很多，在第3至第4次重复时已消耗殆尽，所以组间的间歇要安排7~10分，以便把肌肉中的乳酸氧化掉。此时进行活动性休息的目的，是为了保持神经中枢具有较高的兴奋性，以便承担下一次高强度的练习。

乳酸供能能力的间歇逐步缩短，是根据练习后血乳酸的最高含量来定的，通过实验证明，用表中所述练习强度和持续时间进行工作，血液中乳酸的最高含量的出现不是在练习刚结束时，而是在练习过程中。并且随着练习一次次的重复，血乳酸含量最高值的出现逐步接近练习的结束时。为了使有机体对酸性产物的适应性得到提高，只有在血液中乳酸含量较多时练习才更有效，所以随着血乳酸含量最高值越来越接近于上一练习结束时的水平，下一练习的开始也就应向上一练习结束时的水平靠拢，具体安排时则要逐步缩短间歇时间。由于要保持酸性产物在血液中的含量，不需要加快恢复过程，因而休息方式也就不需要做任何积极性的休息。这类机能能力的发展，正因为是机体处于代谢产物较多时的状态，所以运动员主观上的反应比较强烈，难以忍受，是不足为怪的。

3. 间歇训练法中重复练习的次数（组数）

练习重复的次数（组数），则是根据有机体能否再按上述四项指标范围内工作决定的。因为表中所列的指标尽可能地保证了不同机体机能能力的发展，如果重复时偏离了这些指标，也就是有机体已不能根据预定任务进行工作，就不宜再继续下去。

在这里我们是把无氧氧化能力（乳酸、非乳酸能力）、有氧氧化能力单独列出进行分析的。在实际训练中是极少如此单独安排的。而且有氧氧化供能是其他两项的基础，无氧氧化代谢产物都需要有氧氧化过程给以消除；有氧氧化过程可最有效地提高肌肉中糖原的贮藏量，肌糖原贮藏量又与无氧氧化能力直接有关。从这一点上来讲，高度的无氧能力是建立在高度发展的有氧过程基础上的。所以，即使是 100 米跑的运动员，也不应仅仅只安排发展无氧氧化能力的训练。不过当我们知道了发展不同机能能力的基本原理后，举一反三是不难的。许多发展不同机能能力的间歇训练法也是由此而引申出来的。

间歇训练法的这五个构成要素，是相互关联、相互制约的，不能机械地来看待每一种要素的作用和影响，所以在实际运用中显得比较复杂。因此，当我们要分析某一类间歇训练时，必须从它的主要任务入手，对每个要素指标的理论依据进行分析，才会得出对它客观效果的评价。

上文简述了间歇训练法的基本原理，提出了组合间歇训练法的参考数据，当我们考虑训练的负荷、课的任务、训练对象的具体条件时，可作相应的调整和变化，即可在训练中运用自如。

## 八、恢复训练

在运动训练中，各种生理机能并不是在运动结束后才开始恢复的，在运动过程中随着能量物质分解后再合成，恢复过程就已开始，但由于分解过程超过再合成过程时，能量物质就不可完全恢复，而只有当运动结束后，剧烈运动停止了，合成过程超过分解过程，人体机能才逐步得到完全恢复。运动后如采取一些有效的恢复手段，可以加快恢复过程。

## 第三节 田径运动训练计划的制定

训练计划是贯彻训练指导思想，完成训练任务，提高训练效果和比赛成绩的重要保证之一。是教练员素质和综合能力优劣的基本标志。因此，制订好训练计划在运动队训练工作中至关重要，对培养优秀运动员，提高体育运动水平，加强教练员素质建设都有重要的作用。通过多年的实践和总结，笔者认为，制订和实施田径运动队训练计划必须要注意如下几个问题。

### 一、制订训练计划必须注意"四性"

（一）科学性

科学性主要指制定训练计划必须符合人的生理特点，适应人的心理需求。

1. 要符合人的生理特点

生理学家发现，人体内能量的释放能导致肌肉的收缩。三磷酸腺苷是人体内产生能量的能源，它的分解能产生能量，并且不同阶段的反应所产生的能量致使肌肉收缩的程度亦不同。另外，人体的乳酸进入肝脏经过氧化后转为肝糖原，且产生能量，这种能量叫无氧能量。相反，由大量地氧气所产生的能量叫有氧能量。无氧能量的训练，运动员的脉搏频率加快到次分，乳酸在血液中积聚，肌肉就会因乳酸过多而停止活动。有氧能量的训练，运动员脉搏频率为次分，形成"有氧代谢"，产生较好的"训练效果"，如肌肉的耐力增强、肺活量增大、血液供应增加、呼吸功能加强等。因此，训练时，必须强调非乳酸能、乳酸能、有氧氧化能方式供应能量，无氧训练应安排在长而周密的有氧训练之后，力量和耐力的训练比例应根据训练阶段的不同而变化，训练的负荷应随成绩的提高而逐步增加等。

2. 要适应人的心理需要

一是要考虑运动员的心理承受能力，训练计划的目标任务不应使运动员产生过大的心理压力，以致失去信心，影响训练目标的实现，而应保持适度的心理压力，使运动员能够较愉快地接受，并调动其训练的积极。二是要注意训练形式的多样性，使运动员从不断变化的训练形式中对训练保持较高的兴趣，在紧张中感到轻松，以减轻紧张情绪。三是要对比赛时容易产生的紧张情绪，在平时要进行有针对性地训练，力求加以克服，以增强对比赛环境的适应性。

## （二）目的性

每次的具体训练计划必须目的明确、任务具体，组织教法详细，中心突出，不能千篇一律或含糊不清。

## （三）针对性

计划的制订要依据总体的训练指导思想，结合目前实际对训练内容和方法进行选择，必须体现针对性，重点突出。

## （四）实际性

制订计划必须根据主、客观实际情况来考虑和安排。从教练自身的水平能力到训练对象、条件、环境、气候、时间、安全、运动员的生活情况等慎重考虑。同时，要考虑到特殊情况的可变性。

## 二、制订训练计划必须正确处理好五个关系

### （一）量与强度的关系

运动量和训练强度是教练员必须考虑的问题，应以运动员达到预计生理负荷量为基础。要根据训练的任务和运动员当时的承受能力来考虑安排，有时量小强度大，有时量大强度小，有时量小不一定强度大，有时量大不一定强度小。要用时间、次数、组数、难度、距离、高度、速度等来进行调节。

### （二）大周期与小周期的关系

大周期一般指运动队的整个训练过程，小周期一般指训练周和某一个小阶段，小周期是大周期的基础，根据大周期的任务来安排小周期的计划。训练计划要系统化、立体化、层层衔接，各小周期之间过渡合理自然。

### （三）素质与技术战术的关系

素质是学习和掌握技术战术的保证，同时还可以弥补技术战术的不足。良好的技术战术可促进素质的提高。素质分为一般素质和专项素质。一般素质是专项素质的基础，发展专项素质可以促进一般素质。技术战术也分为简单、高难、综合变化的，主要是不同时期安排不同计划，重点不一样，如赛前阶段的早期应加强耐力训练赛前阶段的后期应安排速度和速度耐力训练。但必须明确它们相互依存、渗透、促进的关系。在素质练习时要注意技术战术的渗透诱导，在技术战术练习时又要注意促进素质的发展和提高。

### （四）环节与细节的关系

在制订训练计划中各个环节先后安排和衔接尤其重要。教练员要根据训练课的目的，内容的多少和类别，根据生理运动的规律和特点安排各个环节。在一个技术动作当中也有环节和细节之分。细节是环节的基础，环节是细节的组合与纽带，环节处理得好可促进细节的发展，细节发展得好可以促进环节的完美。如果运动员对训练的环节和细节掌握得好，就可提高训练自控的程度，提高训练的成绩。

### （五）单一与组合、综合的关系

在制订的训练计划中，训练内容有单一的、有综合的技术动作也是单一与组合、综合的战术也是如此。所以，必须要注意单一与组合、组合与综合、单一与单一的关系。同时，还应注意组合、综合的时机与方法。要在单一中渗透翻组合，在组合中加强综合，强化单一。单一是综合的基础，综合是单一和组合的整合。

综上"四性"和"五个关系"是笔者对制订和实施训练计划时应注意的问题的探讨。它们之间的关系既是相互渗透、补充、依存、促进的关系，又具有各自独立的特点和位置，应将它们有机地统一于训练计划的制订与实施中，以提高训练质量。

## 第四节 现代田径运动训练的特征与发展

现今在许多国家之中，田径运动项目属于全民运动项目。从某种程度上来说，一个国家在田径运动项目上的竞技能力可以直接反映该国的体育竞技实力。经过多年发展，现今田径运动项目已经具备了极佳的竞技观赏性，其内容也具备多样性的特点。在当前世界上所有的大型体育赛事之中，田径都是必备的一项运动，而在民众群体中，田径运动也有着其重要作用，通过田径运动有效提高自身的身体素质。田径项目在大型体育赛事之中得到升华，不仅对参赛人员的要求更高，同时在技术上也有了新的要求标准，如田径运动员的身体素质、心理素质等。

### 一、田径训练方法的特点

### （一）提高田径运动员综合竞技能力的专项训练

专项训练是对田径运动员各个方面进行全方位、标准化的强化训练，借此有效提高田径运动的综合素质以及竞技能力。体育比赛的核心意义在于突破自身极限，田径运动项目也是如此。在我国过往的田径运动训练之中，绝大多数训练项目都以田径运动员的身体素质为出发点，通过提升田径运动员的身体素质提高田径运动速度。但进入现代专项训练之后，田径运动中的各个细节内容都进行了有效突破，对于田径运动员的技术细节也进行了一定调整，有效提高了田径运动员的竞技能力，标志着田径运动训练从专项转变为整体。

（二）缩短田径训练时间，提高训练效果

田径训练的核心目标是提高田径运动员的竞技能力，但我国以往的田径项目主要依靠大量训练，以时间换取运动员竞技能力的提高。但田径训练的核心是通过最合理的训练强度达到最大化的训练效果。传统田径训练方法的不足之处是田径运动员每天用于训练的时间是有限的，即使每天都进行满负荷训练也无法有效帮助田径运动员突破自身的极限。对此可以通过增加训练负荷提高田径运动员的训练难度，借此有效帮助田径运动员突破自己的极限，在有效缩短田径运动员训练时间的同时提高竞技能力。

（三）提高田径运动员的心理素质

田径运动员要想在田径比赛中取得良好的成绩，除了需要有过硬的身体素质之外，心理素质也要过关。这主要是因为体育赛事受到人们的关注和喜爱，而田径运动项目又是其中的佼佼者，因此田径赛事会有很多人围观。如果田径运动员的心理素质不过关，不仅无法突破自身极限，反而可能因为紧张等负面情绪使运动员无法将自身应有的水准完全发挥出来，对比赛成绩造成严重影响。相反，拥有一颗良好的心理素质能够帮助田径运动员及时调整自己的身体状态，如呼吸、对于比赛的专注度等。田径运动员的心理变化很难从表面上进行观测，因此在田径训练的过程当中，教练员要注意从多个方面提高田径运动员的心理抗压能力，使其能够在不同的比赛环境下保持良好的心态，将外界因素的干扰降低到最小，有效提高田径运动员的比赛成绩。

（四）培养田径运动员的比赛技巧

对于田径运动来说，技巧至关重要，可以说它直接决定了田径运动员的比赛成绩。例如，比赛开始之前调整呼吸节奏的技巧、比赛初始阶段的身体微调技巧等。因此，在田径训练的过程中，教练员需要时刻注意田径运动员动作的规范性和技巧性，良好的技巧能够有效帮助运动员节约体力，使他们的比赛成绩得以提高。除此之外，教练员要时刻注意帮助田径运动员对训练以及比赛的经验、技巧进行总结，在此基础之上进行讨论，借此有效提高田径运动员的竞技水平。

（五）时刻保持良好的运动负荷

许多人都认为，比赛开始之前进行的田径训练和平常进行的田径训练是截然不同的。例如，比赛开始之前应该让田径运动员的身体和心理进行短暂休息，使他们能够以饱满的精神和充沛的体力进行比赛，这是完全错误的。比赛开始之前，无论是增加田径训练的负荷或者减少田径训练的负荷都是没有任何好处的。这是因为，在日常训练过程当中，田径运动员的身体已经适应了训练负荷，如果在比赛开始之前改变的话，将会对田径运动员的运动周期造成影响，严重情况下甚至会导致田径运动员的休息和饮食状况受到影响，不利于比赛发挥。因此，比赛开始之前，田径运动员应当适当保持原有的训练负荷。

（六）合理运用训练和比赛的关系

田径训练的核心目标是帮助田径运动员在比赛之中取得良好的成绩，因此田径训练和比赛之间存在一定的关联性。科学合理的田径训练能够有效提高田径运动员的竞技能力，使运动员能够在比赛之中取得更好的成绩，但田径训练和田径比赛之间的相互关系必须进行良好处理。近些年来，随着田径赛事数量不断增加，为田径运动员提供了更多展现自己的机会的同时，也导致许多问题，如比赛频率过多会导致田径运动员的心态和身体受到影响，日常田径训练的节奏也会被打乱，最终影响田径运动员的比赛成绩。

（七）全新的训练科研技术实现田径训练的时效性

竞技体育的发展伴随科研技术的竞争，在常规的训练基础上，通过科研方法和手段，使现代田径运动更加直观和可控。科研技术的辅助在于训练监控、运动员体能训练、伤病预防和控制、营养补充、康复训练、运动膳食的搭配、队员个性化心理特征、生理生化指标监控、基础机能、专项化技能发展、专项化体能等方面，教练员依据这些板块和指标，从训练、生活、心理教育和管理几个方面全面掌控运动训练。所以，田径训练不单单是竞技能力的改善和提高，而要上升到培养人的高度，这样才能实现科学化和时效性。

## 二、现代田径运动训练发展趋势

（一）重视科学选材与早期训练

对于田径运动来说，训练素材的选择是十分重要的，可以说如果材料选好了就等于比赛成功了一半。很多运动员并不是没有运动天分，而是他们的运动潜能没有被完全激发出来，所以我们应该通过科学的手段把他们的潜能激发出来，让这些隐藏在遗传基因里的运动潜能转化为运动技能，帮助他们赢得比赛。

运动员的运动能力的挖掘主要参考运动能力的遗传学规律，进行训练的人员要针对运动员的不同项目进行专门的训练，这种训练可以是传统的训练也可以是借助科学的手段，在训练的这些运动员中找出一些有天赋的运动员，进行专门的培训，让他们有更好的发展。因此，运动员的选拔要根据运动员的运动专项，同时还要看运动员的遗传基因，转对那些天赋高，能力强的运动员进行专门的训练，让他们能发挥所长。另外，选拔运动员除了要根据专业的理论知识同时还要结合专业的科学技术，把理论和技术完美的结合才能保证选拔出来的运动员既符合理论的要求要有实际的运动能力。运动员的科学选拔要参考多方面的因素，例如形态、身体机能、神经以及遗产等，只要多方面考虑，才能保证选择到的运动员的实际质量。

选拔到的运动员一般需要进行早期的训练。因为在运动员的初级阶段一般年龄较小，处在生长发育期，身体正一步步趋向成熟，对于运动员的训练也应该从一般训练向专业化训练过渡，但是这是个缓慢的过程，不能急于求成，要循序渐进。专业化训练是指一般锻炼对运动员运动能力的提高没有任何作用时，可以对运动员进行某一方面的专项训练，并且在训练过程中逐渐加快训练的步伐，逐步提高运动员的运动能力。如果错过运动员进行专项训练的最佳时机，那么后期在进行锻炼就很难提高运动员的能力和成绩。因此，在准确的时机对运动员进行专项训练，保证运动员的运动天赋得以发挥，强化运动训练，提高运动员的运动竞技能力。

（二）训练中的专项强度

田径在竞技体育中是竞技体育运动的基础，它运动项目的发展起着重要的不可忽视的作用。先进的体育训练手段和方法也随着科学技术的突飞猛进发展不断出现和应用，而对田径基础理论认识的深化将是未来促进田径运动成绩不断提高的一个最重要的因素。在田径运动训练的发展趋势中，专项训练显得越来越重要，因为对运动员进行专项训练可以把运动员的能力和素质结合起来，同时发展运动员的双方能力。很多优秀的运动员在平时的训练中，很大程度上是偏向专项训练的，而且事实证明他们在田径竞技中都表现出了强大的专项能力，而且都取得了很好的比赛成绩。

在现代的田径运动的训练中，针对高水平的运动员大都市采用专项训练，让他们的天赋在赛场上得到充分的表现。在专项训练中我们一般遵守两个原则，即少而精和最优化原则。但是很多运动对专项训练的含义理解不够准确，片面的追求训练次数，认为训练次数和训练成绩实诚正比的，所以一味地进行专项训练，但是往往这样的重复训练并不能取得很好的效果。很多训练方面的理论和实践证明，在对运动员进行专项训练的时候只有不断加大运动员的运动负荷，让他的运动机能得到不断地刺激，才能激发运动员的运动潜力，提高运动水平。在加大运动员运动负荷的过程中要把握好运动量和运动强度之间的关系。实验表明在运动员训练的所有因素中，第一为训练强度，第二为训练次数，第三位时间间隔，第四为总训练时间。大负荷量的训练适合任何的运动员，关键是在怎么把握这个训练量。具体有三点要求，一是大负荷量的训练只是相对而言的，并不是绝对的，要根据具体的训练对象分配不同的训练量。二是每一个运动员对于每一项运动的承受能力是不一样的，要根据运动员的专项能力来安排运动员的训练量，根据运动员身体的承受能力来安排运动员的运动负荷。三是相对于高水平的运动员而言，高强度的训练量应该是在改进技术的前提下进行。

（三）训练周期，训练负荷的变化

经过许多年的训练才能培养成一名优秀的运动员，并且在训练和比赛中会受到许多因素的制约，比如说训练因素和非训练因素的影响，所以，我们得出如下结论：比赛工作和训练本身就是一个完备的系统工程。综上所述，我们在整个训练的过程中要进行系统的计划和实施，为训练做好充足的准备。我们可以按照系统论的观点，前提是在周期性的基础之上，分为大系统和分系统这两部分。所谓的大系统指的是多年的训练过程，小系统是指每一年的训练和比赛，而分系统又是由许多的分支系统组成的。对这个系统工程有了充分的了解和规划，我们才能更好地对训练过程进行细致的计划安排和实施。

当代，运动员尤其是世界优秀运动员他们的训练周期观念已经得到全面更新，具体表现在准备阶段的训练和室内比赛次数上以及由室内比赛向室外比赛转变和重新理解比赛和训练的关系这四方面：一方面是准备期阶段训练在时间上大大缩短，一般而言在 3 个月内也就是说从 10 月至 1 月这段时间，准备期训练仅仅占 1/3 ～ 1/4，大部分教练员和运动员把大部分时间都放在专门准备训练上，从而大大地提高了运动员的专项训练。另一方面是室内比赛的次数不断增加，在国外室内赛季是从 1 月到 3 月，在这段期间运动员一般会参加多次比赛，目的是起到调节训练的作用，从而可以大大提高训练的质量。第三方面是由室内比赛向室外转变，从而大大增加室外比赛的力度。最后我们重新理解训练和比赛的关系，尽量把室内比赛过渡到室外比赛；把室外比赛是时间尽可能延长；更新了原来对比赛和训练之间的观念，让大家普遍接受了比赛是另一种训练的观念。运动员在长时间接受高负荷的训练之后，身体的机能以及运动的效率都会减退，慢慢他们就会变得疲劳。一个运动员能够被训练到什么程度或者说能够承受的耐疲劳程度有多少，这完全一开训练者的训练程度以及训练目的。换句话说，训练过程中想要达到的预期状况就是运动员到底能够承受多少负荷，到底能够在高负荷下训练多长时间。

近些年来，运动员训练负荷的灵魂就是训练强度的安排，也就是在运动员训练的工程中不断地加大运动员的运动负荷，直到运动员的运动潜能被完全激发出来。但是这样的训练逐渐开始减少，很多训练员在训练运动员的时候不会只关注高强度的运动训练，反而更加关注运动员的专项技能，也就是减少运动员的高负荷训练，加强运动员的专业训练。

要保证运动员运动机能的不断增长还是要适当地给运动员安排一些超负荷的运动，这样有利于激发出运动员身上的运动潜能。但是安排超负荷的运动也要有一定的量，如果超过了一定的量，那么运动员的身体会承受不了，这样对运动员的身体不利；如果达不到一定的量，那么前面的训练也会成为徒劳，因此，在高强度的训练中，训练量的把握是十分重要的。

田径运动在目前的体育竞技中一直是一门热门项目，随着田径竞技水平的迅速提高与日益激烈国际竞争，只有科学的研究成果指导训练，才能获得理想的训练效果，从而在国际体育运动竞赛中取得胜利。只有提高田径运动员的整体成绩才能保证田径运动这一项体育活动的整体水平有所提高。本文主要从田径运动员的训练趋势上做出了分析，提出了如何提高田径运动员训练效率的一些建议，从而提高我国田径训练的质量，让田径这一项体育项目的整体水平有所提高。

# 第五章 田径运动体能训练研究

## 第一节 体能训练概述

体能是人体引发运动的心肺功能支撑的大小（心肺系统的能力），取决于人体运动系统动力学应用的强度与范围（骨、关节、肌肉的能力）。现有的对体能的理解多提力量、速度、耐力、柔韧和协调等素质，当前的体能训练多是进行力量训练、速度训练、有氧、无氧耐力训练、柔韧和协调训练等。致使体能训练很难与其支撑学科人体科学进行衔接，很难与生物科学、营养、医药等方面的高科技相结合，也导致了训练难以控制等很多问题的出现。杨桦等在《运动训练学导论》的体能与训练部分指出：体能训练应回答如何提高运动项目需要的能量代谢能力，如何改善运动员的神经、骨骼、肌肉等系统的功能。从系统论的视域看，这种观点已经具有从结构分析体能的思想。但在近期更多的训练学文献中有关体能训练的理论、实践，依然是沿袭着传统的训练理论。以系统论视域对体能的本质和体能训练进行哲学审视，探索体能训练的本质与规律问题，明晰体能训练的内涵与外延问题，分析体能训练的结构与功能，推动体能训练文化链条由运动学的表象，向动力学、生理学等本质规律的转变，抓住文化链条的关键，是对当前体能训练理论的文化创新，对体能训练理论新思路的拓开具有重要意义。

### 一、体能的概念与本质

#### （一）体能的概念

国内外学者对体能的概念进行了大量的研究，港、台学者大多认为，体能是经过身体训练获得的人体各器官系统的机能在肌肉活动中表现出来的能力，它包括身体形态的适应性变化和力量、速度、灵敏、耐力和柔韧等基本素质。国外学者 Hartman 等认为，体能是以人体三大供能系统的能量代谢活动为基础，通过骨骼肌系统表现出来的运动能力。从生物化学的观点分析，运动员体能的高低主要取决于运动过程中能量的供给、转移和利用的整合能力高低。1984年中国出版的《体育词典》解释为：体能是人体各器官系统机能在体育活动中表现出来的能力。体育院系通用教材《运动训练学》中认为，运动员体能指运动员机体的基本运动能力，是运动员竞技能力的重要组成部分，运动员体能发展水平是由其身体形态、身体机能及运动素质发展状况所决定的，身体形态是指机体内外部的形状，身体机能是指机体各器官系统的功能，运动素质是指机体在活动时所表现出来的各种基本运动能力，通常包括力量、耐力、速度、柔韧和灵敏等。杨世勇等把体能定义为，运动员体能是指运动员机体的运动能力，是竞技能力的重要组成部分，是运动员为提高技、战术水平和创造优异成绩所必需的各种身体运动能力的综合。这些能力包括身体形态、身体机能、运动素质，其中，运动素质是最重要的决定因素，身体形态、身体机能是形成良好运动素质的基础。杨桦等在《运动训练学导论》中认为，体能是以人体三大功能系统的能量代谢活动为基础，通过骨骼肌系统表现出的能力。

综合以上阐述，可将体能定义为：体能是人体对环境适应过程所表现出来的综合能力。竞技运动体能（运动训练界简称体能）以追求在竞技比赛中创造优异运动成绩所需体能为目标，从定义上看，体能是运动员有机体运动时所表现出来的能力。从体能的源头来看，它是以人体器官系统的形态和机能为基础，各系统协调的机能在运动中表现出的综合能力。即是呼吸系统，循环系统，神经系统，运动系统，消化系统，脉管系统，泌尿系统，内分泌系统及生殖系统九大系统的整体综合功能。从表现机制看，体能主要通过身体素质的形式来表现出来。包括力量、速度、耐力、柔韧性性和灵活性等。

（二）体能的本质

要认识体能的本质，需要从表象到本质这样一个非常复杂的过程，必须经过对表象认真反复细致地钻研，找出表象与本质之间的相互联系以及前因后果。透过体能的定义去分析，既然体能是一种能力，这种能力必须通过运动学的表象，以一定的运动形式才能表现出来，它是借助不同的运动方式并最终是以人体跑的快慢、跳的高低、远近及动作幅度的人小等效果的好坏得以表现。然而，这种外在表现出来的只是能力的一部分，并不一定是全部的充分表现，只有在人的这种能力充分发挥出来的前提下，才是能力的最佳表现。再者，这种表现只是一个结果，如实地反映出了在这个运动过程，身体素质表现出来能力的大小。从这个角度来看，表现出来的最终结果只是衡量身体素质能力大小的一种尺度，具体度量的是各种运动方式运动的结果所表现出来的值：力量的人小、持续运动时间的长短，速度的快慢、运动的幅度大小和身体的灵敏程度等。可见，人体活动时所表现出来的力量、耐力、速度、柔韧和灵敏素质等，是运动的结果（表象），而不是根本原因（本质）。人体是复杂统一的有机体，由九大系统组成，九大系统的功能决定了人体运动时的功能。因此，探讨体能的本质，应该从九大系统入手，这样才能推动体能训练文化链条由运动学的表象（力量、耐力、速度、柔韧和灵敏素质等），向动力学、生理学等本质规律（不同生理功能的各个器官系统的功能）的转变。也可以说，把具有不同生理功能的各个器官系统的功能，作为体能真正的本质内涵来研究，才能抓住体能文化链条的关键。

## 二、体能训练的内涵与外延

### （一）体能训练的内涵

体能训练的内涵应是对人体系统的训练，提高走、跑、跳、投等能力。体能训练具有其系统性特点，即训练的整体性和综合性。体能训练应结合运动项目特点和人体系统特点，通过多学科支撑，进行学科交叉，并借鉴融和其他领域的优秀成果和先进经验，有针对性地对体能训练中人体运动系统骨、关节、肌肉及运动辅助系统，运动训练的大系统进行优化的过程。

体能训练的基础是运动的直接执行者骨、关节、肌肉的训练。无骨而不立，无节而不活，无肌肉而无力，骨骼对人体运动起着支撑和杠杆等非常重要的作用，关节决定柔韧性、力量和运动的幅度，肌肉的牵拉使得运动能够完成。体能训练应结合运动项目的技术特点，分析骨、关节、肌肉的力学特征和生物学特征和运动中骨、关节、肌肉的工作特点，探索怎样进行骨、关节、肌肉训练。

体能训练是对人体系统优化的过程。运动是大脑、神经支配下，各人体器官系统共同参与并协调配合的，骨、关节、肌肉的运动。骨、关节、肌肉的工作是通过人体各运动辅助系统的相互作用提供能量的，并在神经系统的支配下完成的。体能训练应包括骨、关节、肌肉的训练，人体各运动辅助系统的训练、神经系统训练以及它们之间的协调训练，是一个优化人体系统结构，提高人体系统功能的过程。可以说体能训练就是对系统的优化过程，优化的对象为运动的直接参与系统骨、关节、肌肉，能量供应系统各运动辅助系统，运动的支配者神经系统等，优化的目的使各系统协调工作，达到整个人体系统的最优化。

（二）体能训练的外延

传统体能训练理论把体能分为力量、速度、耐力、柔韧和协调等多个素质，然后根据这些功能制定相应的力量、速度、耐力、柔韧和协调等训练方法，是从系统的功能入手的方法。这些运动素质训练是对人体形态结构、机能与代谢状况的综合表现能力进行训练，因为这些功能是通过人体系统的结构表现出来的，属功能训练范围，可看成是体能训练的外延。

体能训练与专项的统一性。运动员的体能训练是为了在专项运动中能够更好地发挥，体能训练不能脱离专项而独立进行，只有与运动项目相结合才能起作用。体能训练与专项的统一，一方面，是根据运动项目的特点，运动技术的特点进行体能训练；另一方面，专项训练中同时进行体能训练，把技术训练与体能训练结合起来做到体能训练中有技术训练，技术训练中有体能训练。

体能训练是综合的科学活动。人体是一个复杂系统，体能是人体系统所表现出来的能力。体能训练是结合运动项目特点，对运动员复杂人体系统的优化过程，注定体能训练具有综合性，同时，体能训练又是对训练规律进行探索的科学活动。体能训练是针对运动项目特点和人体系统的特点，以运动解剖学、运动生理学、运动生物化学、运动生物力学等学科为人体运动理论基础，通过多学科支撑，进行学科交叉，并借鉴融和其他领域的优秀成果和先进经验，探索训练规律，实现运动员体能协调发展。体能训练重视神经、体能调节和本体感觉的训练，强化心理训练，注重体能的集约化。体能训练还把营养和养护作为重点环节，以营养来支持训练，以养护来保证训练。

## 三、体能训练理论探析

（一）体能训练理论存在的不足

体能训练理论经验化严重。对于运动训练学是科学理论还是对经验的总结，至今仍没得出清晰的结论。体能训练是运动训练的一部分，其理论基础离不开运动训练学，因而其理论中经验化的内容相对较多。随着科学技术的发展，人体解剖学、生理学、生物力学等学科发展的成熟，体能训练理论的科学性已经成为可能，但对体能训练理解的偏差，仍导致了理论的经验化问题的存在。特别是在我国，一直坚持着体能就是能跑，是耐力，是田径能力在其他项目中的应用。

体能训练理论中认识存在偏差。随着国外训练理念的传入，理论界加深了对体能训练的认识。核心力量训练、高原训练等训练理论正被应用到具体的运动训练当中。但要认真分析，会发现：理论上的认识还存在着一定的偏差，以核心力量训练为例，核心力量训练是指针对身体核心肌群及其深层小肌肉进行的力量、稳定、平衡等能力的训练。核心力量训练英文为 Core Training，从英文的本意去分析，Core 为核心，Training 为训练，根本看不出力量的意思。再从定义上看，其实质是对身体核心肌群及其深层小肌肉能力进行的训练，包括了力量、稳定、平衡等能力。用核心力量训练这一概念，曲解了这一训练理论的内涵，缩小了其外延。

对基本概念的认识只重功能，忽视结构。如果加以分析，体能训练中应用的很多概念只是经验的功能性概念，找不出科学性的存在依据，下肢力量是什么力量，柔韧性是什么柔韧性，速度是什么速度，这些是很难说清楚的，经不起科学的推敲，缺乏科学性。以系统论的方法对其进行分析，主要是由于在认识体能训练时，看到了体能的功能，力量、速度、柔韧、灵敏等，这些功能是外在的表现，是表象的，难以操作的。从结构上看，体能的结构是人体系统，体能训练是对人体系统的优化过程，随着科学技术的发展，认识水平的提高，对人体的研究达到了更高的水平，只有从结构上，即从人体系统的优化上去认识体能训练，才是科学的。

（二）体能训练理论的探索

在体能训练文化链条中，速度、力量、速度、柔韧、灵敏等身体素质训练，只是文化链中运动学的表象，对具有不同生理功能的各个器官系统的训练，使体能训练朝着动力学、生理学等科学训练的方向发展，才能够揭示体能训练的本质规律。从体能的本质可以看出，人体的运动能力是由具有不同生理功能的各个器官系统的结构决定的。系统论认为，系统的结构决定功能，只有结构合理了，功能才能发挥得更好。体能训练中，需要进行生物力学分析，研究骨的杠杆作用，关节角度的变化，骨骼肌的收缩，这正是从结构上对体能训练进行研究。运动生理学研究能量代谢，有氧无氧能力，肌力大小，神经支配作用等，也是从结构上进行的研究。因此，系统论视角下运动员的体能训练首先应该是利用人体科学的理论支撑，对人体八大系统进行训练，特别是与运动有直接关系的运动系统的训练，也就是对人体各系统的结构优化，这是推动体能训练文化链条由运动学的表象，向动力学、生理学等本质规律的转变，抓住了文化链条的关键，是对当前体能训练理论的文化创新。

运动是大脑、神经支配下，各人体器官系统共同参与并协调配合的，骨、关节、肌肉的运动。骨、关节、肌肉的工作是通过人体各运动辅助系统的相互作用提供能量的，并在神经系统的支配下完成的。体能训练的结构方法应是对人体的结构进行训练优化，这些人体结构包括：运动系统的结构骨、关节、肌肉；人体各运动辅助呼吸、循环系统的肺、心脏、血管等结构；神经系统的中枢神经及外中神经的结构。更为重要的是系统论认为结构是一种诸要素间的关系。体能训练的结构最不能忽略的就是运功系统、运动辅助系统以及神经系统的结构之间的整体协调关系。可以说以结构为主的体能训练是一个优化人体系统结构的过程，优化的对象为运动的直接参与系统骨、关节、肌肉，能量供应系统各运动辅助系统，运动的支配者神经系统等，优化的目的使各系统协调工作，使整个人体系统最优化，提高人体系统功能。在具体训练实践中，对运动系统的优化，应结合运动项目的技术特点，分析骨、关节、肌肉的力学特征和生物学特征和运动中骨、关节、肌肉的工作特点，探索怎样进行骨、关节、肌肉训练。

以结构为出发点也是系统论方法与传统的还原论的主要差别，系统论用结构的差异来解释不同系统的差异，结构决定功能是系统论的最基本也是最关键的理论，为全部系统论的研究提供研究依据。系统论认为结构决定功能，与功能比，结构是比较稳定的功能，要改变系统的功能，必须以其结构为操作对象，通过改变结构来改变功能。实践的目的是改变物质的功能，但功能不是人的直接操作对象，实践的方法是改变物质的结构。这种结构方法的体能训练可以有效地消解功能方法体能训练面临的，与人体科学的衔接问题，科学技术介入的落脚点问题，难以达到体能训练的集约化等困境。还有利于运动员运动损伤的预防，有利于与专项结合的运动员身体形态发育，有利于其他训练方法和理念的探索。

尽管体能训练的结构方法能消解功能方法面临的困境，有利于运动损伤的预防，身体形态的发育，但缺少功能方法体能训练中力量、速度、耐力、柔韧和协调等素质等直观性和与运动直接相关性。从系统观和对体能的功能方法与结构方法的分析中可以看出，结构方法更有科学性，应成为体能训练的主导，但也不能单纯地从结构出发来对体能进行训练。系统论认为：系统结构决定系统功能，系统功能又反作用于结构，是结构与功能的这种相互作用，推动了系统的演化和发展。系统论不仅为我们提供了结构方法这一科学的方法论，而且也非常重视功能方法的运用，功能不仅仅被结构所决定，而且能动地改变着系统的结构，从而使系统更加完善。

对那些目前科学技术很难达到的人体研究领域，或其他结构方法解决不了的训练难题，运用功能方法可起到很好的作用。但体能的功能方法训练不应是被动的对力量、速度、耐力、柔韧和协调等素质进行练习，而是应主动发挥系统中功能对结构的反作用，通过功能的方法去达到改变结构的目的。如力量训练中，不管是采用什么方法，都要有目的的刺激某些肌肉群，而不是仅仅为了达到多大的力量。

人从体能的概念分析，人体具有不同生理功能的各个器官系统的功能才是体能真正的本质内涵，体能训练是对人体系统优化的过程，是综合的科学活动。系统论结构决定功能的思想下，体能训练应是从结构到功能的训练，依据系统结构与功能的辩证关系，体能训练理论应建立以结构方法为主、功能方法为辅的训练新思路。在进行体能训练时要做到结构方法与功能方法的统一，最大限度地促进运动员的体能。现代科学技术的发展提供了从结构入手探求人体本质的可能，便于从结构到功能的体能训练规律的探索，推动体能训练文化链条由运动学的表象，向动力学、生理学等本质规律的转变。

## 四、现代体能训练发展趋势

运动员体能训练过程的科学化演进已经成为一个发展趋势，结合众多先进的理念、技术以及训练方法，最终为体能训练走向现代化奠定坚实基础。现代体能训练的发展趋势探索，笔者认为可以具体归类为以下几个方面：

（一）专项化的发展趋势

现代体能训练专项化的发展趋势，主要是指体能训练过程中需要结合专项运动项目的运动要素以及项目所表现出的基本特征，进而更积极的从事与专项相关的身体素质训练。曾有学者指出，一般素质与专项素质之间具有较大差异，两者并不存在必然联系。运动员体能训练当中所涉及的各项内容已经在发展特点中进行了分类描述，但想要完成转移还是需要一定的客观条件完成并实现。要求运动员运动素养与中枢神经系统之间有效调节，达到能量需求的转换。只有这样，现代体能训练专项化发展才有可能实现。除此之外，还需要重视运动动作结构与运动员肌肉特征方面的相似性，最终在满足这些条件的基础之上实现运动素质相互促进。专项化的发展趋势与发展动向，显然已经高于一般素质训练所带来的价值与意义，而转变成为一种专项化体能训练内容。

（二）实战化的发展趋势

现代体能训练带动体能训练走向实战化的发展境界中，所谓体能训练的实战化，主要表现为依据专项比赛的基本特征与活动内涵开展训练活动。换言之，则是将体能训练所涉及的内容应用到具体实践中，在实战中逐渐成长。随着体育竞赛制度的转变，竞技体育已经朝着职业化、商业化以及社会化方向发展，高水准的运动训练已经逐渐与竞技体育走向融合，传统的体能训练观念受到严重冲击。为了保证体能训练真正的走向"现代化"，实战化的发展趋势不容忽视。运动员在开展体能训练的过程中，通常身体会依据体能训练的特点做出应答反应，能够展现出体能训练价值。实战化体能训练的出现，运动员体能训练处于实战演练当中并可以根据实战所需完成一系列的响应动作与身体反应。这种身体响应的过程是传统体能训练无法实现的，充分说明现代体能训练实战化发展趋势的价值。同时，为充分适应实战化的体能训练要求，还应该针对性的制定体能训练强度。

### （三）个体化的发展趋势

现代体能训练的发展，目的是为现代体育提供一个基本的训练途径，但在具体实践过程中，个体化逐渐成为现代体能训练的发展趋势。究其现代体能个体化的发展趋势，主要是指依照运动员的个体特征差异进行针对性的体能训练。运动员作为个体的存在，两个运动员之间并不具备相同属性，身体素质、职业生涯以及实践经历等多方面都有明显不同，即便是优秀的运动员，两者之间的运动成绩极为相似，但运动员之间的技能掌握状况依旧存在细微差异。正是这种差异因素的存在，造就了不同运动员在不同运动领域中的贡献，也使得现代体能训练逐渐关注运动员个体化的发展。因此，个体化的发展是现代体能训练的一个重要趋势。在针对运动员开展体能训练方面，应该充分尊重运动员自身差异，发挥出"以人为本"的价值与培养目标，真正地将个体化愿望达成。自运动员本身角度出发，个体化发展趋势是指运动员个体意愿，结合自身特点选择体能训练方式方法。

### （四）多样化的发展趋势

传统体育体能训练当中，通常以"力量"以及"速度"作为主要的衡量标准，从现代体能训练当中则能够看待除两者之外的"耐力"以及"柔韧性"，体能训练的效果通常由这几个方面直接呈现，是运动员训练成果的微观呈现。但这些现代体能所涉及的训练内容，在未来的发展中势必走向多样化，衍生出更多的训练要素。在训练设备、训练内容的多样化推动下，智能训练法与电刺激训练方法都将渗透到体能训练范畴当中。完成新科技元素的融合，最终与训练内容有机结合并融为一体，为体能训练质量提升提供保障。多样化的发展趋势，主要针对现代体能训练方法以及检测手段的多样化。并为达成这一目标所做出的多样化努力实践，为运动员水平提升发挥实效。

综上，现代体能训练特征以及发展趋势的探索，有助于现代体能训练走向发展成熟。将科学的理论与体育实践有机融合，为现代体育走向新的发展空间提供借鉴。

## 第二节 田径运动力量素质训练

力量素质是运动员所需具备的基本身体素质之一，在体育运动训练和比赛中具有举足轻重的作用。任何运动技能的提升都要以力量素质作为踏跳板，因此，提高运动员的竞技能力，使运动员在比赛中取得良好的成绩，就要有目的、有计划地发展运动员的肌肉力量，提高其力量素质。田径运动中尤其是跑步项目，更是一种力美的展示，需要下肢力量与腰髋的协调配合，运动过程中蹬、摆、拔等技术动作，都离不开力量的支撑，速度的提升同样要以力量为保障。

### 一、田径运动员力量素质训练应遵循的基本原理

力量是指人体肌肉工作时克服阻力的能力。力量素质是人体最基本的素质之一，是掌握运动技术、提高运动成绩与水平的基础。力量素质的训练是一个完整的、系统的、科学的训练体系。为此，本文特对田径运动员力量素质训练应遵循的基本原理进行了初步的探讨。

（一）专门性原理

任何专项力量的训练，其中一条最基本的原则是要与专项的用力特点相一致。虽然任何一个项目对力量的要求是全面、综合、协调的发展，但从肌肉工作的特征、肌肉工作时所反映出的力量性质，以及肌肉工作时能量代谢的特点等方面分析，项目之间是有很大差异的，这种差异性就决定了力量训练应严格地专项化控制，以突出力量训练的专项要求。力量训练中的专门性控制，一是对项目的主要用力部位进行确定，二是对肌肉工作性质的分析和确定。肌肉工作的性质应从两个方面去分析，一是肌肉工作的力学特征，二是肌肉工作时的供能特征。在对两个方面的综合分析后，便可依据这种分析的结果或结论定出项目力量训练的总体方向，然后再依据总体方向的要求，通过力量训练系统内要素结构的特定组合，并通过这种特定的结构系统所具有的功能，完成对力量训练的专门性控制，以使得专项训练收到事半功倍的效果。

（二）超负荷原理

运动成绩的不断增长，负荷不断增长是其前提条件，这就要求训练负荷

不断超过原有负荷。因此，力量训练必须建立在使肌肉承受超负荷的基础之上，超负荷的关键是使力量训练比以前的负荷量要大，但超负荷并非过度负荷，而是指在不引起机体衰竭的情况下刺激机体，使之发生预期的适应性变化，即在可控的范围内，训练负荷必须足够大，训练频度必须足够的高，严格遵循负荷—恢复—超量恢复运动训练的基本原理。超量恢复与负荷的非适应性程度有关，随机体适应性的提高，力量训练的负荷水平必须进行相应调整。

（三）顺序性原理

各种力量训练对机体影响是不同的，小负荷次数多的力量耐力训练主要是影响肌肉结构的变化，使肌肉纤维变粗，肌肉横断面积增大，而大负荷次数少的力量训练主要是使肌肉内协调功能得到改善。力量训练应先使肌肉结构得到改善，然后再提高肌肉协调的功能。同时，由于人体许多肌肉群间的活动会有一定的交叉影响，在组合力量练习的设计中，要有针对性地选择单个力量练习，有目的地发展特定部位的肌肉群，要分清主次，以某个练习为主合理安排力量练习的顺序，如，在组合力量训练课中，应优先发展大肌肉群的力量练习，后发展小肌肉群的力量练习；负重练习后可进行抗阻力及多级跳练习，有利于恢复肌肉弹性；力量素质练习后发展耐力素质有利于促进快速恢复；速度练习后可进行爆发力练习；跳跃练习后可进行速度练习等等。总之，力量练习中要安排好不同肌肉群之间的练习顺序，避免重叠交叉和相互影响，以达到省时、有效的目的。

（四）量化控制性原理

所谓量化控制性原理，即在力量训练中，教练员依据一定的量化指标进行控制性安排训练，其一是训练内容的量化，其二是运动负荷的量化，以达到训练的要求，实现训练的目的与任务，产生更为有效的训练效果。

（五）渐进性原理

在力量训练过程中，应循序渐进地增加肌肉负荷，负荷与肌肉力量的增长要保持一致，可以使肌力最大限度地获得力量，一般来说进行3周到4周的合理训练后肌肉力量会获得明显的增长。如果在一组练习中能够按正确的动作完成所要求的重复上限而肌肉并未疲劳，则说明应增加负荷重量，一般每次增加的负荷约为原负荷的5%～10%左右。

（六）周期性原理

根据运动训练学的理论，训练都是以重大比赛作为标志，而将训练过程分为不同的阶段，在不同的阶段完成相应的训练目标，以实现对训练总体过程的最优化控制，保证运动员在竞赛到来时完成竞技状态颠峰的构建。所谓力量训练的周期性原理，就是将力量训练的自身规律和专项竞技状态周期性发展规律相结合，对力量训练所进行的一种动态控制。力量训练的周期性控制，主要还是体现在时间发展和训练负荷的协调统一上，是从总体上对全部训练过程的负荷结构做出的一种预先的设计、规划，并非随心所欲的行为。它是以训练周期负荷结构的动态变化和运动员竞技状态形成之间的内在联系为基础，以力量训练负荷变化与专项技、战术训练负荷的变化准确、协调的结合为前提而形成的一种力量训练中长期的目标控制。周期性力量训练就是使力量训练的负荷结构的总的动态变化曲线保证与专项训练在周期不同阶段的任务和目标完成相配合，使力量的稳定增大和运动员的专项能力的发展融为一体。

（七）经常性原理

力量训练要保持经常，做到循序渐进。有人试验，训练20周，每天训练，力量增长100%，以后完全不训练，这样在40周以后训练所获得的效果则完全消失了。另一试验是训练45周，每周只进行一次力量训练，力量增大了70%，可是训练停止后70周，已获得的力量效果尚未完全消失。此试验表明：力量训练增长的慢，停止训练后消退的缓慢；增长的快，停止训练后消退的也快。所以力量训练要经常进行，并且使其慢慢地稳步增长。一般来说力量训练应隔日为好，力量增长后，若每周进行一次训练，力量就能基本保持在原有的水平上。

（八）针对性原理

是指在力量运动训练过程中，要根据运动员的年龄、特点、性别、运动水平、身体条件、承担负荷的能力、技术战术水平和心理品质等各方面的情况，有针对性地确定训练任务、选择方法、手段和安排运动负荷。

1. 力量素质的训练要遵循个体化原则

每一个运动员都是一个独立的个体，没有一个训练计划能适用于所有运动员。因此，安排力量训练时，必须根据每个运动员的爱好、习惯、特长、发展目标、身体条件、承受负荷的能力等区别对待。如，在"塔"式力量训练中，每个运动员的具体情况不同，在"塔"的起点、顶点、终点所承受的负荷各不相同，因此，吃大锅饭式的训练必须抛弃。另外，值得我们注意的是，教练员必须要制定计划进行训练，但在训练实践中必须根据运动员的特定变化进行调整。

2. 要科学安排青少年力量素质的训练

对青少年力量素质的训练要遵循全面发展的原则，要抓住青少年身体素质发展的敏感期来组织和安排训练，要根据青少年运动员的生长发育特点进行力量素质练习，应以徒手的与克服自身体重结合轻器械的训练方法为主。若长期进行大负荷的力量练习，会使骨骼变形，肌纤维增粗，限制了身体形态、骨骼和肌肉的发展及运动能力的提高，从而影响后速度和柔韧及灵敏素质的提高，而徒手和轻负荷的力量练习，能够保证以最快的速度进行练习，有利于加快神经中枢系统兴奋与抑制过程的转换速度，不仅会促进运动员的生长发育，而且对青少年的快速力量是非常重要的。同时，由于青少年神经活动处于不稳定阶段，力量素质训练要方法多样，并注意同趣味性、竞争性相结合，以提高运动员的训练效果和训练兴趣。

3. 要把握女子训练特点

首先，应根据青少年女子不同力量自然增长的特点，合理安排训练内容与手段。一般情况下，少年女子不能过早地使用杠铃，特别是大重量的杠铃。安排女子力量素质训练时，训练的次数可多些，但每次训练的量应少一些，这样效果会更好。女运动员在月经期要避免大力量训练。由于女子腰腹部肌肉力量较薄弱，因此，在发展女子下肢肌肉力量的同时，应特别注意背肌的训练，对一些负荷较大的练习，如跳深练习应慎重选择，同时，应强调增加关节牢固性的力量训练。

（九）全面性原理

不论专项技术对力量的要求是何种形式的工作，还是肌肉工作所属的性质如何，任何单一孤立的方法是难以有好的效果，必须以多种不同的训练方法刺激运动中枢和肌肉本身，使其所产生的适应性生物改造更全面、更丰富，从而提高肌肉工作的同步化水平，改善运动中枢间的协调关系，更有效地提高力量训练的整体效果。因此，只有力量得到了全面均衡的发展，在运动训练中才能充分发挥出全身的力量，为青少年运动员日后向更高水平发展打下良好的基础。此外，运动损伤除了与运动负荷不当有关外，还与部分肌肉力量的欠缺及同一部位主动与对抗肌力量的不匹配有关。

（十）恢复性原理

所谓恢复性原理，即将负荷与恢复有机地融为一体，恢复与训练并重，通过合理安排训练内容、训练手段、运动负荷、恢复时间、练习间隔和恢复方式，促进恢复过程的方法。以使恢复过程有规律的呈指数曲线形式发生。在训练课中的练习恢复时间，应根据运动负荷的性质和大小及运动员恢复能力来确定，一般组间隔为 3 ～ 5min，力量耐力的循环训练中可采用不充分休息。力量训练课之间，一般以隔日训练为好，在训练周中，可通过训练内容的变换和运动负荷大、中、小，有节奏的安排来促进训练和恢复过程。一些强度较大的练习，如跳深练习，应在赛前 2 周停止训练，以保证机体的超量恢复。力量耐力素质，在准备期训练比重较大，随着比赛期的临近训练比重应逐渐减少，以保证有较长时间的充分恢复。力量素质练习后进行耐力素质练习，有利于促进恢复过程，大力量练习后进行一下多级跳、跑练习可增强肌肉弹性的恢复。要特别注意肌肉的放松，使肌肉的酸胀、紧张得到消除，以利于提高神经调节功能并提高力量速度。有人以单腿三级跳远做过实验，实验组（放松）经过训练，成绩提高了 21.5%，而对照组只提高了 12.6%。绝对力量训练与相对力量训练应合理安排于训练计划中，以实现力量与能力的转换。无论是对于每次训练课，还是对于每个训练周期，恢复都是必不可少的。也可配合生物学恢复手段、心理学恢复手段进行恢复训练，以取得更为理想的训练效果。

## 二、四种肌肉力量的训练方式

迄今为止，人们所采用的提高肌肉输出力的方法，主要地可分为静力性训练和动力训练两大类，等长收缩训练属于静力性训练，其余三种属于动力性训练。静力训练只有肌肉张力的变化，肌肉的长度不变，故又称肌肉的等长收缩。至于静力性训练法的效果和动力性训练法的效果究竟哪个大呢？有人通过试验并专门报告说，是前者大于后者，但大多数人认为是后者效果大于前者，也有介于这两者之间的说法——两者效果无明显差异，因此在这个问题上众说纷纭，尚无定论，不过有一些观点是很明确。在训练过程中静力性训练枯燥乏味，不像动力性训练更能调动和激发训练的兴趣和积极性。其次，动力性训练能使更多的肌肉群得到锻炼，产生混合训练效果，而等长训练只能发展局部关节角度的力量，其他角度的力量增长非常小。动力性训练能促进神经肌肉的协调性，而等长训练影响动作速度，改善神经肌肉协调性效果不明显。等长训练发展静力性力量快，而动力性训练对动力力量发展更有效，甚至当动力训练和等长训练获得力量相等时，动力性力量对运动更适用。因此，等长训练对速度的影响不如其他三种动力性训练。静力训练发展静力快，动力训练对动力的发展更有效，甚至当动力和静力训练法获得的力量相等时，动力对运动更适用。那么，我们已经知道，田径项目中很少有（几乎没有）静力性的肌肉工作，跑、跳、投都是在运动中做的，因而静力性训练在田径运动员的力量训练中不作为主要手段，而应该根据运动员的情况、运动时期、运动项目特征，选择训练手段。

田径运动员采用的大都是动力性训练法。而动力性训练法就其肌肉工作的形式，可分为向心收缩和离心收缩。向心收缩训练又叫做正的工作，离心收缩训练又叫做负的工作，通过研究、比较，正的工作和负的工作在增强肌肉力量效果方面看不出有差异，虽然这两种训练效果大致相等，但向心训练更受欢迎，因为这种练习更接近比赛中的动作。

等长收缩训练是一种肌肉紧张用力和肌肉长度保持不变的力量练习方法。动力性训练就其肌肉工作形式，可分为向心收缩训练（等张收缩、等动收缩）和离心收缩训练法。离心收缩训练法是一种肌肉用力收缩与肌肉被拉长并存的力量练习方法，研究证明，离心训练对练习者神经肌肉系统产生最强烈刺激，可使肌肉力量特别是最大力量得到明显增长，但力量增长效果似低，对动作速度的影响效果不如向心收缩训练的影响大。同时离心训练法的动作与实际体育运动中的动作相差甚远，而且延迟性肌肉酸痛现象比其他力量的训练方法更为明显。

向心收缩训练法包括等张收缩训练和等动收缩训练。二者看似都是肌肉缩短的训练，但是收缩过程是不同的。等张练习，肌肉所遇到的阻力在整个关节范围见分晓等重量的，当重量较大时，肌肉在力量强的位置有足够的阻力负担，但却无力通过肌肉的薄弱位置，并使之呈"吃不了"状态；当杠铃重量较小时，力量强的位置造成了杠铃较大的加速度，并以惯性通过肌肉薄弱的位置。但最强位置的肌肉却呈"吃不饱"状态。因此等长训练不能使肌肉在练习幅度中的每一位置都练到最大力量。等动训练是借助于专门的等动练习器，在整个练习中，关节运动在各个练习中均能产生较大张力既具有肌肉的运动速度，又能练到最大力量。既没有肌肉力量最强位置的"吃不饱"，也没有最弱位置的"吃不了"，肌肉从最强部位到薄弱环节都以相应最大的阻力负荷，因而能在较短时间内明显提高力量。比较等张和等动练习效果，有人专门做了实验，实验结果证明：等动训练特别是快速等动练习能明显地增加等长、等张和等动力量，快速的等动练习可使肢体在各种速度运动时的肌肉力量都得到较大的增长，因而等动练习能使运动成绩比等张训练有较大的提高。

通过以上分析可以看出，不同力量的训练方法对肌肉力量的影响有特异性规律。肌肉力量增长与运动训练肌肉收缩模式具有一致性。根据四种训练方式的运动形式，生理效应及同肢体运动形式的不同，肢体力量增加的需求不同，进而对肢体运动速度的影响不同，需要科学合理地把握训练原则，注意运动员的个体差异，不能盲目地说力量就是速度，而应根据训练特性力量影响速度，速度是合理力量训练后的展示。

人体运动很少是单一的向心、离心或等长运动，许多情况下，肌肉先做离心运动，紧接着做向心运动。在运动训练中不能仅仅采取某一种训练方式，而应多种训练方式并举，使肌肉训练得到全面发展，提高身体综合力量素质，这对提高运动成绩有着重要意义。

## 第三节 田径运动耐力素质训练

### 一、耐力素质及其分类

（一）耐力素质的定义

耐力素质是指人体在长时间进行工作或运动中克服疲劳的能力，是反映人体健康水平或体质强弱的一个重要标志。影响田径运动员耐力素质的因素包括运动员对长时间工作的心理耐受程度，运动器官持续工作的能力，以及掌握运动技术的熟练程度和功能节省化的水平等。长时间运动出现的疲劳是导致机体工作能力暂时性下降的主要因素。田径运动员耐力素质越好，则抗疲劳的能力越强，保持稳定强度负荷或动作质量工作的时间越长。

（二）耐力素质的分类

耐力素质根据分类的方法、角度不同，可划分为许多不同的种类，根据活动持续的时间，可以把耐力素质分为短时间耐力、中等时间耐力、长时间耐力；根据与专项运动的关系，可分为一般耐力和专项耐力；从器官系统的机能，可以分为心血管耐力和肌肉耐力，在心血管耐力中又可以重点地分为有氧耐力、无氧耐力、混氧耐力和缺氧耐力；从肌肉的工作方式可以分为静力性耐力和动力性耐力。在所有的分类体系及有关运动项目的耐力素质训练中，最有意义的是有氧耐力、无氧耐力、肌肉耐力、一般耐力和专项耐力的训练，这有助于运动员运动成绩的提高和运动后的快速恢复。

### 二、耐力素质训练对中跑运动员的作用

（一）肌肉耐力训练对中跑运动员的作用

肌肉耐力也称为力量耐力，可分为局部耐力和全身耐力，是指运动员肌肉系统在一定的内部和外部负荷的情况下，能坚持较长时间或重复较多次数的能力。通过对肌肉耐力的训练可以提高运动员身体运动肌群的发展，特别

是后肌群的发展，提高运动员肌肉毛细血管网的扩展，而肌肉毛细血管网的扩展又进一步提高肌肉利用氧的能力，从而增强运动员的耐力水平，使疲劳的出现得以延缓。

（二）心血管耐力训练对中跑运动员的作用

1. 有氧耐力训练对中跑运动员的作用

有氧耐力是一般耐力的基础，有氧耐力训练对耐力运动项目来讲是至关重要的训练手段之一，运动员有氧耐力水平的高低，很大程度上影响着运动员运动能力强弱和能否取得优异成绩。中跑运动对体能的要求较高，以乳酸供能为主，时间不是很长，如果可以有效地提高乳酸的利用率，使乳酸的积累时间延迟，将必然导致运动成绩的提高。长期的有氧耐力训练可以使运动员毛细血管数量增多，管径扩大，最大氧弥散距离缩短，这一变化必然会促进氧气加速从毛细血管运输到线粒体，使心肌氧化磷酸化生成 ATP 的过程加快，心脏组织利用氧的能力加强，自身的能量代谢改善，从而提高其心力贮备。另外，长期有规律地有氧耐力训练将有利于红细胞数以及血红蛋白含量的增加，使机体对氧的运输和利用率不断增强，这也将有助于运动员运动成绩的提高。有氧耐力的训练不仅能提高运动员机体充分利用机体内能源物质的能力，还可以使机体的摄氧、用氧能力得到提高，有利于较快消除非乳酸性和乳酸性氧债，起到延缓疲劳出现和加速机体恢复的重要作用。

2. 无氧耐力训练对中跑运动员的作用

无氧耐力训练是专项训练的基础，无氧耐力通常又称速度耐力，它是指机体在氧气供应不足的情况下能坚持较长时间工作的能力，可分为非乳酸无氧耐力和乳酸无氧耐力，二者区别主要在于能量机制不同。非乳酸无氧耐力的供能机制是三磷酸腺苷、磷酸肌酸的无氧分解，而乳酸无氧耐力的供能机制是糖酵解无氧耐力应当以有氧耐力为基础，其发展建立在运动员有氧耐力提高基础之上。这是因为有氧耐力的训练可使运动员心腔增大，从而提高每搏输出量，可为以后无氧耐力的发展奠定坚实的基础。运动员在负氧债的情况下主要依赖于机体内高能磷化物的分解、肌肉内部磷酸肌酸的分解，在体内的高能磷化物基本耗竭、氧气供应不足时，由糖原代谢供能，糖原在缺氧的情况下进行糖酵解，使部分乳酸继续氧化供能，来维持运动员的体能。通过非乳酸无氧耐力训练，不仅可以提高运动员承受"氧债"的能力，同时也能发展 ATP、CP 的有氧再合成水平和提高肌肉中肌红蛋白的含量。乳酸无氧耐力训练可以有效地提高运动员机体内各种酶的活性，加快 ATP 的分解与合成速度，使单位时间内能量消耗减少，能量贮备的利用率提高。这将有利于运动员最后的全力冲刺，避免因为乳酸的堆积而导致技术动作的变形或疲劳的过早出现，对运动员取得优异成绩具有重大作用。

耐力素质训练对于中跑运动员的作用是不可替代的，进行科学合理的耐力素质训练将有利于中跑运动员整体机能的提高。肌肉耐力训练对于中跑运动员的力量增长有促进作用，通过肌肉力量训练，使得肌肉毛细血管不断扩张，有效地提高了肌肉运输氧和利用氧的能力，同时使得体内乳酸的堆积速度减慢，疲劳产生的速度也随之延缓，能更加有效地提高运动员的运动成绩。心血管耐力训练是耐力素质训练中最为重要的因素，它包括有氧、无氧、混氧及缺氧的训练，有氧耐力训练有利于运动员心肺功能的增强，能保证运动心脏的血供及能量的产生，有利于红细胞数以及血红蛋白含量的增加，使机体对氧的运输和利用率不断增强。通过有氧耐力训练，不仅能提高运动员机体充分利用机体内能源物质的能力，还可以使机体的摄氧、用氧能力得到提高，有利于较快地消除非乳酸性和乳酸性氧债，起到延缓疲劳出现和加速机体恢复的重要作用。通过非乳酸无氧耐力训练不仅可以提高运动员承受"氧债"的能力，同时也能发展ATP、CP的有氧再合成水平和提高肌肉中肌红蛋白的含量。无氧耐力训练的另一个方面是乳酸无氧耐力训练，运动员通过乳酸无氧耐力的训练可以有效地提高运动员机体内各种酶的活性，加快ATP的分解与合成速度，使单位时间内能量消耗减少，能量贮备的利用率提高，这将有利于运动员最后的全力冲刺。

中跑运动员在运动场上所需的耐力素质要求较高，在平时的训练中应该加强这方面能力的训练。有氧训练与无氧训练是中跑运动员耐力素质训练的标志之一，所以在训练中要加以区别对待。另外耐力训练的负荷量应遵循循序渐进和区别对待的原则，注重呼吸问题，注意呼吸的节奏与动作节奏配合的一致性，使呼吸与动作相协调。同时要注意发展高强度速度耐力，训练时尽可能超强度、超负荷，训练后能达到超量恢复。最后，在进行耐力素质训练时，要加强医务监督，避免运动员出现较大的运动损伤。总之，耐力素质训练对中跑运动员具有不可替代的作用，在平时的训练中教练员要将此训练高度重视起来，这样才能有利于我国中跑运动员运动成绩的提高。

### 三、运动员耐力素质的基本训练方法

耐力是指人体长时间进行肌肉工作的能力。在运动训练中，耐力是主要的运动素质之一。不管运动员从事何种项目的训练，都要具备相应的耐力素质。而对于那些要求必须具备高度发展的耐力素质的运动项目，采用现代科

学训练方法来发展耐力就显得更为重要。耐力的分类及命名十分庞杂。按运动时的外在表现，可划分为速度耐力，力量耐力，静力耐力，一般耐力等；按该项工作所涉及的主要器官来划分，又可分为循环系统耐力，肌肉耐力，全身耐力等；按照参加运动的能量供应特点，又可分为有氧耐力和无氧耐力等等。其中有氧耐力与无氧耐力的分类体系多用于耐力性项目的训练之中，而按一般耐力和专项耐力的分类体系探讨耐力训练的方法，则更适用于大多数运动项目训练的需要。

（一）发展一般耐力（即有氧耐力）的方法手段

运动员一般耐力的好坏取决于三个方面的因素，即供给运动中所必需的能源物质的储存，为肌肉工作不断提供 ATP 所必需的有氧代谢能力以及肌肉，关节，韧带等支撑运动器官对长时间耐力工作的承受能力。

因此，通过提高运动员的摄氧、输氧及用氧能力，保持体内适宜的糖原及脂肪的储存量，以及提高肌肉，关节，韧带等支撑运动器官对长时间负荷的承受能力，则是发展一般耐力的基本途径。

1. 有氧耐力与持续负荷法

有氧代谢能力是保持运动员一般耐力的代谢活动的重要基础。最大摄氧量是反映运动员有氧耐力的主要标志，世界水平的运动员可高达 85 毫升 / 公斤·分以上，可见有氧耐力与运动成绩是密切相关的。

发展有氧耐力的训练方法，首先要解决提高最大摄氧量问题。主要的训练手段是周期性练习，且练习速度必须控制在主要通过有氧代谢供能的幅度之内，有氧耐力训练的主要方法是持续负荷法。持续负荷法可分为不间断匀速负荷法及变速负荷法，其特点是：运动员不同间歇地训练较长一段时间，速度或匀速，或变速，负荷的时间不应短于 30 分钟，对有一定训练水平的运动员负荷时间约为 40~120 分钟，有些项目如公路自行车，50 公里滑雪负荷时间还可更长些。对于大多数耐力项目，如游泳，自行车、赛艇等，越野跑常为运动员发展有氧耐力所采用。

2. 无氧阈与训练强度

无氧阈是指人体在递增工作强度运动中，由有氧代谢供能开始大量运用无氧代谢供能的临界点，常以血乳酸含量达到 4 毫克分子 / 升时所对应的强度或功率来表示。

科学研究结果表明，赛跑运动员血乳酸值在 36 毫克 % 时的跑速可确定为无氧阈速度。在无氧阈以下的跑速进行不间断持续跑是发展有氧能力的主要训练手段。

（二）发展专门耐力的方法

运动员的专门耐力系指运动员在其专项比赛或训练所要求的时间内坚持高强度工作的能力。运动员无氧耐力的水平也取决于其氧代谢的状况，能源物质的储备及支撑运动器官对长时间大强度工作的承受能力。运动项目不同，对耐力的要求及其表现特点也不一样，必须采用不同的方法发展其专门能力。

1. 耐力性项目运动员专门耐力的发展

耐力性项目的运动员对专门耐力要求是用尽可能高的平均速度通过全程。对于大多数中长距离的跑、骑、滑、游项目来说，专门耐力的重要供能形式为无氧代谢，因此常称为无氧耐力。不同距离竞速项目无氧代谢供能的比例是不同的，比例越大，对无氧能力的要求就越高。无氧耐力分为非乳酸盐无氧耐力和乳酸盐（糖酵解）无氧耐力，二者主要是能量的机制的不同。

（1）发展非乳酸盐无氧耐力的方法和手段

间歇训练是提高乳酸盐无氧耐力的主要训练方法。以短跑为例，采用的训练段落，时间是 5 ～ 15 秒，强度要求 95% ～ 100%，最好采用多组方式，每组 4 ～ 5 次跑，每次跑的间歇 2 ～ 3 分钟，组间间歇 7 ～ 10 分钟，组间休息可慢跑或走。

（2）发展乳酸盐无氧耐力的方法、手段

乳酸盐无氧耐力是决定专门耐力的决定因素，发展该素质同样采用间歇训练法。科学研究表明，跑 300 米至 500 米段落，特别是 400 米段落后，血乳酸值是最高的，所以为提高糖酵解能量供应能力，采用 300 米至 600 米段落的训练是最适宜的。在训练课中，跑的段落拟采用分组形式，组数取决于跑速、段落长短和组间间歇时间。

2. 非耐力性项目运动员专项耐力的发展

不同的运动项目对专项耐力有着不同的要求，因而在训练中应根据各自不同的特点确定相应的训练内容，选择适宜的方法和手段。

体能类速度力量项群，运动员的专项耐力主要表现为以最大强度重复完成或完整的动作的能力。因此，其训练的内容与手段应已多次重复完成比赛动作或接近比赛要求的专项练习为主。负荷要求以极限或极限下强度完成。

技能类表现项群运动员的专项耐力，表现以最佳技术重复完成完整比赛动作的能力，因此，在准备参加比赛的训练中，就要多次完成成套练习或半成套练习，即提高了熟练程度又提高了专项耐力。

# 第四节 田径运动速度素质训练

速度是诸多运动项目的基础能力和保证，也是影响运动成绩与表现的主要因素，特别对于速度性关联度较高的（如足球、篮球、田径径赛项目、网球等）更为重要。因此，提升速度能力是运动员与教练无论在训练计划和训练手段上的首要目标，以期通过速度的提升改善整体运动能力与表现。影响速度表现的因素包括中枢神经反应、动作协调性、肌力、肌肉质量、阻力训练、训练及比赛经验、专项技术及先天能力等。在专项技术层面上，速度表现受到跑步动作中的支撑与摆动阶段交互机制、步长与步频的限制，为降低技术上的影响，许多专家学者试图以不同速度训练方式增进跑步技术，以便提升速度能力。超速度和超负荷跑是两种速度素质的训练方式，对于加速度跑能力的提高，超负荷速度跑是较为有效的训练方法，跑步的起动、途中跑及冲刺跑都可以通过特殊训练的方法得以改善。

## 一、速度跑的结构与影响因子

速度跑全过程可分为三个阶段：起跑、加速度跑、途中跑和冲刺跑，其中加速阶段又可分为改变步长的开始阶段和达到最高步频之转换阶段二种，而加速阶段的表现主要是依据反应时间及运动员向前行进时产生的能力。最大速度阶段的特征是达到步长、步频及速度之峰值，当最高速度行进到足够的距离及时间后，便转入减速阶段，此时运动员已无法维持其最大速度。

速度是在一定时间内人体能达到的最高速率，是人体步频与步长的乘积，为了提高速度，便须改善每一单元的步频或步长，或者是两者的综合表现。此外，运动员的水平速度是由步频和步长二因子所产生而来的，因此，只要提高其中一因子能力便可改善速度能力，但是在现实训练中步频与步长之间又存在着负面的交互影响，即增加步长可能会对步频产生负面效益，同理增加步频的同时也会影响步长的加大。

速度能力是以无氧代谢能力为运动代谢基础的一种运动能力。在田径运动中按运动员的供能系统特点和生理特点可将无氧运动能力分为速耐性和速度性二种。速耐性主要是针对中长跑的速度练习，在运动过程中以非乳酸供能为主。而速度性训练要求运动员在运动过程中的机体在乳酸大量堆积的状态下仍表现出较快的速度，这就需要运动员不但要有较好的乳酸供能能力，而且还需要有较强的糖酵解供能能力。

## 二、把握速度能力的训练时机和强度

速度能力训练时间一般安排训练调整后的第一、二天进行，而在一天或一堂训练课中，最好把速度训练安排在上午和前半堂课中，因为这一阶段运动员的身心状态良好、神经中枢灵敏度高、反应能力强、精力充沛，往往在训练中能取得较好的练习效果。速度训练的另一个关键是如何把握住训练的负荷和强度，对于一般运动员在训练速度能力的过程中普遍采用小负荷运动量，在对青少年运动员训练通常每周安排 2～3 次，每堂训练课的平均训练强度最理想的状态是保持在 70%—80% 左右。

## 三、田径运动中速度的分类

根据人体运动生理学、运动力学、运动逻辑学等原理，以田径运动速度能力为基本特征，可将速度能力分为：（1）反应速度。可分为单一反应速度和复杂反应速度。单一反应速度是指人体对机体感觉（视、听、闻、触、声等）外部因素所产生动作反应的即时灵敏程度（时间快慢）（外部信号刺激→应答反应）。复杂反应速度是指人体对机体感觉（视、听、闻、触、声等）外部因素所产生动作反应，经中枢神经系统分析、选择、研判等并作出动作反应的灵敏程度（时间快慢）（外部信号刺激→分析、选择、研判→应答反应）。（2）动作速度。动作速度可分为单个动作速度和复杂动作速度。单个动作速度是指人体对外部信息刺激时肢体作出单个动作的反应快慢；复杂动作速度指人体对外部信息刺激时两个或两个以上肢体协同配合作出局部或整体的反应快慢。根据动作发生的时域可分为静止动作速度和运动动作速度；根据动作发生的性质可分为应答性动作速度和目的性动作速度。（3）位移速度。就田径径赛项目而言，可分为局部位移速度（启动阶段的加速跑和后程阶段减速跑）和整体位移速度（途中跑）。

## 四、田径运动速度和速度能力的作用及其训练

短跨、中长跑、跳跃、投掷等项目，都极大地重视速度和速度能力的训练，这是当代田径运动发展的趋势。狭义地讲，速度是单位时间内中枢神经系统、骨骼变动、各关节位移和肌肉收缩的位移。更广义的理解，速度包括：中枢神经系统兴奋程度与能力；专项力量——肌肉力量（大、小、快、慢）；专项技术——技术合理、动作协调。

（一）速度与速度能力在田径运动项目中的作用

田径专项能力包括速度、力量、耐力、柔韧、灵敏、协调能力等。随着对人体运动能力及潜力的进一步挖掘，速度能力显得尤为重要，除了短跑项目外，对速度能力的需求也贯穿其他的田径项目。

1.速度与中长跑项目

中长跑是 3 种供能方式齐备的混合代谢。随着项目距离和时间的增加逐渐从以无氧代谢为主的混合代谢向以有氧代谢混合代谢过渡，但其中的无氧代谢的比例却随运动成绩的提高而呈增长趋势。80 年代中期至今，中长跑项目的世界纪录不断更新，表明无氧代谢的比例还在进一步扩大。速度能力不是以无氧代谢能力为其代谢基础的。当然中长跑的速度与短跑的速度要求是不同的。因此，从这个意义上说，中长跑运动员的速度是其速耐水平的决定因素。目前，按人的供能系统特点和生理特点，已将无氧运动能力分为速度性和速耐性练习。速度性无氧能力的发展，要求以短时间极限强度的方式进行。因此，提高中长跑选手的速度能力将是提高我国中长跑成绩的突破口。

2.速度与跳跃项目

由跳跃项目的技术原理可知：身体重心的腾跃高度或远度均与重心腾跃初速度的平方成正比。因此，尽量增大腾跃初速度就成为提高跳高或跳远成绩的最重要的力学要求，这就要求通过助跑获得尽可能大的起跳初速度。目前对跳高技术是突出力量还是突出速度尚有争议。但从我国跳高训练实践的发展来看，突出速度因素无疑是我国运动员取得优异成绩的一个重要原因和今后的发展方向。同样，在跳远方面，当前已向以"最大速度"助跑，直至上板前达到最高速度转化，速度因素已成为提高跳跃成绩的关键。

3.速度与投掷项目

投掷原理告诉我们，器械飞行的远度同器械出手速度的平方成正比，实际上各投掷专项技术改进的唯一目的是能产生最大的出手初速度。我国运动员由于受多种条件的影响和限制，在一般身体素质方面难以与欧美选手相比。因此，有关人士采取扬长避短的策略，在专项技术、专项素质方面狠下功夫，结合技术要求突出动作速度。

例如，黄志红正是以"充分发展专项速度，提高速度的利用率"为训练的主导思想而逐步形成快速的技术风格，为中国田径项目在世界锦标赛上夺得第一枚金牌。可见，以速度见长的专项投掷能力是我国运动员不断缩小与世界先进水平差距的良方。投掷运动员进行速度能力训练时，必须处理好速度与技术，速度与力量的关系。

（1）突出动作速度，使速度能力符合专项要求。只有符合专项动作结构要求的速度能力才会向专项转移。

（2）采用小力量练习和轻器械练习动作要快或最快，把速度能力的提高融合在技术与力量训练中。

（3）根据青少年选手易兴奋易疲劳的特点，应多采用多样、新颖、独特的训练手段，启发兴趣，以便打下"速度、节奏"的良好基础。

（二）抓好速度敏感期及无氧能力的训练

敏感期是少年儿童的某种运动潜力，在特定的时期内，由于外界环境恰好提供了特定刺激，才能使之得到最好的发展。有关调查表明，我国参加奥运会（体能类项目）37项的选手，平均12～13岁进入少体校开始参加业余训练，而这一年龄段的少年正处在速度发展的敏感期，根据各专项要求，着重发展速度能力，将会对我国田径事业产生积极影响。

当今中长跑技术中直观上最突出的是高步频。王军霞曾以5.93的步频指数（步频×身高）打破女子万米世界纪录。她的这一指数也居世界优秀选手前列。步频能力是优秀中长跑选手的技术特长，因为少年阶段是提高速度中的步频能力的最有利时期。

速度能力是基础训练的重要内容，基础训练中不可忽视专项速度能力的训练。现代生理学研究已经揭示，有氧代谢和无氧代谢都不可能同时达到最大值，过分发展有氧代谢能力，会对无氧代谢能力产生一定的抑制。因此，应切实把握青少年发展的最佳时期，充分挖掘体能潜力，提高竞技水平。

（三）速度与速度能力训练的手段与方法

速度不是单一的，而是力量、速度协调，柔韧统一体。速度的遗传因素较多，对速度起重要作用。因此，选材特别重要。训练手段要多样化，编排组合要合理、有趣、兴奋，否则练速度是无用的。速度训练要在体力好的时候练，调整休息后第二天练。课的前半部，适宜大强度、速度快间歇时间长，注意恢复。运动员找到速度感觉，量不要太大。训练方法：多采用重复法，适当少采用间歇法。掌握好动作的用力顺序和技术连贯性和节奏性：由大到小（重心最大肌肉群），由近到远，掌握好跑时脚着地动作，膝关节130°发力的最好角度。摆臂带动躯干。正确掌握跑技术：腿抬摆、送髋，脚踝关节有力量，快速。提高专项能力：少年运动员可适当减少，多结合技术训练（少用秒表，特别是冬训），跑的段落要延长，不能光做20～60m加速，适当多做80～100m段落。

速度能力是田径运动的灵魂，抓紧速度敏感期速度能力训练，培养运动员的良好速度意识和速度节奏感，结合运动员实际，有目的地选择训练手段和方法，特别对少年田径运动员（短跨、跳、中长跑、投掷等跑项目）应注重速度与速度能力的训练尤为重要。

## 五、短跑运动员的速度素质及其训练

大多数从事运动训练的人都认同速度素质的重要性，速度素质作为人体的基本运动素质，对大多数运动项目的竞技表现都至关重要。然而，在运动训练学的研究领域，对速度素质的研究却长期停滞不前，造成这种状况的原因主要在于：速度素质相较于其他身体素质能力而言，具有更复杂的结构。速度素质在概念、结构及其训练方面都存在未知的空间和大量的争议。有学者进行过不完全统计，仅就速度表现形式的描述就使用了超过50余种不同的概念。虽然速度素质仅是身体素质能力的一部分，但速度素质却不仅仅是体能，而是涉及一个非常复杂的协调系统，速度素质受到众多系统和机制的影响，特别是能量系统控制机制和神经系统控制机制。一个人的基础速度，或称"速度潜力"，在很大程度上源自天生的遗传特质（85%～90%），速度素质主要依赖于肌肉系统和神经系统的质量，速度素质对肌肉系统、神经系统的依赖要高于对心血管、循环、呼吸等系统的依赖。对初学者进行速度素质的训练非常重要，然而，如果仅仅只进行速度素质的训练，往往只能稳定速度素质的表现，因为改善和提高速度素质是非常困难和缓慢的。人的确生而具备某种素质，然而我们却不能指望它代替训练，这些天生的素质如果不能得到适时合理地训练刺激，就会被埋没掉甚至丧失掉。大多数运动项目中的速度都表现为一种复杂的能力，有众多相互关联的因素在影响速度素质的表现，速度素质属于典型的"复合素质"。一般而言，速度素质主要包括以下几种：反应速度、启动速度（加速能力）、停止速度（减速能力）、最大速度、速度耐力和灵敏性（变向能力）。这些速度类型是在真实运动中呈现出的样态，它们之间相互联系、相互影响。然而，对于运动竞赛而言，所有的速度类型都非常重要，因此对速度素质的训练不能仅使用同一种方法，而是要采取不同的方法进行并行开发。速度素质主要受以下因素的影响：中枢神经系统的类型和活跃性、肌纤维类型和肌肉系统的结构、肌肉的弹性特质、肌间协调和肌肉内部协调能力、灵活性、快速爆发力、运动技巧、无氧代谢能力、注意力和关注力等。对于短跑运动员而言，最重要的速度素质主要包括反应速度、动作速度、位移速度和最大速度。

1.反应速度

（1）基本概念及其生理学基础

反应速度是运动员在最短时间内对特定信号做出反应的能力，标志着运动员对特定信号反应时间链潜伏期的长短。根据刺激类型的不同，反应速度也有所不同，刺激类型包括视觉信号刺激（例如击剑、拳击等）、听觉信号刺激（如田径、游泳等）、战术信号刺激（摔跤、柔道等）、动感信号刺激（体操、跳水等）。人体启动任何一块肌肉进行活动都存在一个反应时间链的潜伏期，一般持续时间介于 0.1 ~ 0.3 毫秒之间，这个持续时间是肌肉内进行生物化学反应和生物电传导所需的时间。如果将这个非常短暂的持续时间再进行划分，还可以分为三个阶段：感觉阶段（神经时间）、运动前阶段、运动阶段。感觉阶段是从接收信号开始到第一块肌肉活动信号出现为止（可以通过对潜在肌肉进行生物电测量来确定）。运动前阶段的时间非常短（通常仅有 0.03 毫秒），是指从肌肉生物电活动信号出现到产生肌肉的活动为止的阶段。而运动阶段则是从肌肉活动开始直至肌肉活动结束为止。感觉阶段和运动前阶段组成了反应链的潜伏期，而运动阶段实际上是单次运动的速度。

（2）提高反应速度的常用训练方法

反应速度在很大程度上是由遗传基因决定的，仅有非常有限的部分可以通过训练来提高。在简单反应中，反应速度可以提升 10% - 20%，而在有选择性地反应中，提升的幅度可以达到 30%。提高反应速度，通常可以采取以下几种方法：①重复训练法。这种训练方法的优点在于可以相对较快地提高反应速度，缺点在于一旦反应速度稳定下来，进一步的提高就基本难以实现了，同时，反应速度训练对运动员的身体状态关系密切，应避免在运动员疲劳的状态下进行反应速度的训练，而重复训练往往会加速运动员的身体疲劳。如果想要进一步提升，则需要改变刺激的类型和强度，其中注意力应集中在快速移动的表现上而不是信号本身。②分解训练法。分解训练是将运动进行阶段划分，例如短跑运动中的起跑训练，使用分解训练法的目的在于，运用分解动作的方法为运动员针对给定信号的反应提供便利条件。③感官感觉训练法。感官感觉训练法是运动员基于反应速度和运动能力的相关性来区分一个短时间的时间间隔。首先将运动员置于一个需要他们快速反应的特定信号中，每一次启动后跑过一定距离，例如启动 5 米、10 米等，每次教练员都给予时间反馈。训练一段时间之后，让运动员自己完成特定距离的任务并预估他们所用的时间，并将他的预估时间与实际时间进行对比。最后，让运动员自己去达到他们自己设定的时间。通过感官感觉训练的方式，可以提高运动员的时空感和速度感，最终表现为反应速度的提高。

2.动作速度

（1）基本概念及其生理学基础

动作速度是人体完成某一动作的快速能力，动作速度实际上是由多种素质和能力决定的，例如力量、协调、耐力、技术以及速度本身。即使是在主要依赖周期性位移速度的周期性运动中，也需要动作速度的快速。运动员动作速度的增长有性别差异，男孩动作速度的最大增幅发生在8～12岁之间，在接近15岁时也有一个增长的敏感期，随后增幅放缓。女孩动作速度增长的时间短要晚于男孩，但女孩动作速度的增长比较统一，男孩则有很大差异。动作速度与肌纤维类型的百分比组成及其面积、肌肉力量、肌组织的兴奋性和条件反射的巩固程度有关，快肌纤维的比例及其力量是动作速度的重要生理基础。

（2）提高动作速度的常用训练方法

提高运动员的动作速度，通常采用的训练方法包括减难训练法、加难训练法和时限法。①减难训练法。减难是指减少练习难度，常用方式包括牵引跑、顺风跑、下坡跑等。②加难训练法。加难是指加大练习难度，发挥后效作用。常用方式包括负重跑、阻力跑等。③时限训练法。按预定的音乐节拍频率完成动作，以改变运动员的动作速度。需要特别注意的是，无论采取何种训练方法，都应将重点集中到技术动作环节的速度合成上，即对运动环节的技术动作速度、方向和幅度的改进上。

3.位移速度

（1）基本概念及其生理学基础

位移速度是指在做周期性运动中，单位时间内人体快速移动的能力。在很多运动项目中，高频率的位移速度都非常重要，例如长跑、滑冰、划船、自行车等。虽然这些运动项目包含着多种速度类型的组合，但高频率的位移速度起着更为关键的作用。短跑是最大强度的周期性运动项目，位移速度更多依赖运动员耐无氧能力，耐无氧的能力是抵消身体器官受不利条件影响的决定性因素，也是促进身体快速适应运动环境的基础。不管是多么简单的周期性运动，都需要复杂的动作结构和运动模式。提高位移速度，需要发展最大力量，而最大力量的生理学基础主要取决于肌肉横断面的增大、肌肉中磷酸肌酸（CP）的储备量以及ATP的合成速度。

（2）提高位移速度的常用训练方法

提高短跑运动员位移速度的训练，首先要保证技术动作的正确，其次要多运用最大速度、次最大速度持续时间不超过10秒的训练。在训练方法方面，主要采用重复训练法和交替训练法。①重复训练法。重复训练对位移速度的发展而言是一个相当可靠的方法。在运用重复训练法时需要注意，要严格控制移动的距离，这个距离要保证运动员在运动结束时最终的速度不降低，即运动速度必须达到最大化。而组间休息的时间必须足够长，以便使身体机能能够从先前的运动中得以基本完全恢复，判断机能恢复程度的依据主要有心率指标或其他更为精确的生理生化指标。在快速移动后的休息调整一定要是积极的，可以采用简单的慢跑、拉伸或行走来保持较高的中枢神经系统兴奋性。重复训练法的重复次数一般不要超过 5 组，一般而言，位移速度的训练应安排在训练主体部分的开始阶段。在训练的组间间歇阶段，身体机能至少要恢复到原有水平 95% 以上。例如，如果一个 50 米的全速跑后需要 6 分钟可以完全恢复，95% 的恢复大概就需要 5 分钟。这意味着，在恢复到 95% 以上机能水平后，要以最大速度来再次训练。然而，这种大量重复的训练方法也存在着明显的缺点，重复训练会导致训练的枯燥，难以激发运动员的训练积极性，因此，在训练位移速度时，还必须考虑与其他训练方法的配合。②交替训练法。交替训练法运用的一般程序特点是不断增加训练负荷和速度水平。运用交替训练法，按照训练程序序列逐步提升速度水平，直至最后达到最大速度。交替训练的基本目标就是要提高速度。训练程序系列之间的间隔期需要运动员进行主动休息，这意味着要保持中枢神经系统的兴奋性，在训练间歇期建议进行一些可以活跃肌肉组织的低强度运动。但需要特别注意的是，速度水平的迁移是相当有限的，速度提升的表达需要通过相同或相关的练习，相同的练习很好理解。例如 100 米跑，训练可以采取 100 米跑的形式进行，而相关的练习则是指对有可能影响速度水平的因素进行训练，例如起跑技术、冲刺跑技术、途中跑技术等，再例如下肢爆发力、上肢力量、腰腹部核心力量等。

4. 最大速度

（1）基本概念及其生理学基础

最大速度可以简单地理解为：在几乎没有阻力的情况下，运动员运动时可以达到的最高速度。影响短跑水平的最关键因素不是速度耐力，而是最大速度。因此，最大速度对短跑成绩起决定性作用，两者之间具有极高的相关性，提高最大速度对短跑水平的提高具有极其重要的意义。要开发最大速度，一般需要 20 ～ 30 米左右的启动距离来完成加速。一般来说，人的最大速度可以达到 12.5 米 / 秒左右。从生物力学的角度来看，最大速度是步频与步幅的乘积，从一般实践上看，步频与步幅通常成反比关系。因此，要实现更高的速度，需要综合考虑步频与步幅这两个影响因素，而在具体技术层面，在重视传统训练中的"蹬"的基础上，还需要特别重视"摆"的训练，前摆期股直肌激活程度更高以产生更大屈髋肌肉力矩对抗更大的伸髋惯性力矩；后摆期股二头激活程度更高以产生更大伸髋肌肉力矩对抗更大的屈髋惯性力矩。最大速度能力与短跑成绩显著性相关，最大速度与乳酸能供能显著相关，短跑成绩越好，血乳酸值相应越高。

（2）提高最大速度的常用训练方法

有多种方法可以开发和提高最大速度，开发和提高的基本原理都是增加步频与步幅的乘积。为了提高最大速度，应该增加步频与步幅中的一个，或同时进行提高，虽然基本原理简明易懂，但无论是对步频还是对步幅的改变，都是一个涉及生理和生物力学的复杂改造过程，改造的效果如何在很大程度上取决于个体的身体基础能力。科学研究表明，力量特别是爆发力是影响最大速度的关键因子，提高最大速度必须进行力量特别是爆发力的训练，力量与速度之间的转换需要神经肌肉系统的协调机制作为中介方能产生积极的效果。实践经验和科学研究都表明，动力性力量训练对提升最高速度的效果要好于静力性力量训练。提高最大速度的常用训练方法主要是增强式训练（超等长训练），增强式训练可以有效促进力量与柔韧的同步发展。超等长训练被视为提高肌肉弹性力量的最佳方法，而肌肉弹性力量与各种形式的冲刺、速度变化、变向等运动形式有关。在超等长运动模式下，肌肉在离心收缩阶段，积累了第二次反弹中涉及的弹性势能，超等长训练包括跳深、垂直跳跃、垂直障碍跳跃、水平前后跳跃、横向跳跃等，跳深和快速后蹬跑被证明是提高爆发力的最有效手段，因此要提高最大速度，需要正确运用超等长训练。进行超等长训练，需要注意以下事项：进行超等长训练需要参训运动员具备一定水平的基础体能，并进行过专门的体能训练，具备很好的一般力量；超等长训练一般要到13岁后才推荐使用；超等长训练的频次每周推荐使用 2～3 次；初学者进行超等长训练，建议一次的训练量控制在 40～60 次，中级水平运动员的训练量控制在 60～80 次，优秀运动员的训练量控制在 80～120 次；跳深练习的组间间隔时间应控制在 10～15 秒，完整系列练习控制在 3～5 分钟；进行超等长训练，必须考虑两次训练之间的时间间隔，一般情况下，两次训练之间需要保证至少 24～48 小时的休息时间；每周超过三次超等长训练，容易诱发伤病；由于中枢神经系统会产生疲劳，不建议将力量训练与超等长训练一起运用；进行超等长训练，最佳训练高度在 40～120 厘米；用脚前掌触地，脚后跟不要接触到地面；不建议在一天中同时安排力量训练和超等长训练；水平跳跃和垂直跳跃可以结合障碍物跳跃以及速度训练；所有的练习务必技术正确；必须以次最大强度或最大强度进行练习。

### 六、现代长跑速度素质训练的方法

所谓长跑，从字面意义上理解就是长距离或者长时间的跑步运动，其主要的特点是强调该项运动的持续性，在运动中使肌肉长期的处于一种活动的状态。长跑被纳入奥运会的竞技项目是在 1912 年，当时规定的长跑距离是在 5000 米，这是长跑这项运动第一次登上了历史的舞台，广泛的受到人们的关注。现在，随着二十一世纪的到来，长跑运动距今已经有了 100 多年的历史了，这项运动能够跨越历史的长河沿用至今，在提高运动员体能和改善人类健康方面一定有它的过人之处。在这多年的历史中，在对长跑运动的训练也随着科技进步和时代的发展呈现出了许多新的特点，在训练的方法上找到了新的出路，在技术手段上也有了科学的指引，有了这些先进的经验，长跑运动的成绩也有了明显的提升，人类不断地刷新着新的历史纪录，挑战着人类体能运动的极限。

（一）长跑供能的特点及变化特征

长跑持续时间较长，强度处于次大和中，强度之间，其最主要的供能系统是厅氧氧化供能系统，有研究表明，5000 米跑中，有氧供能占 70%。无氧供能占 30%；10000 米跑中，有氧供能占 80%，无氧供能占 20%，随着科学技术的高度发展，并逐渐被应用到体育学科，使得长跑训练科学化水平越来越高，运动员的成绩也愈高，长跑的供能逐渐发生了变化，经研究表明，"1982 年至 2005 年，长跑供能中，无氧供能的比例增加了 10%，这种变化趋势表明，现代长跑 i）iI 练中，发展运动员的极限无氧运动能力，对于运动员的长跑成绩的增长具有重要的意义，因此我国长跑教练员在训练实践中，必须要注重对运动员无氧运动能力的训练，要本着以有氧训练为核心基础，无氧训练为关键的训练原则，只有这样才能使我国长跑运动员的成绩与世界优秀运动员的差距越缩越小。

（二）遵循人类身体发展规律进行训练

经过研究我们还发现，长跑训练可以分为三个阶段，即基础训练阶段、初级专项阶段和专项提高阶段。长跑训练由于各个阶段运动员的成绩的不同以及训练目标的不同，各个阶段的训练内容、侧重点也是不相同的在身体素质发育的过程中，有一段时间某项身体素质发育速度特别快，人们称这段时间为该项身体素质增长期或敏感期。因此在训练实践过程中，为了取得最好的训练效果，在发展运动员的全面身体素质的训练中。一定要遵循这个规律。例如男孩在 7 ～ 9 岁和 12 ～ 14 岁这两个期间，速度素质的自然增长速度较快，在这个阶段注重发展运动员的速度素质，可以最大限度地发掘运动员的速度潜力。此研究表明，在长跑训练的过程当中，我国运动员要优先发展速度素质，而到了速度高峰时，则训练中，心转向耐力素质的训练，当耐力素质达到高峰后，由于耐力素质衰退快于速度素质，因此我国男子长跑运动员在最佳竞技状态保持阶段的训练要重点放在耐力素质保持的方面。

（三）高度重视绝对速度和速度耐力的训练

对于长跑项目来说，决定专项运动成绩的主要因素是速度耐力、速度和速度力量水平速度耐力是基础，速度是核心，速度力量是保证叹越来越激烈的竞争是现代长跑竞技运动的一个发展趋势，现代长跑竞技中，由于运动员的竞技水平的无限接近，加上外部条件的刺激，使得长跑竞赛越来越激烈，运动员往往是在最后阶段的冲刺中，才能决出胜负。速度素质是影响运动员速度耐力水平的决定因素，绝对速度较低，极大地限制了速度的素质的发展，因此我国教练员在进行长跑训练实践中，必须要注重发展运动员的绝对速度，在运动员选材的时候，要非常重视运动员速度素质指标。

（四）长跑训练要注重运动员全面发展

由于长跑运动持续时间长，耗费能量多，有研究表明，马拉松比赛中，如果运动员不掌握速度，30 分钟后碳水化合物就会消耗完，因此在运动过程中，能量节省程度的高低就成为判断运动员水平的主要依据之一。运动员协调能力好，运动中肌肉协作能力强，可以有效地降低能量耗费；其次，运动员动作舒展、放松，技术动作准确，也是降低能耗的重要方面；此外，运动员竞技能力构成因素中，某种素质或能力的缺陷，可由其他高度发展的素质或能力在以一定范围内予以弥补或代偿，使其总体竞技能力保持在特定的水平里，可见加强长跑运动员的各项身体素质，对于增强运动员的有氧运动能力和速度、速度耐力有着重要的促进作用。

（五）分析研究

1.在长期的长跑运动训练中，无氧和有氧供能的比例随着运动成绩的不断变化也在发生着改变。他们之间存在着一种此消彼长的关系，当有氧供能的比重有所增加的时候，无氧供能所占有的比重就会相对有所减少，所以在对运动员的长期长跑速度素质训练中一定要明确的把握这一点，合理的安排运动时长以及运动动作，有针对性地对速度素质进行训练。

2.在长跑运动训练的过程中，必须要做到对人体发展规律的遵循，这是一切运动训练的最重要前提，对人体发展规律的遵循能够有效地防止在运动中出现身体应运动强度过大而出现不良反应。同时，人的生长都遵循着自然界定的规律，顺应这种身体发展规律，更能够在长跑训练中取得更佳的效果。

3. 在现代长跑的竞争压力下，人们开始寻求多种途径对长跑运动员进行训练，在这种不断地探索发现中，形成了比较系统的、科学化的训练模式，并且针对每个运动员身体素质的不同能够进行专项训练对其薄弱环节加以提升，这就是现代的科学训练方式。而在这种科学训练中，最考验运动员的不是通过长久训练所具备的有氧耐力，而是在最后决定胜负的关键点，即最后的冲刺阶段上所应该具备的速度耐力，在保证耐力足够的同时要依然保持着速度的不落后。所以，现代长跑的训练关键是关于长跑运动员速度素质的训练。

4. 除了对运动员身体素质的训练之外，对运动员心理素质的训练也很重要，在训练长跑运动员身体素质的同时也要坚强对其意志力、忍耐力的训练，这是在长跑运动训练中具有重要意义的内容。

在现代长跑运动训练中，最重要的关键点是关于运动员速度素质的训练，我们要准确的把握这一点，对运动员进行科学有效的训练，才能够在长跑竞赛中取得更佳的成绩。

速度素质是一种身体能力，这种身体能力只有在某个特定年龄段才能被有效开发，也只有在精心挑选设计的训练刺激下才能有效发展。虽然速度素质多由先天遗传决定，但后天因素对速度素质的影响也很关键，动作技术是影响运动速度的一个重要因素，要想提高速度，提高人体的运动效率，必须要规范运动技术，减少甚至消除掉一些不必要的、多余的动作，让运动更为自然流畅，最大限度地发挥出应有的速度水平。速度素质的表达体现着人体内部系统、外部素质协调能力的水平。在发展青少年的速度素质时，要注意训练的乐趣，要让青少年获得进步、成功的满足感，同时需要通过竞争来促进速度素质的表达。对于不同阶段、不同类型的速度，需要有针对性地采取有效的训练方法，以便最大限度地保障训练的效益。反应速度、动作速度、位移速度和最大速度是决定短跑水平的关键因素，反应速度的训练可以采用重复训练、分解训练和感官感觉训练等方法，动作速度的训练可以采用加难训练、减难训练和时限训练等方法，位移速度的训练可以采用重复训练、交替训练等训练方法，而最大速度的训练则主要采用增强式训练的方法。

# 第五节 田径运动柔韧素质训练

## 一、柔韧素质的概念

柔韧素质是指人体关节活动幅度的大小以及跨过关节的韧带、肌胶、肌肉、皮肤及其他组织的弹性和伸展能力。它包括两个方面的含义：一个是关节活动幅度的大小，关节的活动幅度决定于关节本身的结构；一个是跨过关节的肌肉、肌胜、韧带等软组织的伸展性，田径运动员的柔韧素质分为一般柔韧素质和专门柔韧素质。

## 二、影响柔韧素质提高的因素

发展柔韧性虽然对人体肌腱、肌肉等软组织起到很好的保护作用，但是阻碍柔韧性发展的因素很多，比如年龄越大，发展柔韧性的难度越大，性别、骨关节活动范围、气温等因素都可能对发展柔韧性造成影响。为了防止在发展柔韧性练习时发生意外和损伤，就要提前掌握这些因素，养成科学的锻炼规律，采用合理的练习技巧，才能最大限度地提高柔韧性的锻炼效果。发展柔韧性最好在十岁以下开始练习，高涨的情绪也是提高柔韧素质练习效果的重要因素，往往能够达到事半功倍的效果。因此，对运动员来说，控制肌肉体积的增大是极其重要的。

## 三、柔韧素质的生理学基础

柔韧素质首先必须建立在生理学的基础上，因为柔韧素质是人体机能五大素质之一。我们可以从神经系统和关节构造两个方面来进行分析。

（一）神经系统对骨骼肌的调解能力

神经系统对骨骼肌的调解能力，尤其是主动肌与对抗肌之间协调关系的改善，以及肌肉收缩与放松调节能力的提高都有着非常重要的作用。神经系统可以减少由于对抗肌紧张而产生的阻力，有利于增大运动幅度。另外，提高肌肉放松的能力也是扩大动作幅度、提高柔韧性的关键性因素。

（二）关节构造及其周围组织的伸展性

关节面结构是影响柔韧素质的又一个重要因素，主要由遗传因素决定，但通过训练可以使关节软骨增厚。关节活动幅度的大小，与关节周围组织的体积、关节的解剖结构特点以及跨关节的韧带、肌肉、肌健和皮肤的伸展性等状况有关。

### 四、柔韧素质训练的量化指标

柔韧素质的训练必须是建立在科学、合理的基础上的，它的训练必须遵循严格的量化指标，在强度、数量、负荷上都有相关的限制和要求。

（一）训练的量和强度

柔韧素质训练一方面反映在用力的大小上，另一方面也反映在负重的量上。如采用负重柔韧练习，负重量的确定与练习的性质有关，负重量一般不超过拉长肌肉力量所能达到的百分之五十，比如在完成静力拉伸的慢动作时负重量可相对大些，而在完成动力性摆动动作时，负重量则应小些。另外，训练的强度则应循序渐进，由小到大，练习时不可用力过大过猛。如果训练强度过大，就会造成运动员精神紧张和肌肉紧张，导致肌肉、肌腱和韧带等软组织损伤。柔韧训练中应根据不同关节活动范围的需要以及运动员的年龄和性别来确定发展柔韧性阶段和保持柔韧性阶段练习的重复次数。

（二）训练中的温度、时间要求

在温度方面，外界温度的过高或过低都会影响肌肉的状态，进而影响到肌肉的伸展能力。一般来说，当外界温度在 18 摄氏度时，有利于柔韧的发展，因为肌肉在这个温度下，伸展性能好；而如果温度过高，肌肉紧张或无力就会影响其伸展能力。而在时间方面，一天之内任何时间都可进行柔韧练习，只是效果不同，一般来说，一天中的上午 10 时到下午 4 时是人体柔韧性表现良好的时间段。以早晨为例，由于早晨人体的柔韧性明显降低，所以早晨可做一些强度不大的拉韧带练习。一天中在 10～18 时人体现出良好的。

（三）发展柔韧素质与力量练习之间的关系

柔韧素质训练安排不当，就会影响力量素质的发展，欲使运动员在保持一定柔韧性的基础上力量也得到发展，首先应注意柔韧素质练习后的肌肉韧带放松，把肌肉韧带练得柔而不软、韧丽不僵；其次，选择有效的手段和方法，把柔韧性练习与力量性练习结合起来，合理地安排柔韧性练习与力量性练习的顺序和比例，将两者的相互干扰降低到最低限度。力量练习是发展肌肉的收缩能力。而柔韧练习能发展肌肉的伸展能力。因此，力量结合柔韧的练习对提高肌内质量最为有效，即既能达到力量和柔韧的同时增长，又能保证关节灵活性的稳固。发展柔韧素质与力量素质相结合，不仅可以避免或消除两者之间不良转移，而且有助于两种素质的共同发展。

（四）训练的持久性

柔韧素质发展快、易见效，可是消失也快，停止训练时间稍长一些，就会消失。柔韧素质这一提高快消失也快的特点，决定了柔韧素质练习必须经常坚持并持之以恒。针对这种情况，柔韧素质的训练要保证持久性。在全年训练任何一个时期，都应安排发展或保持柔韧性的练习；而如果处于专门提高关节活动幅度阶段，则应该每天都要安排发展柔韧性的练习；而如果到了保持阶段，一周安排可不超过 3 ~ 4 次，训练量也可减少。因此，在田径运动的训练中，柔韧性练习一定要做到系统化、经常化、科学化。

## 五、柔韧素质在田径运动中的训练特点

（一）柔韧素质敏感期各年龄段训练特点

1. 儿童期柔韧素质的训练

随着年龄的增长儿童的骨化过程加快，肌肉的增长。韧性逐渐加强。一般儿童柔韧性的增长在 10 岁以前可自然获得发展，10 岁以后随年龄的增长，柔韧性逐渐降低，特点是胯关节。由于腿的前后活动多，加之肌肉组织增大，在左右开胯幅度上会出现明显下降。因此，在 10 岁以前应根据以后即将锻炼的体育项目给予应有的柔韧练习，比如跳高、投掷项目等，使其腰部自然增长的柔韧性得到提高。儿童的肌肉弹性好，关节韧带的伸展幅度较大，所以柔韧性发展较为迅速容易。

2. 儿童向少年过渡期柔韧练习

应多采用"缓慢式"和"主动"活动，因为少儿期关节牢固性差，骨骼易弯龃变形，长时间用力掰、压等容易造成关节、韧带的损伤和骨骼的变形，不利于促进运动员的健康成长，这个时期应充分发展他们的柔韧练习，因为这个时期是性成熟前期，骨的弹性增强，肌肉韧带的弹性、伸展性仍有较大的可塑性，给予充分柔韧练习，会使各关节伸展幅度达到最大解剖限度，而且对青春期的身高增长也是有利的。如果过渡期的柔韧未得到充分发展，在 10 ~ 13 岁这个年龄段仍可作为发展柔韧的弥补期，同样也可获得相应的柔韧效果。

3. 少年柔韧期素质

在 13 ~ 16 岁之间生长发育较快，这个时期会出现身高、体重明显增加、

柔韧性下降，骨骼能承担的负荷较弱，易出现骨骼损伤。因此。要防止过分扭转骨骼的活动，以免造成损伤。16 岁以后，可逐渐加大柔韧性练习的负荷量和负荷强度，这个时期的少年运动员，骨骼生长速度超过肌肉的生长，因此，柔韧性有所下降，由于内分泌的改变，骨骼系统承受运动负荷的能力相对减弱，此时扭转动作和过度弯曲的练习比其他年龄段易发生损伤，特点是骨骼、脊柱的软骨造成损伤的频率高。因此，训练中应注意过分扭转动作和骨骼关节过分外展动作，注意身体发育的匀称性，多做全身性的伸展练习，巩固已获得的柔韧效果，不要过分地进行柔韧性练习以免拉伤。

4. 青年时期柔韧素质

青年时期柔韧素质呈明显下降趋势，整个身体发育趋向成熟。训练中，重心应放在巩固柔韧上，也可加大柔韧练习负荷、难度、从而在已获得柔韧基础上。进一步获得专项所需的柔韧素质。

（二）柔韧素质训练的性别特点

根据生理解剖特点，男子的肌纤维长，横断面积大于女子，伸缩变化较大。全部肌纤维的 3/4 都强而有力，比较适合爆发力强，力量大的田径项目。女子的肌纤维细长，横断面积小于男子，伸展性好。对关节活动限制小，全身仅有 1/2 的肌纤维强而有力，因此，关节的灵活性好于男子。女子由于关节囊、韧带较薄、弹性、韧性较好，椎间盘厚等生理特点，所以关节活动范围大。柔韧性好，使女运动员在从事跳远项目时，动用幅度大，稳定性好，这就决定了女运动员在柔韧素质上优于男运动员。但是，由于女子骨骼比男子细而短，骨密质的厚度较男子薄，坚固性差，抗压抗弯能力较弱，所以在力量性项目上有一定影响，故训练时要把握住这一点。

（三）不同专项柔韧素质的训练差异

柔韧素质指人的各关节活动的最大幅度以及肌肉和韧带的伸展能力，柔韧素质在训练中作用不可低估。但是，由于运动项目不同，所以要求的柔韧素质也就不同。专项柔韧素质是建立在一般柔韧素质基础上的，专项柔韧所要求的运动素质是：（1）主动柔韧和被动柔韧，主动柔韧素质是指运动员在课余训练中，自己主动进行训练的柔韧素质，被动柔韧素质是指在课余训练中，运动员在客观条件下（教练或队友的帮助下）进行训练的柔韧素质。（2）动力柔韧和静力柔韧。动力柔韧素质指运动员在训练中以等张力进行训练的柔韧素质。静力柔韧素质是指运动员在课余训练中，以等长力训练的柔韧素质。

1. 不同专项柔韧素质的控制发展水平

每一田径运动项目对运动员的柔韧都有一定要求，其发展程度以满足该项目运动的需要为准，而元必要最大限度地发展每一位运动员的最大柔韧素质。相反，过分地发展柔韧素质会对运动员的其他素质产生影响，如造成关节与韧带变形，影响关节结构的牢固性和运动员的体态，对力量和爆发力的发挥不利等。但是，为确保该项目技术动作的顺利完成，又必须有一定柔韧素质储备，因而控制柔韧素质在适当程度是有必要的。关节周围的肌肉块过大或脂肪过多，都会影响柔韧性的提高，如肩部三角肌过大。会影响肩关节的活动范围，不利于投掷中翻肩动作的完成，肱二头肌过大，会影响肘关节的弯曲变形，更不利于做鞭打动作。因此，在练完三角肌和肱二头肌的力量后，要做肩肘部的伸展和放松练习，尽量拉长肌纤维和增加肌肉的弹性，从而使肩肘部力量加大，肩部的柔韧性增强。从性能上看，柔韧素质中含有速度和力量的因素，在做大幅度动作时，肌肉仍能快速有力地收缩，像钢丝一样。既能弯曲又能迅速伸直，柔软只是幅度大，却缺乏速度和力量，做动作时软绵绵的，打得开却收不扰，体育运动员中需要柔韧性。而不是柔软性。专项柔韧性是指专项运动特殊需要的柔韧性，由于专项柔韧性是具有较强的选择性，因此，同一身体部位具有的柔韧性由于项目不同，在幅度，方向等表现上也有差异。动力性柔韧是指肌肉、肌腱、韧带根据动力性技术动作需要。拉伸到解剖学允许的最大限度，随即利用强有力的弹性回缩力来完成技术动作，从而取得好成绩。它所具有的爆发力前的拉伸均属于动力性柔韧。静力性柔韧是指肌肉。肌腱、韧带根据静力性技术动作的需要，拉伸到动作所需要的位置角度，控锗其停留一定时间所表现出来的能力。动力性柔韧建立在静力性柔韧基础上，但必须要有力量素质的表现。

2. 不同田径运动项目对身体各相关部位柔韧的要求

田径项目中，不同动作对身体各部位的柔韧要求也不相同，有些技术动作对柔韧素质的要求不仅体现在某一关节或部位上，而且还涉及两个或更多关节和身体部位。如。标枪出手前的制动"动作它与腰与肩、脊柱、髋、肘、踝等关节的柔韧素质有关。因此，在柔韧练习的安排上要求不仅对主要关节施以训练，还应对各有关关节部位加以练习，做到有主有从，主从结合。韧带本身是抗拉性很强的组织，它主要的作用是加固关节，限制关节在一定范围内运动，从而保护关节不致超出解削允许的限度而受伤。在一般活动中，很少达到这种关节面所允许的解剖限度，这是因为与运动方向相反的对抗肌伸展不足造成进一步的限锗所致，可是发展某一关节的柔韧主要是限镧关节活动幅度的对抗肌，使其主动受到牵拉伸展，逐渐增加它们的伸展度，从而扩大了关节的运动幅度，为力求达到解剖的最大限度，就必须完全克服对抗肌的限制以及拉伸。具体发展某一关节柔韧性时，主要发展控制关节屈、伸肌的伸展性及协调能力，如跳远中发展膝关节的伸膝能力，主要发展大腿后部肌群及小腿后部肌群的伸展性。发展屈膝能力。主要发展大腿，小睫前部肌群的伸展性。可见，在发展某一部位柔韧时，应让屈、伸肌相互协调发展才能提高其关节的柔韧性。

3. 柔韧练习要因人而异

柔韧练习不仅要根据专项特点，而且还要结合练习者的具体情况，如，跳跃项目运动员主要要求腰部和髋部的柔韧性；因此，在全面发展身体各部位柔韧性上。要重点练习本专项所需要的几个部位的柔韧性，另外，练习者的具体情况不一样，在进行柔韧素质练习过程中必须区别对待，突出针对性。应用性，这样才能收到良好的效果。

## 六、柔韧训练的基本要求

### （一）负荷强度

柔韧素质训练一方面反映在用力大小上，另一方面也反映在负重多少上。被动练习多是借助教练员或同伴的帮助，用力逐渐加大，其程度以运动员的自我感觉为依据。如采用负重柔韧练习，负重量一般不能超过拉长肌肉力量所能达到的50%。负重量的确定也与练习的性质有关，在完成静力拉伸的慢动作时，负重量可相对大些，在完成动力性动作时，负重量则应小些。

### （二）负荷量

柔韧训练中应根据不同关节活动范围的需要来确定发展柔韧发展性阶段和保持柔韧性阶段练习的重复次数。柔韧练习的重复次数还取决于练习者的年龄和性别。少年练习者在一次课中练习的重复次数比成年练习者少，女练习者比男练习者少。

### （三）间歇时间

基本原则是：保证练习者在完全恢复的情况下完成下一组练习。恢复与否可根据练习者的自我感觉来确定，当其感觉已恢复并准备好做下一组练习时便可开始。练习间歇时间还与练习的部位有关，做躯干弯曲动作后就应比做踝关节伸展动作后的休息时间长。在间歇休息时间可安排一些肌肉放松练习，或进行一些按摩等。

### （四）动作要求

柔韧练习在进行动力拉伸时，一是要求逐渐加大动作幅度，使肌肉、肌腱、韧带等尽量被拉长。二是充分利用肌肉退让工作，使肌肉被逐渐拉长。柔韧练习在动作的速度上，一是用缓慢的速度拉伸肌肉，二是用较快的速度拉伸肌肉。

## 七、发展柔韧素质练习的方法

### （一）静力拉伸练习法

静力拉伸练习法是指通过缓慢的动作将肌肉、韧带等软组织拉长到一定程度时，保持静止不动状态的练习方法。静力性拉伸法有主动拉伸法和被动拉伸法两种形式。主动拉伸法是指练习者主动用力完成全部练习的方法。常用单一或多次重复练习，摆动或固定练习，负重或不负重练习，在最大幅度的情况下保持不动姿势的静力练习。被动拉伸法是指在外力的帮助下完成柔韧性的练习。在体育教学中的静力性的柔韧练习主要有：肋木上的正压腿、侧压腿、后压腿、压肩、下腰、弓箭步压腿等，体前屈、腰回环、臂的前后回环等，垫上两人一组或单人做直腿并腿屈压、盘腿屈压、跨栏坐、跪撑、纵向横向劈叉、仰卧压腿等。

### （二）动力拉伸练习法

动力拉伸练习法的主要特点是：主动拉伸时，肌肉强力变化的峰值约大于静力拉伸的两倍。动力拉伸法是在短跑运动中采用较多的练习方法。例如：带有弹性的曲伸练习，摆动练习等。动力拉伸练习时引起肌肉的牵张反射，对练习部位的肌肉群既可以提高其伸展性又能提高其收缩性。动力性拉伸练习时可以加强练习时的血液循环，使肌肉、韧带等局部组织的营养得到改善，从而提高肌肉的弹性和动作效果。在体育教学中动力性的柔韧性练习主要有：肤肋木做各种大幅度的正摆腿、侧摆腿、后摆腿等，行进间的各种摆腿和踢腿，两人一组相互压肩、拉伸肩等。在体育教学实践中又常把两种练习方法结合起来使用，例如：三人一组，一人仰卧躺在垫上，另两人压被压者的腿进行被动牵拉训练，接着进行扶把或行进间踢腿的主动训练等。在教学中尽量使柔韧素质的练习有动有静，动静结合，使柔韧素质的练习富有趣味性，提高练习的热情。在教学中让学生从主观上明确，他们的骨骼虽然发育基本定型，但肌肉与韧带经后天训练是可以改变的，使学生明白在体育课的学习中柔韧素质的重要性，使学生一开始学习时就注重将静力性练习与动力性练习相结合，这样能收到事半功倍的教学效果。

（三）本体感觉神经肌肉促进法（PNF）

"PNF"在练习实践中，从练习形式上看和静力性伸展方法相似，但机理上有本质的不同。也就是说，被牵拉肌肉的主动收缩能抵消所产生的牵张反射，其收缩后放松加大，再者就是拮抗肌的收缩也可以加大主动肌的放松。在实践中，这一方法的运用包括三个阶段：第一，一次静力性伸展。第二，被拉伸肌肉的最大等长收缩。第三，再次被拉伸，同时其拮抗肌收缩。由于"PNF"的练习过程包含静力伸展和肌肉的主动收缩过程，这样"PNF"实际上将柔韧训练和力量训练结合起来，因此在提高柔韧性素质的同时也促进力量素质的发展。同时"PNF"一般是在同伴之间的密切配合下完成，可以根据特定的部位选择不同的练习形式，可以通过语言、眼神等交流方式互相鼓励支持，克服由于长期柔韧性练习产生的畏惧疼痛、单调无味带来的心理疲劳。尤其是"PNF"明显的练习效果，使得这一训练过程变得更具成就感，从而提高对柔韧性练习的兴趣，这些都是传统的柔韧性练习无可比拟的优势。

田径运动是体能主导类竞技项目，对人体机能的要求很高。任何田径项目都有各自的特点，所以对柔韧素质也有不同的要求。良好的关节灵活性是运动员在田径运动中取得优异成绩的必要条件之一，具备良好的柔韧素质可以有效地预防运动损伤的出现，进而提高运动员的训练质。因此，在田径运动训练中要全面了解柔韧素质训练的特点，并结合自身实际情况，灵活地制定柔韧素质训练目标，循序渐进。

# 第六节 体能训练对运动损伤防治的作用及措施研究

体能训练，对于运动员的保护有着非常重要的作用，不论是专业的运动员还是非专业的参加各种体育运动的学生等，增强体能训练，都能够极大地减少运动损伤状况的发生。

## 一、体能训练对运动员防治损伤的作用

体能素质是运动员从事各项运动的基础，如果体能不过关，那么许多竞技动作、竞技的技巧都无法准确地进行，甚至会在运动中由于体能不足，而出现超负荷的现象，导致身体出现损伤。所以，运动员在增强运动技巧、专业运动技能训练的同时，要做好体能的训练，为竞技水平的发挥提供良好的基础，也为自身的运动安全提供坚实的保护。

（一）改善运动员身体形态和提高身体机能

强化体能训练，能够改善运动员的身体形态，提高身体各方面的机能，例如敏捷度、柔韧性、耐力、爆发力等。运动员的各项身体指标中，体重是最能够直接反映运动员身体状态与机能的参数，如果运动员身体体重合理，身材自然会比较匀称，身体各项机能也相对较为正常；而如果体重不足或者体重过大，都会使身材出现变形，各项机能也不能够达到最标准的要求，尤其是如果身体重量太大，还会给运动员带来干扰，使得身材显得臃肿，动作不够灵活，运动动作无法标准的实现，而且过大的体重，也会给膝盖以及脚踝等关节带来较大的负担，尤其是羽毛球运动员，更需要脚踝与膝盖等关节为爆发冲刺等提供支撑，长期运动下去甚至会严重损害这些关键部位，造成永久的损伤。所以，从事专业运动的学生务必要保持体重的正常。强化体能训练，有助于将运动员的体重控制在合理的范围内，使身体素质与身体机能保持在良好的状况，不但能够使身体更加灵活，动作更加舒展，而且使得身体对关节的压迫减小，能够对脚踝膝盖等形成良好的保护。

（二）增强运动员的身体平衡能力

运动员对身体超强的平衡能力，是运动员能够脱颖而出的关键。有时候运动损伤，并非因为外部对抗过于激烈，或者由于运动量超负荷，而仅仅是一些非常微不足道的细节，例如失去平衡导致的脚踝扭伤或者胳膊脱臼、尾骨摔伤等。增强体能训练，能够让运动员对身体的掌握更加自如，能够应付更加复杂的运动环境，即使在运动中出现导致身体失衡的因素，例如路面崎岖不平，或者坑洼起伏，也能迅速地控制身体做出反应，保证身体的平衡；或者即使摔倒时，也能够增强对身体的控制能力，保护关键的重要的部位，防止摔伤造成严重的身体损害。因此，要强化体能训练，增强运动员基本身体素质，增强其对身体的调控能力，这样可以很好地避免意外状况发生时对身体造成不可恢复的严重损伤。

（三）加强运动员身体的柔韧性和敏捷性

增强体能训练，还能够加强运动员的身体柔韧性和敏捷性。由于常规的专业训练运动量大，对身体肌肉和关节的压迫较大，过度的训练往往会导致肌肉的僵化等，所以，在专业训练之余，进行体能训练，有助于帮助过度劳累的身体逐渐恢复，使肌肉和筋骨放松，同时还能够使身体保持一定的运动状况，可以随时投入到激烈的专业化训练中，可以说体能训练，是介于高强度的专业训练与低强度的日常生活中的一种过渡，是帮助运动员维持体能、保持身体柔韧与敏捷的关键环节。此外，体能训练实际上是专业训练的补充，也为专业训练提供了扎实的基础，体能训练中，可以帮助运动员掌握更多的基本的运动技能，并且可以针对一些高危险的动作进行日常体能训练中的预防与加强注意，这样在从事专业训练时就能够做到有备无患，即使出现意外，也能够采取最有利的保护措施增强对身体安全的保障。

## 二、体能训练对运动损伤防治的措施

运动员高水平的发挥，需要健康的身体，而伤病往往是导致运动员竞技水平下降的重要原因，甚至会导致部分运动员的提前退役。所以，运动员要正视运动损伤，更要在教练与体育教师的帮助下，积极通过体能训练，减少对身体的损伤，使身体保持健康良好的状态。

### （一）安全教育

要加强对运动员的运动安全教育，进行高强度的专业训练之前，必须进行体能训练，即所谓的热身运动，使身体逐渐地由松弛的状态进入运动的模式，使身体各项机能都逐渐适应运动的节奏，使松散的肌肉逐渐紧绷，使关节之间的润滑液的分泌加快以提高对关节的保护等。要帮助运动员形成运动安全的清醒认识，做好安全教育工作，让每个运动员都知道如何安全地进行运动，如何更好地对身体进行保护。

### （二）控制情绪

要在体能训练中，注重对运动员心理的疏导，提高其对情绪的掌控能力。运动员参加重大比赛时，需要强大的心理作为保障，使技术动作能够正常的展示，如果情绪控制不到位，因为他人的干扰，或者自身的失误而导致情绪波动，进而使得动作变形，会给运动安全带来极大的隐患，使得运动的危险性大幅提高。尤其是情绪波动时，一些发泄情绪的额外动作，非常容易导致对身体带来损伤。所以必须在日常体能训练中加强对情绪的控制训练。

### （三）重视准备活动

要让运动员认识到做好准备活动对于预防运动损伤的重要作用，同时要明确准备活动的内容、活动范围、活动强度和运动量，发挥准备活动的真正作用。

### （四）适宜的场地和设备的选择

对运动员来说，运动强度大，对抗比较激烈，对动作要求的标准也比较高，如果场地不能达到高水平的要求，或者运动的装备不合适，都可能导致身体的损伤，例如场地不平整，或者鞋子不合脚，都会影响运动员水平的发挥。所以训练时，要对场地条件进行检查，对设备进行合适的选择，提高对身体的保护。

（五）训练方法要科学，运动量的安排要合理，确保必要的休息

运动训练的实验证明：运动量安排得不合理，不但不能迅速提高运动成绩，而且还会造成运动损伤。过大过激的运动量超过了人体运动器官和组织器官的承受能力，在这种情况下训练容易引起运动员的身心疲劳（特别是青少年运动员），因为疲劳与神经中枢有关，中枢神经系统如果得不到较好的休息，其运动员的运动能力将会明显下降。表现为训练时注意力不集中、整觉性减退、防御反应迟钝，从而成为运动员产生运动损伤的诱因。因此，运动量的安排要合理，运动量的大小与增减，既要贯彻循序渐进的原则，又要因人而异，因时而异。要给运动员足够的睡眠和休息时间以进行必要的恢复。

力量训练时运动员、教练员的思想要高度集中，往往在力量过程中，运动员思想不够集中，造成了运动损伤。还有的运动员在力量训练中技术动作不正确，经常出现运动损伤。因此，要引起广大运动员、教练员的高度重视。

运动是一项需要长期坚持的活动，在运动的过程中，容易造成运动损伤，从而影响到运动效果，所以，采取必要的措施，提高运动员的身体素质，减轻运动损伤带来的影响。

# 第六章 田径运动教学的理论与方法

## 第一节 田径运动教学的基本理论与方法

在全面实施素质教育的过程中，田径运动对学生锻炼身体、增强体质和提高运动能力具有积极意义。然而，当前田径教学在高校体育教学中正面临着前所未有的困境，给田径课带来了很大的冲击。

### 一、田径运动教学的一般规律

#### （一）动作技能形成规律

1. 粗略掌握动作阶段任务

粗略掌握动作阶段任务：使学生建立完整、正确的技术动作概念，学习和初步掌握技术动作。主要采用的方法：通过利用直观教具的演示、教师的讲解和示范，使学生基本了解动作的过程、方法和技术要领。通过练习，使学生体会并初步掌握技术动作。

2. 此规律的特点

学习和初步掌握阶段的特点是：由于在大脑皮层，运动中枢内兴奋与抑制都呈现扩散现象，条件反射的联系，暂时还不稳定，从而出现泛化现象。表现为动作生硬、紧张、不协调，容易出现一些多余动作。

#### （二）改进和提高动作阶段

1. 任务与采用方法

此阶段的主要任务，使学生改进和逐渐掌握技术动作。方法：提高练习的难度，通过分解或完整的练习，逐步地克服动作不协调和动作僵硬，去掉多余的动作，完善技术动作；通过反复的完整练习，使学生体会和加强各技术环节之间的联系，逐步熟练地掌握技术动作。

2. 此阶段特点

改进和完善阶段的特点是：动作逐渐趋于协调、连贯，多余动作逐渐消除，大部分错误动作得以纠正。但动力定型尚不巩固，在遇到新异刺激时，由于精神紧张，多余动作和错误动作仍可能出现。

（三）巩固和提高动作阶段

1. 任务与方法

主要任务：根据个人特点，通过反复练习，进一步完善技术，达到熟练地掌握技术并能运用自如的程度。采用的主要方法：通过重点的讲解、示范，使学生深入地了解技术动作的作用，加深学生对技术动作的理解和体会；反复地进行完整技术的练习，针对学生的个人特点，结合技术评定，提出进一步完善技术动作的要求和方法；通过改变练习的条件，增加练习的难度，组织教学比赛或测验等，不断地提高运用技术动作的能力。

2. 特点分析

巩固提高阶段的特点是：动作熟练、准确、轻松、省力、协调，可达到自动化的程度，并能使理论知识和实践相结合。田径运动技术教学的三个阶段是相互紧密联系的完整的教学过程。在教学过程中，教师应根据教学过程的规律，结合项目特点和学生实际，合理安排教学，为完成教学任务创造良好的条件。另外，还需要培养大学生认识事物规律；人体生理机能活动能力变化规律；大学生身心发展规律等相关规律参与田径运动。

## 二、田径运动教学认识

（一）田径运动技术教学的顺序

在各类体育运动中，田径运动的项目最多。虽然各类项目的技术结构、场地器材和比赛规则各不相同，但是它们相互之间紧密联系，相辅相成，互相促进。在田径运动技术教学中，根据各项技术的难易程度和它们之间的关系，合理、正确地安排技术动作的教学顺序，可以取得良好的教学效果。田径运动技术各类项目的教学，一般是按照下列顺序进行的。走：竞走。跑：中跑、长跑、短跑、接力跑、障碍跑、跨栏跑。跳：跳高、跳远、三级跳远。投掷：推铅球、投手榴弹、掷标枪、掷铁饼。

（二）田径运动教学方法

在大学田径运动的教学中应用的方法：就是指在田运动教学过程中，为完成教学任务所采用的教学途径和手段。主要有讲解教学法与示范教学法、分解教学法与完整教学法。

## 三、高校田径运动训练中激励理论的运用

激励对于高校体育教学的作用，着重表现于对学生学习积极性的调动上。其通过应用某种积极的运动规律，来实现对学生的积极影响，帮助学生形成一种内在的学习动力，促使其能够按照原定的学习目标勉励前行。激励二字不仅体现于管理上，实际从字面意思上我们也能获知，其主要也有着激发鼓励的内涵，具体而言，就是通过对某种外部因素的调整，从而实现对人积极性的激发，增强前行的动力，帮助其坚定目标、勇往直前。对于高校田径运动训练而言，激励理论的运用能够充分诱导学生产生对某个目标的强烈需要，从而帮助其以更加高效的状态投入到田径运动训练中，收获更好的成果。

（一）高校田径运动训练的现状

根据相关研究发现，当前我国诸多高校的田径运动员能够达到较高水平的人数都很少，究其原因如下。

1.教练员队伍存在不足

现阶段，我国诸多高校对于田径运动训练的开展，都未能组建成完善的教练员队伍，其中多数的教练员都还很年轻，而经验丰富的老教练员十分缺乏，从而致使一部分教练员在开展训练活动时，往往都不能较好地掌握学生的实际情况，想要真正实现对学生科学系统的训练，通常都需要历经很长的一段时间，十分不利于学生的快速成长。

2.运动员的参与积极性不强

通常情况下，高校的学生在进行田径运动训练时都将花费较长的时间，与此同时还常常会出现训练计划搁置的情况；再者，现今诸多高校对于田径队的训练经费投入都较少，从而使得高校学生对于田径运动训练的参与积极性地下，严重阻碍训练效果的提升。

3.高校田径教学体系不完善

在现实中，不同学校往往对于高水平田径运动员的招收标准是不尽相同的，虽然一些运动员在大学之前就已经达到了一级的水平，但是仍然缺乏超高水平的运动员。与此同时，诸多高校的田径运动员在大学中都难以接受系统化的训练，并且在田径项目的分布上也不尽合理，其中主要集中于短跨及跳跃等项目上，这将严重阻碍高校田径教学的发展。针对这些问题，高校应当针对性地提出解决对策，并主动将激励理论运用到田径运动训练中，在最大程度上激发学生积极性，推动学生综合素质的提升。

（二）将激励理论运用于高校田径运动训练的必要性

通过实践证明，将激励理论运用于高校田径运动训练中能够收获较好的效果，故此是势在必行的。事实上，激励理论与我们人的各项活动都有着紧密的联系，特别是对于一些有目的的活动与行为，常常都是在某种动力的推动下实现的。而这里所说的动力实际上来源于人的需求或欲望，也正是有了需求的存在人们才会产生前行的动力，进而产生满足需求的相关行动。可以这样说，人对于某种需求的欲望越大，那么他的完成积极性就会越高，反而言之也同样成立。故此，想要从根本提升学生的积极性，就要找到学生的需求，通过人的主观动机与需求判断人的行为，从而加以引导，在很大程度上提升学生的学习积极性。而激励理论的诞生条件就是基于人的需求之上的，通过抓住其心理，应用行为目标来加以引导，从而实现对人的激发作用。针对当前高校田径训练存在的问题，笔者认为将激励理论运用于其中，必然能够在很大程度上激活学生训练热情，从而达到改善学生参与度不高等问题的目标。

（三）高校田径运动训练中激励理论的实际运用

1. 在高校田径运动训练中引入角色概念

从社会学的角度分析角色概念，我们能够获知角色实际是指某个人在社会中根据自身以及他人的期望与所处的社会环境所扮演的具有某种情景的行为模式。而对于高校的田径运动员而言，他们的角色实际上具有双重性，因为他们在学校的学习过程中，不仅要尽求自身的运动水平能够得以较大的提升，与此同时，还要保证自身严格依据学校的相关规定以及培养目标进行系统化的训练。依据激励角色相关概念，我们可以在高校田径运动训练中充分引入激励理论，借此来激发学生的训练积极性。与此同时，我们应当明确动机是影响学生训练刻苦程度的重要因素。故此，我们需要充分应用激励理论，进一步优化学生训练动机，从而提升学生训练积极性。具体而言，可以通过树立团队目标的方式来完成，这样学生的角色就不光是一个单独的个体，而多了一个团队成员的角色，促使他们主动将个人目标与团队目标相融入，充分激发其内在活力，帮助学生获得更好的成绩。

2. 满足个人需求，设立激励目标

通常而言，高校田径运动员对于训练的欲望都来源其对于某种现实事物的需求。故此，作为高校田径教师应当积极探寻他们的现实需求，从而在科学合理的范围内给予其需求的一定满足，相信这样定能进一步激发其训练热情，从而帮助其养成自觉训练的意识。与此同时，通过设立激励目标的方式也能起到较好的效果。值得注意的是，激励目标的设立要注重对学生身心因素的双重考虑，让高校的学生正确地认识到利益的获取方式。具体而言，就是注重掌握激励目标设立的度，如若设立的目标过于艰难，那么必然会挫伤学生的自信心；但若是设立的目标过于简单，那么必然无法真正地激发学生训练热情。故此，激励目标的设立要与实际生活相契合，不偏不倚的激励目标设立才能真正满足对学生的激励需求，从而帮助激励效果在高校田径运动训练中的充分发挥，促使学生能够主动为了完成目标而努力投身于田径训练中。

3. 应用科学的训练方法

科学的训练方法是推动激励理论运用的重要因素。故此，在实际的田径运动训练过程中，教师必须要充分了解学生的身心需求，并依据学生不同的身心需求应用相应的训练方法，促使学生能够完全投入到田径训练中。对于一些具有特殊需求的学生，教师应当采用针对性的激励举措，从而调动这部分学生训练热情。例如，一些学生的训练目标为进入国家田径队，那么教师就可以适当地增加训练难度，以此来满足学生的目标需求，帮助学生更好地理解进入国家队所需要的水准，从而进一步激发学生训练热情。此外，一些学生的训练目标可能仅仅是为了锻炼身体，那么教师就可以引入一些塑造形体的训练内容，从而满足这类学生的需求。

总而言之，在高校田径运动训练过程中，教师一定要注重和谐健康训练氛围的营造，构建平等健康的师生关系，并在此同时，不定期地对学生进行测试，以此来帮助学生准确地把握训练效果，从而激发学生的良性竞争意识。除此之外，教师还需要注重激励理论的运用，通过设立激励目标、应用科学训练方法等手段，激发学生训练热情，促进学生的健康发展。

## 四、在大学田径运动中善用教学方法

（一）讲解教学法与示范教学法分析

（1）讲解教学法

讲解教学法是指教师运用语言向学生说明教学目标、动作名称、要领、作用、练习方法及其要求，指导学生掌握田径运动知识、运动技术和技能的一种方法。在田径运动教学中，运用讲解教学法时应注意以下几三点：讲解要精炼、准确，突出教学重点；讲解要循序渐进，深入浅出；讲解要生动形象、口诀化。

（2）示范教学法

示范教学法是指教师（或指定的学生）以具体的动作为范例，使学生直观地了解所要学习的动作的形象、结构、要领和方法，以指导学生学习技术动作和进行技术练习。在田径运动教学中，运用示范法时应注意以下几点：明确示范目的；选择正确的示范位置和方向；运用不同性质的示范，强化正确动作和抑制错误动作。

（二）分解教学法与完整教学法

（1）分解教学法

分解教学法，就是指将完整的技术动作合理地分成几个部分，逐段进行教学的方法。它的优点是可以简化教学过程、缩短教学时间，便于学生集中精力和时间去掌握动作的重点和难点。它的缺点是容易破坏技术动作的结构和动作之间的内在联系，从而影响动作技能的形成。

在运用分解教学法时应该注意以下几点：划分动作的部分时，要考虑到动作内在的联系，不要改变动作的结构或破坏动作的完整性；要使学生明确动作分解后的各部分在完整动作中的位置；完整的动作分解后，各部分教学的先后顺序可根据实际情况而定，既可以顺进练习，也可以逆进练习。如跳远技术的教学，可以从助跑开始，也可以从起跳或空中动作开始；运用分解法练习的最终目的是掌握完整的动作，所以分解的时间不宜过长，同时应与完事法结合运用。

（2）完整教学法

完整教学法，就是指从动作开始到结束不分部分和段落，完整、连续地进行教学练习的方法。它的优点是便于学生完整地掌握技术动作，不会破坏技术动作的结构和技术动作之间的内在联系。它的缺点是不易使学生很快地掌握技术动作中的难点和关键。应以完整教学法为主，在运用完整教学法时应注意以下几点：在教授简单、容易掌握的技术动作时，教师通过讲解示范后，就可以让学生完整地练习整个动作；在学习动作结构复杂、较难的完整技术过程中，可先突出动作的重点，掌握动作的基础部分，再要求掌握动作细节部分；降低练习的难度和强度。如降低跑的速度，缩短栏间距离，降低横杆的高度，减轻投掷器材的重量等；采用各种辅助性、诱导性练习，使学生体会动作的重点、难点与关键，发展相应的身体素质和运动能力，逐步引导和过渡到掌握完整的动作。

（三）完善教学方法

基于上述四种教学方法，还有条件教学法等适用于大学田径运动教学。在教学中，我们需要学生清楚认识教学方法：条件教学法的运作程序；条件教学法的运用实例等，让学生得到实际应用。

# 第二节 田径运动趣味模式教学

田径运动的教学一直是学校体育教学的主要内容，随着社会的发展和体育教学形式的改革，以竞技为主的田径教学在体育教学中已受到很大的冲击。为了使更多的青少年儿童重新回到田径场，增加田径运动基础人口，国际田联在 2000 年推出了趣味田径运动，希望以更灵活、更有趣的田径运动形式，吸引更多的青少年参加田径锻炼。这一计划自推出以来，便在欧洲中小学广泛开展，深受广大青少年儿童所喜爱，但在世界各地区还不普及，发展不平衡。在亚洲（包括我国在内）迟迟没有推广，研究的深度远远落后于欧洲。为了使国际田联倡导的趣味田径运动能迅速在我国开展，从而进一步深化我国学校田径教学的改革，大力开展趣味田径运动的教学研究是很有必要和现实意义的。

## 一、以竞技为主的田径运动在教学中的无奈

毫无疑问，传统的田径教学为增强学生的体质和提高运动技能起到了很大的作用。但由于教学内容越来越专业化和竞技化，学生从小学、中学直到大学都在不断重复着"走""跑""跳""投"的练习，令本来应该是充满生机，令人向往的田径运动变得枯燥乏味，呆板单调。难怪许多中小学生对田径教学不感兴趣，造成这种现象的原因是多方面的，应当引起我们的高度重视和反思。我们应当认真分析原因，制定"拯救"田径教学的措施，挽回田径在学校体育教学中的地位。

## 二、推广趣味田径运动是历史选择

所谓趣味田径运动就是指：运用走、跑、跳、投的运动形式进行趣味体育或体育健身的活动。趣味田径随着人类的发展而不断进步和完善。

但是，长期以来，人们对竞技田径的研究比较多，忽略了田径运动的最基本属性——健身属性。在学校开展田径运动越来越难。鉴于此，国际田联以科学的态度重新审视田径发展的规律，及时推出了推广趣味田径运动的计划。

目前，在欧洲一些发达国家，正利用运动游戏的趣味性特点吸引更多的青少年从事田径运动锻炼，中小学的体育课大多以运动游戏的形式出现。并

且已经成了发展青少年和儿童身体素质的重要手段。与此同时，以趣味田径项目设置的世界首届少年奥运会将在未来三年内举行。我国将于今年 10 月举行全国首届少儿田径比赛，将首次设置趣味田径比赛项目，这些信息，充分表明了趣味田径运动的发展趋势和前景。

在我国趣味田径运动，已经引起了一些学者的重视，进行了探讨。我国学者也充分肯定了趣味田径运动在实施全民健身计划和学校体育教学中的价值。可以说，开展趣味田径运动（尤其是在学校）已是一种必然趋势。

### 三、"趣味田径"的价值

#### （一）为身体全面发展打好基础

通过体育运动的方式促进学生的身体全面发展是小学体育教学的中心任务，其中田径教学的主要任务和目标是发展学生的速度、力量、耐力、柔韧和协调等基础运动素质。趣味田径活泼有趣的组织形式、多种多样的走、跑、跳跃、投掷练习可以为他们的身体全面发展打好基础。

#### （二）为学习田径技术打好基础，培养对田径运动的兴趣和爱好

简单易学、多种多样的走、跑、跳跃、投掷练习及丰富多彩的组织形式、安全新颖的器械可以强烈地吸引少年儿童，使他们乐在其中、寓炼于乐，从而培养他们对田径运动的兴趣和爱好。"趣味田径"在教学过程中，以启发、诱导的方式进行技能教学，相对易于接受，从而为学习、掌握田径运动技术打下了基础。

#### （三）为培养良好的心理素质打好基础

"趣味田径"的练习负荷适中，而练习的内容与方式丰富多样。与传统田径技术的学习相比，练习难度较小，练习者不易产生厌倦、排斥和畏惧心理。另外练习大多以比赛竞争、团队参与的形式进行，可以在发展个人身体运动能力的同时，养成良好的园队精神。这对健康心理素质的培养有着积极的促进作用。

### 四、趣味田径运动的特点和分类

#### （一）趣味田径运动的特点

1. 娱乐性特点

娱乐性是趣味性田径的本质属性与竞技田径运动也存在这本质区别，竞

技田径运动的参与者都是职业运动员，他们追求的是功利和奖金等物质待遇，训练和竞赛成为他们生存的主要手段和途径。但趣味田径只是为了消遣、健身和娱乐。

2. 趣味性特点

趣味性是趣味田径的显著特点。由于趣味田径的参加者可以用一种轻松的心情去参加活动，并将激昂、活跃的心理潜能和野性得到发挥，从而是使自己获得自由表现的机会，把更多的注意力集中在活动过程中的乐趣上，使自己产生一种轻松愉快的心境。

3. 随意性特点

趣味田径的随意性在于人们在活动中可以更多地将精力集中在过程本身的兴趣，而不是活动的比赛结果，参加者可以实现自娱自乐的目的，充分体现活动过程的随意性。

4. 适应性特点

竞技田径运动的动作具有标准的动作规范，有严格的规则，而趣味田径的活动方法、形式等可以根据参加者的实际情况做出相应的变化，易于组织和开展丰富多彩的趣味田径。

5. 竞争性特点

竞技田径是强者之间的竞争，只有专项技术水平高，才能取得胜利。而趣味田径的竞争则具有很大的偶然性，比赛结果往往是多种多样的，只要参赛者不放弃努力，敢于拼搏，就存在获胜的可能性。

（二）趣味田径运动的分类

趣味田径运动一般按跑、跳、投和综合项目划分。国际田联推广的田径趣味项目分为径赛和田赛两部分，每一部分都包括若干个项目。国际田联地区发展中心——北京，将趣味田径运动按走跑类、跳跃类、投掷类和全能类划分，还有的按提高身体素质的任务分类，把田径游戏分为力量、速度、耐力、柔韧性和运动协调能力，把游戏活动与提高身体素质直接联系起来。再有的按照课的结构或活动形式来分类。总之，趣味田径运动的分类依据是多种多样的，见仁见智，要想做到极其严格、科学、准确地分类仍然很困难，甚至是不现实的。

## 五、田径运动教学趣味模式的应用建议

（一）转变教师的田径教学观念

新时代下，素质教育理念要求教师转变传统的教学观念，坚持以学生为

主，从而不断推动新课程改革，更好地满足学生需求。但是，由于受传统教学理念的影响，很多教师都认为田径学习对于学生发展没有多大的作用，学与不学都是一样的，再加上升学压力，很多教师认为开展这些课会耽误学生的学习时间，因此教师基本上都将田径教学课变成了学生的自习课。即使一些教师开展田径教学，也只是应付了事，或者是进行一些比较枯燥无味的教学内容的讲授，无法激起学生的学习兴趣，使得田径教学毫无生机，从而无法提升课堂效率。新的教学模式的推进也必然会受到各方面的阻碍，对此，首先，教师应当转变自己的田径教学理念，从传统教学观念中解放出来，认识到田径教学对于学生全面发展的重要性，将田径教学作为体育教学中一种重要的课程要求，同样，帮助学生打消田径无用的消极思想，端正学生对于田径运动的学习态度。其次，在田径教学安排教学任务时，体育教师应当充分考虑学生的实际情况，学生由于各方面的影响，实际的身体素质都有差异，对于运动负荷的承受能力有限，理解能力较差并且具有爱玩的天性，教师应当根据学生的实际学习能力为学生设计一些简单的田径动作，并通过游戏的形式帮助学生进行学习，以确保每一个学生都能承受、理解，都能学会，从而更好地提升课堂教学质量。

（二）重视培养学生的田径运动兴趣

虽然素质教育理念一直都在宣传，但真正实现素质教育的小学教育却是寥寥无几，升学压力仍旧是小学田径教学质量难以提升的重要原因。因此，教师应当注重培养学生的运动兴趣，兴趣是学习的动力，只有对事物充满了兴趣，才可以在学习过程中更加有动力。如在课堂教学过程中，教师通过引导引出本节的教学内容，增加课堂的互动性，并鼓励学生融进课堂。例如在学习一个新的动作时，体育教师可以先和学生进行游戏互动，这样不但可以让学生热身，同时还能促使学生积极参与到课堂教学过程中，从而活跃课堂氛围，由此充分激发学生的学习兴趣，强化其学习效果。学生是教学过程中的主体，教师应当充分认识到这一点，在设计课堂教学方法的过程中将学生作为每一项活动的主角，从而让学生萌发成就感，充分激发自身的积极性，实现自身音乐素养的提升。此外，田径运动教学还可以培养学生敢于竞争，敢于挑战的品性，促进学生健康成长。

（三）充分应用多媒体技术

中小学高段学生的年龄还比较小，生活经验有限，对于很多事物的理解可能还不能很完整，因此他们对于田径运动知识的理解也较为浅薄，这样就会大大增加教师的教学难度，无法满足小学生的学习需求。随着社会经济发展，多媒体技术在教育事业中的应用范围越来越广泛，通过在课堂上应用多媒体技术进行教学，可以将田径运动的一些动作完全通过学生喜欢的形式表现出来，对学生形成视觉冲击，以达到情感共鸣的目的，从而更加深刻的理解田径运动的内涵。例如：在田径运动教学过程中背越式跳高是让很多学生难以理解的一个动作，技术的难以掌握往往会导致学生学习兴趣的降低。对于这种情况，教师应该使用多媒体技术，将背越式跳高这种动作以画面的形式展现给学生，并将这种动作的运动轨迹以线条的形式勾勒出来，让学生看得更逼真，让这种动作的运动轨迹留在学生的大脑中加强记忆。多媒体演示完毕后，教师可以安排学生根据已有的记忆进行试跳，或者学生之间进行比赛，增加教学的趣味性。从而使学生从根本上掌握田径运动技术，提高运动兴趣并掌握相应的理论知识。

（四）创设适宜的教学情境

单纯的开始一节新的田径教学，教师可能会保证完成基本的教学任务，可是作为教学的主体——学生，并不一定能够真正地接受全部的知识。因此，教师必须抓住课堂开始的关键时期，凝聚学生的注意力，为教学的开展提供有利环境。比如在课堂开始的时候，可以先和学生组织一个和本次教学有关的小游戏，通过游戏让学生对所进行的堂课有一个初步的了解，并且这种游戏情境还可以让学生尽早地进入课堂的氛围中集中精力。另外也可以根据课程设置的需要，创设音乐教学环境，音乐的创造来源于人们对生活的感悟和对生命的理解，因此，适宜的音乐可以帮助学生更快地投入到学习环境中来。此外，在田径运动趣味模式教学过程中，教师应摒弃循规蹈矩，将学生作为教学主体，充分发挥学生的积极性和创造性，从而不断提高学生的学习质量，为促进学生未来的全面发展和综合素质的提高奠定良好的基础。

田径运动教学对于学生的全面发展具有重要意义，而在教学过程中不断提高学生的运动兴趣，增加教学的趣味性也是教学的一种必然趋势。随着我国社会经济的快速发展，对于高素质人才的培养提出了更高的要求，学生是祖国未来发展的希望，更是我国进一步提升综合国力的关键因素。因此，在未来的教学过程中，田径运动教师应当充分贯彻素质教育理念，转变教师的传统教学理念，坚持以学生为本，从而不断提升学生的综合素养，更好地满足我国培养高素质人才，提升国际市场竞争力的需求。不过，目前我国对趣味田径运动的研究仍处于"初级"阶段，应加大研究的力度和推广的速度，并与田径教学改革机密结合起来，编辑出更多更新颖，更具有趣味性的趣味田径项目，为今后田径运动的趣味教学提供更多案例。

## 第三节 田径运动技术教学

田径运动是人类从走、跑、跳跃和投掷自然运动基础上发展起来的，用于健身和竞技的身体运动和竞技项目；也就是说田径运动包括田径健身运动和田径竞技运动。科学系统的参加田径运动，能增强人的体魄，提高人的健康水平，使人们在工作的时候能够集中精力，提高工作效率。因此，在高校中开设田径课，将科学的田径运动技术方法传授给学生，对于增强学生体质，锻炼学生身心健康，有着重要的意义。

### 一、田径技术的基本特征

（一）田径运动技术的动作结构是相对固定的

无论是周期性项目，还是非周期性项目，其技术动作的结构都是按照跑得快、跳得高、投得远的运动目的，并根据相应的竞赛规则要求，形成了一整套固定的动作模式。如跳远技术的模式是由助跑、起跳、腾空、落地四个动作阶段组成，无论是技术的改进与提高，还是环境条件变化，上述四个动作阶段的先后顺序是不可改变的。各动作环节数量的随意增减，都将会引起完整技术动作节奏的变化或破坏，甚至导致动作完全失败。从系统论的观点来看，结构是系统赖以存在的条件，田径技术动作结构的固定不变，反映了组成田径完整技术的动作环节间的有序联系，既系统的有序性与功能稳定性。

田径技术动作结构的模式相对稳定性，对田径技术教学有利也有弊。有利的是，稳定的动作结构练习容易建立技术动作的动力定型，不利的是，动作结构单一，学习起来既不如对抗性运动项目和集体项目那样富于兴趣，也不如那些可以自由编排、组合动作的运动项目那么丰富多彩。在教学中，学生的学习兴趣不容易调动，学生的练习热情不容易保持。

（二）田径运动属于体能性项目

其技术是以发挥人体最大运动能力为前提的，技术的学习和掌握受身体素质的制约性较大。它要求通过合理的运用人体的自身能力，使人体自身或器械，获得更快、更远、更高的运动效果，因此田径运动技术的用力特点之一是，以最短的时间释放出最大的肌肉力量或者是在尽可能短的时间内完成所要完成的动作。这一用力特点在跳跃和投掷项目中表现得最为明显。尽管径赛项目不是每个动作或每个动作周期都以最大的肌肉收缩用力方式体现田径技术的爆发性用力特点，但就整个走、跑技术的全程动作来说，其技术仍然是以"竭尽全力式"的用力方式才可能取得好的运动成绩。因此，可以认为："爆发性用力"与"放松用力"是田径技术显著特征。

（三）田径技术的发展

田径技术是以人们日常生活中的走跑、跳、投动作为原型而形成发展起来的其动作结构与人们日常生活技能的动作结构十分近似，因而，受习惯动作的干扰较大。另一方面田径技术由于规则方面的限制和要求，与日常生活中的走、跑、跳、投又不完全相同。如果不经过专门的学习就不可能正确地掌握田径运动中的走、跑、跳、投技术。但是，往往人们在日常生活中已养成了某些不正确的姿势和动作习惯，这些动作习惯对学习田径技术会造成不良的影响。而且在田径技术教学中，技术动作结构越是接近日常生活动作结构地运动项目，所受习惯动作的干扰就越明显，其正确技术动作的"动力定型"也就越难建立。

## 二、田径运动技术教学现状

（一）田径运动技术教学的特点：

1. 在田径运动技术教学过程中，动作变化较少，大部分都是单一或机械地重复进行某一动作的练习，这样容易导致大脑皮层中枢神经抑制现象，从而影响学生的学习兴趣。由于田径运动技术结构和固定的动作节奏，必须通过相对固定的练习方式，经过一定时间和次数的重复练习，才能够慢慢掌握，融会贯通。

2. 在田径运动技术教学课上，由于教学进度不易掌握，要区别对待。田径运动是以个人为主体的运动项目，课堂教学进度的掌握难度比较大。由于学生的基础、体质等各方面条件的不同，教师在教学中要根据学生的实际情况进行共同练习、分组练习、个人练习的有机结合。另一方面田径技术教学受场地器材方面限制较大，这就不仅使得田径课堂教学的总体进度不易把握，也给教学组织和指导也带来了一些困难。

3. 在田径运动技术的教学中，很多动作与日常生活动作接近，容易受其影响。比如田径运动中的走、跑技术，与生活人们的走、跑动作结构相似，因此田径走跑技术动作学习时就会受到一定的影响。在短跑技术教学中，对纠正"八字脚"非常苦难，有时甚至于是不可能的。田径技术教学的这一特点，对一些看起来动作结构十分简单，但进行技术教学又十分困难的现实教师应理解和认识到。

4. 田径技术的形成和掌握受身体各项素质影响较大。某项田径项目的技术动作，只有在肌肉最大收缩情况下才能完成，没有相应的身体素质作为基础，要掌握动作技术是困难的。田径运动技术教学的效果，不是短时间内就能表现出来，这与身体素质水平的提高有很大的关系。这也是田径运动中有些项目看起来结构并不复杂，确学习与掌握起来又不十分容易的一个重要原因。

（二）传统田径运动技术教学中存在的问题

1. 教学内容的不合理

传统的教学方法是教授式教学，就是老师进行讲解和示范，学生被动地跟着练习。这就要求老师有很高的专业水平和讲解示范能力。由于体育教育的特殊性，老师在教学时应该制定好教学计划，不能随意示范，动作要准确无误才行。教师随着年龄的增长，一些技术性的动作不能很好地完成，在选择教学内容时就会有一定的侧重，比如有的老师偏重投掷，有的老师偏重跑或者跳的项目，这样会造成教学内容的单一化，对学生的有效学习也有一定的影响。然而这些现象都在传统教学模式中无法避免的。

2. 示范动作不准确

如果体育教学中教师示范不够准确，那么势必会影响教学进度等等。在田径中有很多高难度的动作，比如翻转腾空等等。学生们在学习的时候很难把瞬间完成的动作看得一清二楚，也就很难学会一些高难度动作，而教师放慢速度也会影响示范动作的整体效果。所以老师只能重复讲解，重复示范，来达到预期等等教学效果，这就影响了教学进程，就也是传统田径教学模式中的一个弊端。

3. 学生自身存在的问题

学习是学生的主要任务，在教学中以学生为主体，让学生主动去探索，调动起学生的积极性才能很快的掌握技能。但是目前大部分学生没有认识到田径的重要性，所以不能主动去学习田径这门课程，在课堂上很多时候都是应付一下，没有摆正自己的心态，这也给田径教学带来了很大的难度。

## 三、田径运动技术教学中的三要素

在田径运动技术教学，乃至体育各项运动技术教学中，讲解、示范和练习是教学过程中最基本、最主要的教学手段，是教师传授知识、技术和技能，帮助学生建立正确技术动作表象和形式概念的基本途径。所以，研究教学中的语言艺术、动作艺术等，对每一位田径教师而言都有着重要的意义。

（一）讲解

讲解，就是教师运用语言向学生对所传授动作技术的名称、概念、要领、原理、作用和练习方法进行讲述、分析和解释，它是田径教学中最主要、最常用的一种方式。因此，对于讲解的要求较高。

1. 讲解要简练

讲解要简练，这是一名田径教师应掌握的教学技巧。讲解不仅要做到言简意赅、恰到好处，而且还要能够运用术语和口诀进行讲解。技术课中的讲解应突出重点，抓住要领，容易理解，便于记忆，以达到确切地表达动作的技术结构和要领。

2. 讲解要生动、形象

教师要充分理解教学内容，掌握一定的语言技巧，运用贴切有趣的比喻进行教学。如在背越式跳高的过杆技术教学中，用"仰头—引肩—倒体—挺髋—收腿"的过杆顺序，来说明过杆要快，要在杆上呈现出背弓。这样才能使讲解生动、形象、具体，从而激发学生的学习兴趣。

3. 讲解要有针对性

教师要了解教学内容的重点、难点以及教学对象的实际情况，针对所要解决的问题进行讲解。如对动作的讲解，可以根据动作训练的三个不同阶段，而有所侧重、有所区别地进行讲解：（1）粗略掌握动作阶段的讲解，主要使学生明确动作的意义、结构、要领和方法，对动作的细节暂不多作要求。（2）改进、提高动作阶段的讲解，主要是进行动作技术分析和正误对比，找出产生错误动作的原因与纠正方法。（3）巩固动作阶段的讲解，主要是提出动作的难点与关键，以便改进动作的细节。

（二）示范

示范是教师（或指定的学生）以具体的动作为范例，使学生真实地感知动作，直观地了解所要学习的动作的形象、结构、方法等，让学生能建立正确的动作表象。正确、优美地示范动作，可以提高学生的学习兴趣，并产生跃跃欲试的心理。

1. 示范首先应具有准确性

教师按照田径技术动作的规范进行的示范动作，做到动作规范准确、姿态优美熟练、幅度大且节奏强，这样能够准确地显示出动作的技术结构和过程。另外，教师示范动作要准确地选择示范的位置和方向，使每个学生都能准确地看清教师的示范动作，为使每个学生都能看清动作，应根据动作调整队形，选择最方便最安全的位置。

**2. 示范应具有适时性和完整性**

在教学的初学阶段，教师可以先做几次完整的示范动作，让学生了解动作的技术概念。然后，再根据教学的要求，并结合动作的要领，进行分解示范，让学生了解动作之间的联系与区别，加深对动作的印象。

**3. 示范应具有自控性**

教师示范时，要保持稳定的情绪，能够自我意识到示范动作的现状，掌握示范动作的质量，控制示范动作的程序，使示范动作优质化，教师切忌利用示范的机会进行自我表演。另外，教师在示范时，还要控制学生的情绪，培养学生的心理素质，逐步提高学生的观察能力和分析能力。

### （三）练习

练习是将知识运用于实际并把知识转化为动作技能的根本途径，是提高身体素质、增强体质、培养优良体育作风的基本手段。所谓"精讲多练"，是田径运动技术教学的基本原则之一，这就要求教师在教学中充分运用语言艺术，合理利用时间，提高练习密度，以更好地完成教学任务。所以，教师在安排练习时应注意以下几点。

**1. 要注意练习的多样性**

多样的练习具有一定的灵活性和趣味性，可以取得良好的教学效果。它不仅可以提高学生的练习兴趣，保持学生的注意力，还可以引导学生在练习中灵活运用所学知识，有助于发展学生的认识能力和创造能力。教师在指导这方面练习时，不能只注重练习的数量和形式，而要从各种角度，突出每节课学习的重点、难点。有的教师在安排练习时，不注重这些，只求练习形式的多样化，这样就势必影响学生的学习质量，无法达到真正的练习目的。

**2. 要注意练习的适量性**

练习的量和强度都要适当，也就是要有适量的运动负荷。教师要遵循人体生理机能的活动变化的规律，根据教学任务、教材内容、学生特点、场地、器材以及气候条件等情况，合理地规定并适时调节运动负荷。

**3. 要注意练习的实效性**

练习要讲究实际效果。在教学中，要引导学生把已掌握的运动理论知识运用到实际训练中去。要教育学生掌握正确的练习方法与步骤，以提高练习的自觉性，还要合理安排运动的间歇时间，从而取得良好的练习效果。

在田径教学中，讲解、示范、练习是相互制约、互相促进的三要素。讲解重在理论，示范重在直观，练习重在实践，只有将三者有机地结合起来，并巧妙地运用到田径教学的各个环节中去，才能上好一堂生动有趣、有实效的田径课，才能圆满出色地完成田径教学任务。

## 四、田径运动技术教学能力的培养

### （一）田径运动技术的教学能力

在田径课程教学中，田径运动技术的教学能力直接反映了教师的综合能力与素质。要想成为一名合格的田径运动教师，就必须加强专业技能的学习，具备扎实的专业理论基础，同时还要不断提升其实践技能和教学能力，以提高教学质量，提高学生学习效率。

1. 田径运动技术教学的讲解、示范能力

（1）田径运动技术教学的讲解

田径运动技术教学过程中的讲解是教师在技术教学活动中充分利用学生视觉、听觉感官系统功能，采用语言的表达、描述结合形体、手势表达的方式，向学生传授动作技术理论知识、动作的基本技术，培养学生逐渐形成良好的动作技能，培养学生应用理论知识与运动技术进行实践能力的基本教学方法。教师在进行教学时巧妙地运用语言是学生在听课的过程中不知不觉地就记住了教师所讲的内容，通常教师的讲解都要带有趣味性、疑惑性、讨论性等。这样能勾起学生与教师互动的欲望。这样教师更能把握住本堂课的内容不流失，能把握学生多数能听懂。在讲解技术动作的时候要生动形象，让学生更容易记住。

（2）田径运动技术教学的示范

在体育教学中，教师要想实现教学目标，就必须通过亲身示范帮助学生建立一个清晰的动作表象，以使其最终掌握学习要领。因此，动作技术示范能力是田径运动技术教学中教师必须具备的基本能力，是教师进行教学极为重要的基本功。田径运动技术教学示范动作有以下特点，准确性、规范性和熟练性。这几个特点缺一不可，在给学生做示范动作的时候要很快、很准、很标准的就做出来，如果你都在那里犹豫半天，那你这节课肯定就失败了。当然在做示范动作的时候还要适当的加上巧妙地语言讲解，这样更能使学生在学习动作的过程中建立正确的动作技术概念，从而将大大地提高教学质量。

2. 组织教法、观察分析能力

众所周知，田径教学通常在室外完成，因此教师的组织教学能力就显得尤为重要。当某位学生被安排都承担教学学任务时，他就需要在课前准备好教案，并保证教案图文并茂、文字清晰、有动作要领等。所带领同学做的准备活动要与本节课授课内容相符合，同时要有创新，所做的游戏也不能一样。在此过程中，学生的学习主动性和积极性得以充分发挥，有利于其组织能力和观察分析能力的提升。

3. 综合教学能力

田径运动是一项考验运动员体力与耐力的运动，对运动员的各方面要求都很高。教师通过田径教学可以有效地提升学生的意志力和忍耐力，培养其吃苦耐劳精神，强化其心理素质。在整个教学环节当中，教师既是整个教学活动的组织者，也是教学内容的传授者，因此除具备基本的专业理论与实践技能外，还要具备过硬的心理素质与综合教学的能力。此外，教师还要注意对学生进行思想教育，提升其思想水平，在教育时不可一味说教，而应坚持"以为人、为学、为师"三为教育为重点，着力做好教职员工的思想宣传工作，以社会主义为核心价值体系为主题，不断加强师德师风建设，多组织开展教师座谈会，积极宣传报道优秀教师教书育人、潜心学术的先进事迹。培养学生吃苦耐劳、团结友爱、互帮互助的优秀品质。

（二）田径教学能力的内涵与外延

1. 田径教学能力的内涵

所谓田径教学能力，就是指授课教师根据田径课程的自身规律，选择科学合理的教学方法，向学生传授知识、技能、方法以及培养其意志与品质的能力，它包括获得田径知识与技能的能力、田径求知能力以及实践教学能力三部分内容。

2. 田径教学能力的外延

田径教学能力的外延主要由田径教学设计能力、田径教学实践能力以及田径教学评价能力三部分组成。

（三）影响田径运动技术教学能力培养的主要因素

1. 体育实践环节时间分配和安排不合理，缺乏较为系统完善的田径课程教学机制。目前，高校田径运动专业在课程设置上过分强调理论知识的重要性，而忽视了实践训练，没有把实践课程真正的融合到教学中，实践总是少于理论，严重影响了田径运动的整体教学质量，不利于田径运动专业的长效发展。

2. 缺乏科学有效的课程考核机制，影响了课程的学习与评价效果。学校应该制定科学有效的考核机制来对学生进行教学考核，以进一步明确学生的教学能力情况，同时更好地指导学校的教学活动，及时弥补教学中存在的缺陷与不足，从而提升教学效果与质量。然而从总体来看，目前田径运动专业人才培养中缺乏合理有效的考核机制，学校无法了解学生的教学能力和专业技能掌握情况，从而制定行之有效的解决方案，导致教师在考核评价上出现漏洞，影响评价效果，不利于学生的健康成长与发展。

3. 田径运动专业基础教育与实际需求严重脱节，人才培养标准存在偏差。据有关研究数据显示，目前高校体育教育专业改革步伐进一步加快，体育教育改革取得了新突破。但与此同时，很多学校还在沿用传统的教学方法与模式，造成专业基础教育与实际需求严重脱节，人才培养质量不高，无法适应当前外部社会经济发展需求，造成了资源的极大浪费。

（四）提高体育教育专业学生田径教学能力的方法和途径

1. 分解技术教学法

分解技术教学法是指根据动作技术的结构特点和动作过程的各个阶段（或技术环节），将完整的技术动作分解成几个相对独立技术部分进行教学的方法。打个比方说，如果以跳远为例，那么跳远的步骤分为四个，助跑、起跳、腾空和落地。那我们在使用分解技术教学法的时候就要先学习第一步助跑，在助跑掌握之后，再学习起跳，当起跳也掌握了后就学习腾空，最后学习落地，在四个动作技术都学习完之后就把四个动作连接起来练习。这种分解教学法诠释了在田径动作技术的学习中要逐个逐个的学习，完全贯穿了动作的由易到难、由简到繁的特点。分解技术教学法具体是针对学生对所学的动作技术内容难度较大、结构较复杂、动作技术基础相对薄弱的情况进行采用的教学方法。

2. 完整技术教学法

完整技术教学法是指在田径运动技术教学过程中根据动作技术的程序和结构特点，采用完整的、不分割动作技术结构和内在联系，以完整的动作技术形式进行教学的系统方法。就是学生已经有能力完成整套技术动作的时候所采用的一种教学方法，此时的学生已经有了一定的技术动作概念。一般采用这种方法都是在该动作难度很小的情况下。老师一讲学生便能在头脑里面表象出来的动作。采用完整技术教学的方法通常是在动作技术教学初期用于建立正确的动作技术概念时和教学的中后期使学生学习掌握、改进提高动作技术形成良好的动作技能时进行。但是不管是什么教学方法，都应该从实际出发，在一些教学过程中通常都是完整教学法和分解教学法相结合的，从而更能发挥教学的效果，但是对一些动作结构相对简单的教学内容教师可以直接采用完整教学法来完成教学内容，这样效果既好，又节约了大量的时间去学习新的东西。

### 3.注入式、启发式的教学法

注入式与启发式是存在于不同教学阶段的教学理念，它们是在多年教学研究与探索中教学原理与实践相结合的产物，是现代田径运动技术教学的科学理念。在教学过程中总会有一些影响因素，比如出现学生的体质问题、学校环境、场地设施、教学的阶段性特点等因素时应该科学合理的采用注入式和启发式教学法，这样更能提高我们的教学效果，更能让学生学到新东西。这一教学法是值得我们深入研究探讨的问题。没有一种教学方法是全面的，每一种教学方法都有它的优势和局限性，所以在采用教学方法时必须与实际结合，采用综合应用的方式和整体教学的观念来进行教学，综合运用各种不同的教法从而使各种教学方法相互争长、优逆互补，最大限度地发挥其整体功能。

## 五、田径运动技术教学的改革与对策

### （一）加强对田径运动的宣传

体育老师应该扩大田径运动的宣传面，对学生加强田径运动和锻炼价值的教育。校领导应重视开展体育文化节，班主任应多开展有关田径健身锻炼的主题班会，社团应该多组织田径运动比赛活动，使学生充分认识到田径运动不仅能增强体质，而且可为今后的学习和生活打下良好的基础，也为今后走向社会继续参加体育锻炼掌握一定的方法。

### （二）改变传授方式，注重培养学生对田径学习的兴趣

老师为中心，学生围着老师转的传统教学方式，遏制了其主动性，影响了学生的学习兴趣，时间久了，会造成学生对田径项目学习的抵触心理，使田径运动无法深入开展。因此，我们必须改变传授方式，激发学生兴趣，通过大量的引用事实教育让学生明白田径运动功能，转变对田径运动的认识，明确参加田径锻炼的价值，接受并重视这项运动。还要针对课堂练习积极性不高的学生，激发他们的学习兴趣，通过田径技术教学使学生获得技术学习上的进步，让他们在体育学习上产生成就感，给学生创造一个相对宽松自由的环境。另外还要根据田径教材的不同特点，充分利用课堂教学艺术，用成功教学法、快乐教学法、需要教学法等方法激发学生学习兴趣，保持学生练习的积极性。

### （三）各种教学方法灵活使用且有机结合，创新趣味性、实用性田径教学

#### 1.讲授法与讨论法、研讨法、现代技术教学法相结合

对田径基础理论、锻炼处方、体育赛事欣赏等内容的教授主要是在多媒

体教室中进行，教学方法的运用注重课堂讲授、课堂讨论与网络互动相结合。在教学手段上主要采用网络互动化平台教学、PowerPoint 幻灯片、录像资料、投影或电子教材。

2. 分解教学和完整教学相结合

根据学习动作的难易程度分别采用分解教学方法和完整教学法进行教学。在教学手段上主要采用技术录像、幻灯演示技术动作的同时，还对课程实施全程录像，然后结合录像及时反馈及现场观察进行互动评价，将原来的"教师一言堂"改为"运动现场讲解"，实现了学生、教师、课件信息（录像）之间的三维交互。

3. 示范法、观察法与模仿法相结合

对新授技术动作主要采用示范法、观察技术录像等方法，学生通过观察技术动作结构在进行模仿练习，在此过程中对学生自己的技术动作也采用全程录像，达到及时反馈，而教师则通过观察学生的模仿练习做进一步的教学指导。

（四）体育教师要提高自身的素质

学生在体育课程学习中主体性发挥得如何，关键取决于教师的主导作用。要充分发挥教和学两个积极性，任何贬低体育教师在课程教学中的地位与作用的认识和做法，都应该防止和纠正。教师要不断提高自己的素质，解放思想，转变观念。学校也应该采取措施，重视体育教师的继续教育，为教师学习先进的教学理念、提高从教水平创造机会。在职教师以攻硕、攻博为主要途径，提高教师的学历和学位，改善师资队伍的能力结构；以教研、科研为载体，锻炼队伍，提高教师的水平和素质，改善师资队伍的能力结构；以成果积累为考核目标，提高教师的资历和职称，改善师资队伍的职称结构。从而不断提高田径运动教学质量，使更多的大学生喜欢田径运动，接受田径教学，参与田径锻炼。

田径运动项目众多，技术复杂，加上其练习过程的单调、枯燥和劳累，在教学中我们要明确田径运动技术的教学目标，探索田径运动技术教学的方法。采用多种教学方法、全面的评价手段、多方的媒体运用，提高对田径技术教学的兴趣，从教师、学生全面提高田径技术教学的效果，发挥出田径运动的重要作用与地位。

## 第四节 田径基本技术原理教学探讨

### 一、跑的技术原理及其运用

（一）支撑反作用力是影响跑速的最重要因素

在明确什么是支撑反作用力的基础上，进一步要讲清两方面的概念。第一，当大腿前摆结束做下压着地动作时，脚着地点一般是落在身体重心投影点的前边，因而起阻力的作用。着地点距重心投影点越远，产生的阻力越大，同时还与该腿膝关节的伸直程度有密切关系，伸得越直，产生的阻力也越大。在这个理论指导下，大腿下刨（下压）和小腿后扒动作必须积极快速，以缩短着地点与重心投影点的距离。同时，还要着地瞬间主动积极屈膝屈踝，共同实现缩小着地产生阻力的目的，绝对要防止大腿下刨不快，却向前甩小腿，绷脚面消极性着地的错误动作，因为这会产生很大的着地阻力；第二，在后蹬结束时，脚支撑点处在身体后边，蹬伸时起推力作用，作后蹬动作应力求先伸髋关节，再伸膝、踝关节，而且要基本伸直，使后蹬角尽量小一些，这能使地面反作用力方向趋于水平向前。而绝不可能先蹬踝关节造成后蹬角过大，致使向前推动力减少和重心起伏过大，造成体力浪费。

（二）跑的动力来源及增效途径

跑的动力主要来自两条腿依次不断对地面快速有力的鞭打式的"刨蹬"（即大腿向下刨压接小腿后扒、以脚向后蹬地的快速连贯动作）动作而产生的向前支撑反作用力的多次积累。其增效途径主要有：第一，按自上而下的顺序用力后蹬。腿的蹬地动作都要按先腰髋，后膝踝的顺序用力蹬（伸）开，这样能保证产生较小的后蹬角，从而获得较大的向前水平分力和速度；第二，摆与蹬同步动作。当向后蹬地与向上方摆腿同步进行时，能产生最大的向前运动的力。如果进一步能使两臂的摆动也同步完成，效果会更好；第三，合理发挥各类肌肉群的特长。一般大块肌肉力量大而速度稍差，而小块肌肉则速度快、力量小。在起跑、加速阶段，是需要大肌群的时候，应以伸髋蹬地动作为主，配合膝关节踝关节的蹬伸，迅速摆脱静止，尽快增加速度。这时不必让小腿和脚超强度用力，防止体能的浪费。而当达到高速度段时，则应在保持大肌群快节奏的状态中，突出小肌群速度快的优势，快速扒蹬地面保持高速前进。

（三）跑的阻力来源及其削减途径

跑的阻力来源于以下几点：第一，大腿做下刨着地动作时不积极，小腿后扒也不快，导致脚着地点偏远。再一个就是踝关节僵硬（没作及早屈踝缓冲），像一根棍子支在体前形成较大的阻力（着地有搓地声）；第二，着地后的后蹬动作用力顺序不对，髋关节没充分伸开就过早伸膝伸踝，也产生较大的阻力，表现重心起伏较大；第三，使跑的动作熟练，达到自动化，消除不协调的肌肉内部用力干扰，也就降低了跑的阻力。

（四）体能浪费与如何节能

跑的效果除取决于推动和阻力之外，还和肌肉能量供应有直接关系。跑的过程如果耗能太浪费，则肌肉工作能力下降。体能浪费的渠道主要有：第一，不协调动作和多余动作浪费了大量体能。如：颈部面积肌肉的紧张，不正确的摆臂等动作。第二，助跑中身体起伏过大，左右摇摆 " ，坐着跑"，浪费了两腿肌肉大量能量。第三，不必要的超强度用力，比如：百米跑途中已达到了提高速度，却仍继续高强度用力，结果速度虽提高，却耗掉了大量体能，造成跑的后劲不足。节省体能的途径有：第一，改进技术，达到熟练自动化程度。另外，还要消除精神紧张；第二，合理发挥大肌群和小肌群的特点，颠倒了就会浪费体能；第三，学会"高重心跑"；第四，充分利用"惯性跑"，尽量减小着地阻力（通过积极下刨着地，使着地点更近）。

## 二、跳跃技术原理及其运用

（一）助跑最后 4 步技术特征

跳远助跑最后阶段（一般指最后 4 步）是个特殊阶段，它是由助跑转为起跳的过渡转化阶段，直接影响起跳效果，正确理解和掌握这 4 步的技术具有重大意义。其技术特征表现在以下几点：

第一，保持适宜的高速度（指确保能作出充分的起跳动作）和积极的快频率。如果用最高速度跑这 4 步，就会使起跳动作无法完成，因为起跳这个动作，需要较大的向上蹬伸距离，动作幅度与跑动作的后蹬相比要大一些，所以水平跑速太快，就做不出充分的起跳动作，导致跳不起来。保持积极快频率，体现特殊的节奏（最后第 2 步大，而第 1 步小），这是为了在倒数第 2 步时起跳腿加强后蹬，增大向起跳板进攻力度。最后 1 步尽快积极落脚踏跳，自然出现步长较短。倘若最后 1 步向前远迈（步长大了步频减低）就会影响重心顺利过渡到支点向上升起，甚至增大体重对起跳的冲压力，无法以爆发用力做起跳动作，还是跳不起来。

第二，思想意识上及早做好"即将爆发用力起跳"准备。有思想准备才能在极短瞬间作出完整起跳动作。由于有思想准备，在动作外形上（侧面观看）表现出这 4 步的前摆幅度稍大些，后摆幅度稍小些，意在备足力气立刻起跳。倘若无思想准备，就做不出充分的快速起跳动作。

### （二）起跳技术要素分析

#### 1.掌握起跳瞬间的身体姿势规格

起跳脚刚刚触地瞬间，上体适度（约 10°）后仰，起跳腿着地角（后角）约 63°～70°，足跟领先触地，位于重心投影点前约两脚长（这个姿势与短跑着地瞬间姿势明显不同，却稍微有点像跳高的成分），这就能保证后面的起跳蹬伸动作产生向上升起的效果。如若姿势近似跑，则起跳只能像跑一步而过（为数不少的同学是这种错误）。当然太后仰，象跳高那样起跳，由于产生水平阻力，也不能取得跳远好成绩，只有明确了"姿势"规格，才能防止出现很多错误。

#### 2.掌握用力时机

用力时机对完成起跳效果有直接影响，时机稍稍延迟，就会明显降低起跳的腾起角。初学者多数人是在感知下肢着地了才开始用力蹬伸，这就晚了，应该懂得稍提前用力（在即将着地时就做快速蹬伸，在伸展中踏板），可以运用"预紧张"技术效应，使蹬伸反作用力正好把身体重心抛向适宜的腾起角。

#### 3.起跳脚着板蹬伸的方式

强调以足跟领先着板滚动式起跳蹬地，而不可以悬着足跟去起跳，否则就跳不起来。分析其原理，第一，滚动式着板起跳能在着板时处于放松休息状态和被拉长状态，把伸踝关节肌肉群的能量贮存起来待用（蹬伸时发挥其巨大威力）。第二，可以使地面反作用力充分利用到小腿骨和髋部，如果悬着足跟起跳就会大大减小起跳效果。

#### 4.参加起跳用力的部位

起跳动作不是单由腿脚完成的，而是全身协同用力完成的，可以说包括 3 大部分：起跳腿的蹬伸；提肩拔腰（脊柱伸展）和两臂一腿的摆动。这 3 大部分中有一个部位未发挥作用或没充分发挥作用，都能不同程度地影响起跳力量。

5. 思想意识上的用力方向和用力方式

主观意识上的用力方向和用力方式，直接控制、影响着动作的效果，比如快速跑的后蹬动作，意识上用力方向是向后的，而且是由髋至膝踝的顺序蹬伸的；立定跳远的用力方向是向后下方，而跳远的用力意识是向垂下方的，用力方式是全身各有关部位同时快速用力（爆炸式），以确保身体重心在脚支点的垂上方得到最大起跳反作用和较大腾起角。

6. 起跳结束瞬间的姿势

起跳结束瞬间的身体姿势，能反映起跳动作的正确性。正确姿势包括：头部和躯干微呈后仰，蹬地角（脚支点与髋关节连线与水平线所夹小角）约75°。这两个指标出现偏差，比如上体前倾或蹬地角接近 60°，肯定跳不起来，因为它导致腾起角降低。

## 三、投掷技术原理及其运用

### （一）讲清最后用力技术概念

最后用力技术的概念虽然以动作方法为主，但最后用力前的姿势也不容忽视。因姿势是动作的基础，所以必须把最后用力姿势放在第一道工序上首先予以说明。

1. 最后用力姿势

最后用力姿势系指最后用力动作是在什么姿势上开始的，姿势若不正确，动作便不易做对。确定正确姿势的原则，第一是具有稳固的支撑架；第二是身体处于后倾、扭紧和压缩状态（即超越械）；第三是发力后容易促使按正确顺序用力。

2. 最后用力方法及依据

最后用力的方法，无论什么项目，都体现出自下而上按顺序急加速用力，并相继以同样的顺序立即制动的规律。第一，充分发挥并利用身体各部肌群功能的特长而获得高速度。从用力的三大环节的肌肉功能特性分析，由下至上各部位肌肉的力量逐步降低，而速度却逐步增高。所以，依次连贯用力可有效获得高速度。第二，利用转动惯量转动效应获得速度积累。动作的第一环节腿髋转蹬造成腰底部增速，躯干的擂起又使上部的肩增速，再由肩部动作促使小臂和手再次增大速度。经过这三次多节转动，不断增速，在最后的手部获得最高速度。第三，充分利用肌肉"牵张反射"原理，通过连贯依次用力，达到以下促上而产生上部肌肉瞬间被动拉长的"牵张反射"效应（在被动拉长之后立即用力，会产生超高力量或速度）。第四，在正确的最后用力姿势中，依序用力。由于腿髋是第一动，使肩落后于髋更多些，这就容易使器械出手角度处于正确范围，而若是先动肩，则会导致出手角度降低。制动，也要按上述三大环节依序进行。当下部的腿髋蹬转结束瞬间，立即撑住两腿，加以固定（定中有进）为第一个制动。它的作用之一是把下肢的动量传到腰及躯干，作用之二是确定躯干部位的用力动作具有坚实的基座，防止作用力因存在缓冲而受到损耗。同理，在躯干用力结束时也要即刻立直（制动），便于使投掷臂的动作有坚实的基座和处于最高的出手部位。

## 四、技术原理与教学规律在田径教学中的运用

（一）技术原理与教学规律的内在联系

技术原理与教学规律是对立统一的整体，即既相对独立，又密切联系的统一体。

1. 二者是相对独立的。

技术原理产生于运动技术动作，来自各单项及单项之间的技术过程；它总结出了技术动作规律以及在田径运动中各同类单项在技术、要求、特点等方面的联系，以此指导着运动动作的实践；教学规律产生于教学实践，来自教学手段，教学方式等；教学规律是教学实践中教学经验的总结，并指导着教学过程的一切教学手段和给教学的客体提出要求。因此二者所针对的主体并不相同，在实质上是有区别，并独立存在的。

2. 技术原理与教学规律是统一的整体。

首先，技术动作是教学的基础，教学是技术动作的体现，没有技术就没有教学，反之，没有教学就没有运动技术的传递，教学是学习运动技术的最重要手段，显见二者是有机统一的。在技术动作的绵延与改进的过程中同样伴随的教学手段与方式的不断科学化，同样，教学过程中不断地经验总结，也为技术发展与更新创造条件，并以此为依据不断发展和变革。其次，技术原理与教学规律从"原理"上来看是相同的，二者均为经验总结，同时也指导着实践。技术原理的主体是人，教学规律的主体同样是人，二者在"人"的身上得到有机的结合，没有技术原理就没有教学规律，没有教学规律就无法体现技术原理，显见技术原理是基础，教学规律是体现。以"原理"为基础用"规律"去体现，也以"规律"的体现来扩张"原理"的基础，因此，从发展的角度来说，二者是相辅相成的，是同时发展的。

（二）技术原理与教学规律结合的优点

高校田径运动教学包括教学生"学好技术"和教学生"教技术"两个方

面，即教学生"学"和教学生"教"两个方面，在教学生"学"的过程中采用什么样的手段、方式，学生更能吸收技术理论和掌握技术动作；在教学上"教"的过程中又采用什么样的手段和方式使学生更能掌握教学的方法与手段并能自如的运用。这对于高校田径教师来说是一个重要任务。因此从田径运动技术原理与田径运动教学规律上来看，清楚的技术动作过程，规范的示范动作，仔细、合理的技术分析，技术重难点的正确分析是教好田径技术的关键。显然技术原理为此提供了正确的依据和动作分析的方便，而教学规律的指导为正确的教学过程提供了依据，从教学手段、方式和要求的采用上有着重要作用。这样，两者的密切结合有如下优点：其一，学生在学习技术动作的过程也是体会、领悟怎样教学的过程，即正确的运动技术与科学的教学方法能给学生学技术与怎样学、练技术的正确引导。其二，田径运动某一单项技术动作的掌握可为其他同类甚至不同类单项动作的学习和掌握奠定基础，从技术原理上来说，是提供动作分析的依据，从教学规律上来说是提供练习及自我训练的依据。其三，教师在教学中对动作环节、要领、特点、要求等的分析及教学手段、方式、过程的采用，可为教好其他同类甚至不同类项目提供方便课的结构，运动负荷，辅助练习，易犯错误的发现，课后要求等，从技术原理与教学规律上来看，同类项目是统一的。其四，掌握技术原理的基础上，怎样运用技术原理的要求须遵循教学规律，而在采用教学手段及方式上也需与技术原理相联系，从高校田径教学上来看，使学生能掌握"原理"与运用"规律"对完成教学任务也显得特别重要和适用。

（三）原理与规律结合的方式及运用

这里谈二者的结合，应是在运用的基础上进行的结合。在高校《田径》的教育、教学及训练的整个过程中，都包含着田径运动技术原理与田径教学规律的运用。显然二者的结合运用显得尤为重要。其结合方式有以下几个方面。

1.技术原理的分析可从各单项技术入手，分析技术环节，技术特点，力学特征影响因素等，可以同类项目的共同特点进行比较，并在教学过程中以正确的手段进行安排和设计。如：以投掷运动为例，通过技术原理，我们知道投掷技术由器械握持、助跑、最后用力、出手后的平衡四个环节构成，其中：最后用力是投掷技术的重点；助跑与最后用力的衔接是技术的关键；器械运行符合斜抛物体的规律，并受重力、空气阻力等影响，在教学中通过掷铅球技术的学习，可在仔细分析其技术原理的基础上，以同类项目（如掷标枪技术）进行比较，这样可使学生深刻领会投掷技术原理，并为掷标枪技术的学习打下基础。

2. 分析教学规律，可从体育教学原则入手，运动技术的技术原理的运用应遵循教学原则；技术原理的分析与掌握过程应采用正确的教学方式和手段。体育教学的整个过程是体育教师在体育教学原则的指导下，合理安排每一次教学、训练的过程。教学中对技术原理的运用必须遵循这一原则。技术动作的掌握以专项应有的身体素质为基础，并应考虑学生身体及心理状况设计教学，才能为更好地掌握技术、理解技术原理创造条件。

3. 在掌握和明确教学规律及技术原理的基础上，在教学过程中体现技术原理的运用，在运动技术的分析过程中，体现教学规律的应用。对于规律和技术原理，必须在理解、掌握、明确的基础上才能进行灵活运用，技术原理的运用是教学过程的合理安排，而在"原理"的运用过程中，须遵循和运用教学规律。如在跳跃运动技术的教学中，应根据其技术特点安排教学进程，而在不同的技术环节中应有不同的教学方式和手段。

4. 在田径运动的教育、教学和训练过程中体现教学规律的运用，而运用的载体当以技术原理的分析为重点。

田径教学过程就是体现田径教学规律的过程，在完成每一单项的教学、训练过程中，均要以技术原理的分析为重点，这可提高对已学技术的理解程度，同时为后学项目打下基础。

# 第七章 走跑类田径项目教学与训练

## 第一节 短跑

短跑是世界体育史上最古老的体育项目，是田径运动的基础。该项目是体能训练的重要组成部分，不仅需要速度，而且还需要速度力量，同时必须要增加一定的技术含量，并且具有周期性的特点。在短跑比赛过程中，运动员只有尽其所能，发挥最大的体能与速度，用时越短成绩越佳。因此，属于无氧供能方式的极限强度运动项目。近年来，随着现代社会的不断进步，田径运动项目也获得了很好的发展，不仅运动场地建设标准越来越高，而且相关的训练器械也在逐步改进。由此田径短跑也表现出很多新特点。对现代田径短跑项目的特点进行研究，其目的是更好地提高短跑运动成绩提供科学的理论依据。

### 一、短跑项目特点分析

#### （一）良好的短跑技术特点

短跑项目技术越好，越能促进运动员注意力的提高，更能提高运动员的肌肉协调能力，使神经功能调节处于一种非常良好的状态，使运动员的动作更加规范，挖掘运动员更好的潜能，使其获得更好的发展，实现理想的目标。而对于短跑技术而言，还要具有良好的放松技术。由于短跑项目速度极快，短时间的体能消耗迅速增加，通过有效地放松技术，更能使运动员的潜能得到挖掘。经过神经系统和肌肉系统的完美配合，达到最佳的运动状态，更加符合人体生理要求，依照短跑技术最大化的调动机体的协调能力。对于当前的短跑技术而言，放松协调能力逐渐受到广泛关注，提高其良好的技术，才能获得更好的效果。

1. 短跑途中跑摆动技术

对于短跑项目而言，其具有周期性特点，且在跑的过程中通过支撑、腾空二者的交替作用，通过蹬摆等动作的相互协调而实现。而在整个过程中，跑具有速度性以及距离性的特点，确保速度与技术，使其发挥更好的运动效果是最重要的。而跑摆动作对短跑成绩的提高起着决定性的作用，这个动作的形成主要由折叠前摆与下压着地二者共同来完成。而基于该动作的分析，摆动动作与大腿协调，经过努力前摆以及屈髋，使得该动作的作用提高，由此使得步幅进一步加大，增加跑步的频率。

2. 短跑后蹬技术

在进行短跑项目时，人体重力的克服可以通过后蹬动作来予以克服，进而产生向前的推力。在此过程中，人体各关节都发挥极大的运动作用，相互配合，进而增加后蹬的作用，抵消重力而向前加速。尤其是髋关节的作用更为重要，对后蹬效果的提升起着决定性的作用。

（二）短跑项目力量特征

1. 短跑专项力量特征

运动速度爆发力是短跑项目中最重要的专项力量，为了达到理想的短跑效果，运动员则要在静止前提下，急速的提高跑的效果。所以，短跑专项力量必须要加强速度性力量的提高，只有将这项力量提升到新的高度，才能进一步提高短跑运动员的成绩，而且在此过程中爆发力也是至关重要的内容，对速度力量有着非常重要的影响。为了达到该项力量的最好效果，必须要进行有效的专项训练，进而使得肌肉得到充分训练，更好的发力。通过有效地训练，提升速度力量，而且在此过程中，还要与专项技术进行配合练习，使其协调性更加利于短跑发力，取得优异的成绩。

2. 短跑快速力量

针对该力量而言，主要是在神经以及肌肉进行相互配合的前提下，通过速度上的提升，使得最大力量得到充分体现。该力量需要运动员通过极短的时间，提升速度，进而通过速度带动人体进行快速移动，对短跑项目的最终成绩起到非常重要的影响。就短跑快速力量而言，不仅包括启跑时的发力，同时还包括运动员的反应速度，而且其中爆发力也起着关键性的作用。

（三）短跑项目供能特点

就短跑项目而言，其是一种极限运动，具有周期性的特点，而且短跑过程中身体器官处于一种缺氧的状态，属于一种无氧运动。而在进行短跑的时候，ATP-CP 系统是为短跑供给加速能量的最主要的系统，而糖酵解系统能够给速度耐力提供充足的动力。田径运动当中，百米冲刺是其最具代表性的运动，不仅耗时短且具有非常大的强度。无氧氧化供能是为其提供能量的主要方式。为了获得短跑的良好成绩，身体代谢能力通过ATP供能以及CP储备为短跑提供重要的生物化学基础。磷酸肌酸在体内的含量对短跑效果有着重要的影响，将ATP-CP系统尽量地予以延长，有效减少糖酵解系统供能比例。短跑项目中的200～400m跑，糖酵解供能系统发挥着重要作用，为机体提供重要能量。在机体急速运动的过程中，糖酵解输出尤以35s左右更为突出，这时能够达到最大的功能量，是提高肌肉运动关键。肌糖原酵解为机体提供能量，主要发生在400m后程短跑阶段。运动员速度耐力的高低主要是由糖酵解系统来实现。

## 二、短跑项目体能特征

速度性以及体能主导是短跑项目的重要特征，对竞技能力影响较大的为速度，而且获得短跑最佳成绩的重要因素与体能的关系也非常密切。

### （一）短跑项目形态、机能特征

对于短跑运动员而言，个体差异是不可避免的，好的运动员，首先其具有比较匀称的身体，身体机能好，肌肉弹力强，体型偏瘦，与大腿的长度进行比较小腿略微长一些，足部跟腱一般都相对长些，踝围不大，臀部健硕，略显上翘，手腿细长，躯干稍短。为达到理想的短跑效果，运动员的肌肉呈现快速的交替收缩和舒张，具有非常好的神经灵敏性，处于兴奋运动状态。然而因兴奋与抑制快速地进行神经交替，在此过程中疲劳的情况极易发生。供能特点在短跑上主要是通过无氧糖酵解进行机体供能，又因短跑时间问题，要求具有非常好的无氧耐力。所以运动员的呼吸系统以及心血管系统必须具有强大的机体供能。确保运动员的身体需要。

### （二）短跑项目身体素质特征

运动员必须要具备良好的身体素质，才能满足短跑项目的需要，在此基础上不断地提高短跑的速度素质。在进行短跑的过程中通过身体的素质机能结合短跑技术，克服体重，快速地进行身体位移，完成短跑运动动作。获得更高的速度素质只有基于力量上的发展才能不断地进行提高。而且在短跑的过程中，运动员必须要快速的对信号进行及时反映；同时更好地协调肌肉，通过有效的放松技术，而且还要加强髋关节，使其发挥最大的运动作用。并且运动员还应当具备超强的灵敏性以及柔韧性，综合素质全面发展。

（三）短跑项目的专项体能特点

该特点是短跑项目中为获得优异的成绩，所进行的机体高强度专项体能，能够确保运动员适应竞技过程中的高速运动状态，取得良好的成绩。就专项体能而言，主要包括专项运动力、速度以及灵活度和控制肌肉的能力等多个方面。综合以上认为，该体能特点，是基于运动员优良的本身素质的前提下，不断锻炼发展，提高短跑综合素质的能力。运动员虽然各具特点，但从相态特征上而言其都非常适合短跑运动。运动员为获得更好的短跑成绩，需要进行相关的体能训练，从而保证身体机能和素质综合发展，满足短跑项目的需要。

## 三、对短跑技术进行分析研究

（一）运动员的心理分析

在运动员日常的训练或者比赛中，运动员的注意力集中也是非常重要的，而观众的存在以及对手多少会给运动员们造成一定的干扰，使运动员的注意力会不自觉转移。只有在运动员注意力高度集中的情况下，才能保证神经系统与肌肉系统充分协调，只有在运动员精神状态保持最佳情况下，运动员才能保证顺利完成技术动作，并能够发挥身体最大的潜能，进而能够取得最好的成绩。

短跑项目中，运动员在比赛过程中情绪会有波动，很容易受到外界的影响。在训练过程中，应加强对运动员心理承受能力的训练，从而能够降低外界因素对运动员的干扰。在比赛中，稳定好运动员的情绪，是发挥最大潜能的前提，更是赢得比赛的基础。

比赛过程中，运动员要有足够的自信，并保持着积极向上的态度，有一个健康的心态，拥有顽强的信念，能够认识自己的不足，并能够正视自己，这样在比赛中才能有信心取得更好的成绩。

（二）运动员的生理分析

运动员完成剧烈的短跑运动后，体内会出现乳酸，乳酸是强酸的一种，在体内积累到一定程度时，就会导致人体内的酸碱失去平衡，从而会导致人体内的机体工作能力下降，肌体过于劳累，成绩将会受到影响。所以，在短跑过程中，运动员应调整呼吸及节奏的控制，在放松的状态下进行，充分调动身体各个部位的协调性，在一定程度上降低能量的浪费。

（三）从运动学上进行分析

运动员的步长以及步频是决定能否取得胜利的重要条件。运动中人体肌纤维数目增多，进而加大了肌肉间的收缩力量及速度，在一定程度上降低了收缩的时间，从而能够大大地提高工作效率，加快了运动员的步频。运动员肌肉的放松，能够使身体的协调群进行有机的配合，使对抗肌达到放松的状态，进而提高各个关节间的灵活性，加大动作的幅度，增加了步长。

## 四、短跑项目中技术训练方法

### （一）针对力量的训练

短跑中力量的训练方式一般是对抗性训练、负重抗阻训练、借用力量运动器材等多种方法。对抗性训练就是采用双人进行推拉、负重蹲起等的练习形式；负重抗阻练习就是采用杠铃来用最快的速度来完成；借用运动器械可以锻炼运动员的腿部肌肉。在训练中，应合理安排练习，进行科学的、有针对性地练习。

### （二）身体柔韧度的训练

相关关节的幅度决定着身体的柔韧程度，这对短跑中的步幅有一定的影响作用。运动员训练中，要特别注意身体各个关节的协调性，在练习中，可以采用两个人相互压背练习，或者是站立伸臂的练习，在练习中应充分保证各关节的活动。拥有良好的柔韧性能够使运动员在短跑过程中最大地迈出步幅，各个关节相互协调，运动员的肌肉得到放松，并配合全身肌群的运动，进而提高运动效率。

### （三）针对速度的训练

运动员的速度在短跑过程中，起着决定性的因素，人体的肌肉力量以及肌肉的收缩频率是速度的重要前提。在速度练习中，提高肌肉的力量记忆收缩的频率，进而提高肌肉的协调能力。在平时的训练中，可以多做一些提高反应加速跑的训练，例如，在半蹲预备的姿势下，听见哨声立即起跳，反复练习等。

### （四）针对运动员步频的训练

日常的训练中，加强对原地摆臂的练习，可以对运动员设计一些小的游戏，能够锻炼手臂的练习。例如，听音乐进行击掌练习，什么音乐是击掌，什么音乐是摆臂，不仅锻炼了运动员的摆臂，也提高了运动员的反应能力。高抬腿能够加快运动员的步频。在原地练习高抬腿，站在原地高抬大腿，保持大腿间的夹角，并保证重心要稳。

（五）注意对运动员心理的指导

在训练过程中，运动员总是会急于获得成绩，没有意识到训练方法的重要性，一味地追求比赛带来的刺激。这样会导致运动员没有一个良好的心态正视比赛，只能在日常的训练中让运动员重视日常的练习，以一个正确的态度去看待每一次的训练，不能因为练习的项目简单就不用心去做。引导运动员在训练中，一定要保持健康的心态，并保证运动训练的有效性。

通过本文的探究，在短跑运动中要发挥人体的最大速度，并能够保持极限再进行突破，并保持最快速度；将步长与步频有机地进行优化，提高运动员的反应能力，能够在比赛中占得先机。有效的训练方法能够使运动员最大程度发挥自身的水平，根据运动员的自身特点，来制定有效的训练方法，是提高短跑运动成绩的重要因素。

# 第二节 中长跑

目前，竞技体育发展迅速，中长跑项目更是如此。通过对中长跑训练的研究，找到适合运动员的训练方法，满足运动员的需要。中长跑是田径教学的主要项目，由于中长跑运动量大且枯燥无味，学生的畏惧心理比较严重，再加上教学时数有限，因此，学生很难较好地掌握中长跑技术，教学目的很难达到。怎样使训练更加合理，尽快提高训练成绩，是广大的基层教师值得研究的问题。鉴于这种情况，本文对中长跑训练进行探析。

## 一、中长跑训练的特点

中长跑训练的特点是中长跑是一项极限强度的典型的速度耐力体能类运动项目，在全程跑中既要有良好的速度，又要有保持速度的能力，是属于调整速度耐力性项目。运动员欲取得优异的运动成绩，必须经过一个较长的训练过程。在这一过程中，要严格遵照人体运动机能逐步改善和提高的规律，才能达到最大限度地提高个体的运动能力，挖掘人体极限运动潜力，运动训练过程应有严格的训练计划，科学的负荷结构，艰苦的专项强化训练和有效的疲劳恢复措施。运动训练是一个动态变化的过程。

## 二、现代中长跑运动的项目特征

（一）中长跑运动是高速度耐力性项目

对中长跑来说，决定专项运动成绩的因素是速度和速度耐力水平。从当今中长跑技术和发展趋势来看，运动员要在比赛中战胜对手取得好成绩，必须具备较快的速度能力和良好的速度耐力。因此，速度耐力是训练的核心，耐力是中长跑运动的基础，而速度则是速度耐力的基础，专项素质是成绩提高的保证。

（二）现代中长跑运动的供能特征

由于中长跑运动项目对速度和耐力均有着较高的要求，因此，现代中长跑运动的供能特征应是由有氧代谢系统、磷酸原系统、糖酵解系统协调统一的供能方式。全面提高三者的供能能力，以及有氧、无氧混合供能能力将为中长跑运动的训练方法、手段和运动员成绩提高基础和重要保障。

## 三、现代中长跑运动项目的训练特征

（一）高度重视提高无氧能力和速度的特征

20 世纪 80 年代，有些教练员把中长跑运动项目作为纯耐力项目进行训练，结果对中长跑运动成绩的提高起的作用不大。到了 90 年代，人们对中长跑运动项目有了新的认识，认为它是一项以速度耐力为主的体能类项目，因此，教练员在训练中突出了速度和耐力训练。既发展运动员的快速跑能力，又要求运动员具备良好的速度耐力和肌肉力量。苏联拉祖莫大斯基认为：中长跑运动员需要具备快速、勇敢地从开始跑到最后，而且具有较好的短跑运动能力。

根据中长跑项目的发展规律来看，一般四百米成绩较为突出的运动员，往往在比赛中能够创造较为出色的运动成绩，所以速度是中长跑运动项目制胜因素的关键。根据中长跑运动项目在运动过程中的能量供应特点来看主要有：无氧糖酵解过程产生的 ATP、高能磷酸化合物的分解、有氧代谢。其中又以乳酸性氧债为主，非乳酸性氧债为辅的能量供应特点。因此，对于中长跑运动训练来说，需要高度重视非乳酸能无氧代谢能力以及发展运动员的最大速度能力训练，以提高运动员的无氧能力和绝对速度。

（二）高度重视提高速度耐力水平的特征

速度耐力的提高主要是通过发展运动员的糖酵解能力即乳酸能供能，它的最高值在 30 ～ 40 之间，最高可维持到 2 分钟。对于中长跑运动项目本身来说，运动员不仅要具备中跑能力，还要具备长跑素质，也就是说，既要有很高的速度能力，又要有良好的速度耐力。因此，在实际的训练过程中，教练员要注意练习强度和间歇时间上之间的搭配。强度不大则不能使乳酸值达到一定程度，不能提高机体对乳酸的忍受力；间歇时间过短，既不能使机能得到较为充分的恢复，使肌肉中的乳酸尽量排进血液。这样的训练结果导致对机体刺激不大，不利于发展乳酸能能力。在实际训练中间歇时间一般以心率恢复到每分钟120次为宜。同时还要注意：（1）用较长距离的段落发展速度耐力，训练安排不宜过频，既要保证一定的量和强度刺激，又要注意训练的疲劳和恢复；（2）在专项素质训练中，短跑练习时应注意配合一定的长跑练习内容。还要考虑到速度耐力的要求。（3）用短于专项的段落发展速度耐力，要求量要稍微大一些，间歇时间要适量短一些，有助于发展速度耐力；

（三）注重以短促长训练方法的特征

我国中长跑训练曾以耐力为主，速度耐力为辅的指导思想。它以发展运动员的呼吸、循环系统和提高有氧耐力为主要目的，结果导致整体水平的提高并不明显，速度和速度耐力水平一般，专项速度能力差。由此可见，这种指导思想存在一定的弊端。随着人们对中长跑项目运动过程中理解人体生理机能变化规律的认识不断深入，人从而打破了过去的偏重耐力训练，忽视速度训练的局面。采取短时间内的极限强度运动负荷或次极限强度的间歇训练、重复训练法来提高中长跑运动员的速度耐力能力水平，推进了专项竞技能力的提高。

（四）强调专项力量素质

训练的特征中长跑运动项目对运动员的体能有着较高的要求，还要具备一定的快速力量的耐久力、爆发力和神经肌肉的控制能力，体现一定的运动节奏，也就体现了神经肌肉系统的收缩与放松交替的能力。如果力量素质决定了腿的后蹬技术，限制了他们专项成绩的提高。随着现代技术的发展，中长跑运动员身体素质提出了更高的要求。运动员必须具备全面的身体素质，如：腹肌、腰肌的力量得到重视，忽视对腹、腰肌的训练，容易造成动作变形，导致中长跑运动员不能适应激烈的比赛，影响技战术的正常发挥。20世纪90年代，我国广大中长跑教练员主要侧重于下肢的前群肌肉的力量训练，而忽视下肢后群肌肉的力量训练；只重视下肢力量训练，而忽视上肢力量；只单一地重视腹肌力量或腰肌力量的发展，而不能把二者结合起来发展。

（五）增加负荷量及强度的前提下突出恢复性训练的特征

现代运动训练水平要想达到世界较高的水平，必须有扎实的专项身体素质，这样运动员在比赛的过程中技战术能力才能得到稳定的发挥。全面身体素质的提升需要不断地对机体增加一定的超负荷刺激，在适宜的生理负荷承受范围内，练习的负荷量和强度越大，对机体的刺激也越大，所收到的训练效果也就越理想。因此，现代中长跑运动项目训练负荷量和强度的安排是总是追求"最大化"原则。同时，需要考虑每个运动员承受负荷的差异性，从而决定了在每个训练的不同时划、阶段具体任务也不尽相同。训练负荷量和强度的最大化必然导致训练后的疲劳，这也是人体对一定适宜负荷的适应性变化。但是过度疲劳不利于训练量和强度的提高，甚至带来运动伤病，导致运动成绩的下降。当因此，当前中长跑训练的核心已经不单单是训练的量和强度的安排如何更加趋于科学化，而是要通过有效的恢复手段和措施加快有机体恢复的训练过程，努力提高恢复的效果，反过来为训练的量和强度的增加提供基础和保障。

## 四、中长跑训练方法

### （一）加强思想教育，注重意志力培养

在体育教学中，中长跑教学一直是一个难题，因为它内容比较单一枯燥，难以调动学生内在的兴趣和激情，并且学生在进行中长跑的过程中，经常会出现胸闷、气短、恶心等生理现象，因此完成中长跑对于大多数学生而言是一个极大的挑战。而现在的中学生大多缺乏在艰苦环境中锻炼自己的勇气和克服困难的毅力，所以一旦上中长跑课，很多学生就会非常害怕。针对这种情况，在训练中教师一定要加强学生思想教育，首先告诉他们：这是中长跑中常见的现象，调整呼吸就可以适当的减轻，同时鼓励学生依靠意志坚持跑下去。为了做好学生的思想工作，我积极和他们进行思想交流，经常以奥运会冠军的事迹来鼓励学生，培养他们意志力，教导学生树立不畏艰险、勇于战胜困难的心理，培养学生敢于战胜自我的勇气，让学生逐步消除对中长跑的恐惧。

### （二）进行专项训练，提高能力水平

中长跑属于速度耐力项目，这就要求运动员要具有良好的速度和耐力。因此在平时的体育教学中，体育教师要运用科学的方法和正确的教学手段，加大对学生速度以及耐力等方面的专项训练。

1. 速度训练

近年来，特别是在一些重大的世界中长跑比赛中，冠军的归属往往都是到最后几十米或几米才见分晓，由此可见速度的快慢直接决定着运动员最后冲刺能力，速度是运动员取得好成绩的重要一环，因此中长跑教学也应该确

立以速度训练为核心的指导思想。

在速度训练中，我们可以采用变速跑的方法，也就是用不同速度长时间的交替跑。变速跑可以分为越野变速跑和场地变速跑，越野变速跑多在田野间进行，近年来由于安全因素很少采用，故平时的训练中一般多采用场地变速跑。

2. 耐力训练

中长跑要求运动员不仅要有良好的速度，也要具备绝对耐力。有关专家的研究表明，当一个运动员的耐力下降，肌肉疲劳时，他的力量、速度、反应和协调性都会同时下降。从这个意义上来看，耐力也是保证运动员取得好成绩的关键，因此平时中长跑教学时还要训练学生的耐力。

耐力训练主要以有氧训练入手，因为有氧训练是发展专项耐力的基础。要进行有氧训练，首先要提高学生的最大吸氧量，此时最有效的方法就是持续负荷法。耐力训练还应该包括提高肌肉的力量耐力，教师可以选用以克服本身重量为阻力的几种练习。如多级跳、单脚跳、跨步跳等跳跃练习，当然也可以利用杠铃做全蹲、半蹲等的负重练习。开始训练时，为避免疲劳与损伤，可先用小强度，再逐渐增到最大负荷，逐渐达到耐力提高的目的。

（三）规范学生动作，掌握合理技术

中长跑教学中教师必须要求学生掌握正确合理的技术，既要跑得快，讲究动作的效果，又要跑得轻松、协调、节省体力。要达到这一点，在日常的训练中教师必须严格要求学生，自始至终强调动作的协调放松，规范合理，让学生正确的动作技术逐步定型。

1. 动作技术

中长跑的起跑规则采用站立式起跑姿势，发令出发时，其技术是：两脚向后用力蹬地，后腿积极前摆，两臂配合两腿的运动向前冲出。在教学中，教师讲解清楚动作要领，让学生听明白，并结合做示范给学生看。在学生练习时，教师最好通过观察，挑选动作做得好的学生来做示范或找个别反面示范，这些都能很好地加深学生对技术动作的认识，强化学生的技术动作。再者途中跑技术是中长跑技术的重点部分，正确的途中跑技术能发挥人体最大的潜能，同时又能最经济省力。它的要求是：身体的前倾角度、摆臂摆腿的幅度和后蹬的力量都较短跑的小，但是后蹬的角度要求较大，约为55度，在节奏上要求轻快、均匀，力求实效、省力。另外还有中长跑的弯道技术：左脚前脚掌外侧，有脚前脚掌内侧着地，左腿膝关节外展和右腿膝关节内扣，身体重心向内倾斜协调用力，右臂的摆幅大于左臂，以此获得向心力，克服直线运动的惯性，保持跑速。

### 2.培养速度感

中长跑比赛中速度要保持节奏，即高频率快节奏，如果跑的节奏被打乱，就会造成运动员心理紧张，使体力消耗加大，由此对提高成绩失去信心，甚至会中途退出比赛。针对这种情况，教师要对学生进行速度感的培养。平时训练时教师可采用各种段落定时跑的方法，培养学生对跑速的判断辨别能力，使运动员在训练中较好地完成训练计划，在比赛中正确合理地分配体力。在训练中我们要求运动员逐步建立自己全程跑的每圈"速度感"，比赛中根据自己的"速度感"，在不同距离分别运用不同的速度。

### 3.呼吸节奏化

在中长跑过程中，由于能量消耗比较大，对氧气的需要量也就随之增加，因此教师还要让学生掌握正确的呼吸方法—呼吸节奏化，也就是呼吸必须有一定的频率和深度。平时我们经常会看到这样的情景：有的学生不熟悉中长跑中的呼吸节奏，开始时跑得很快，跑过200米左右时就慢了下来，第二圈时大多数就跑不动了，甚至开始走了。原因就是此时他们出现胸闷、气短、下肢无力，甚至头晕、恶心等现象，也就是运动生理学上所说的"极点"，这是中长跑运动中常见的生理现象。如果学生掌握好呼吸节奏的运动规律的配合，动作能够轻松协调，上述生理现象是可以缓和和减轻的，所以掌握呼吸节奏是必须的。在教学中我们可以采取了以下方法：首先原地跑步，进行两步一呼，两步一吸或步一呼，步一吸的练习，然后在田径场跑道上用两步一呼，两步一吸或 ＝三步一呼，三步一吸练习，通过这些呼吸练习，就能够很好地缓解学生在跑步中出现的极点问题。所有这些技术的掌握，都能很好地提高学生中长跑的能力水平。

### （四）改变教学方式，激发学生兴趣

由于中长跑训练比较枯燥，因此教学中教师一定要把握学生的心理特点，不断更换训练方法，设法提高学生的兴趣，发挥学生的主观能动性，让学生在轻松有趣的气氛中完成中长跑练习。如在中长跑教学中，教师应该有意识的设置多种内容、长短距离相结合的跑步方式，用定时跑、变速跑、追逐跑、超越跑等方式来训练学生。如超越跑，我把学生分成几个小组，并以组为单位，成一路纵队绕操场慢跑，最末尾的一人先加速从队伍右侧跑到前面领跑，然后恢复慢跑，接着倒数第二、三人……依次进行；还有走跑交替，就是采用直道快速跑，弯道走的练习。这种有趣的训练方法，能让每一个学生都积极主动地参与中长跑教学，更主要的是能够调动他们训练的积极性，能够激

发学生的训练热情，由被动训练转变为主动训练，由此单调、枯燥的中长跑训练就会变得生动有趣。

总之，作为一名体育教师，应该运用科学的方法和正确的教学手段，通过形式多样的教学内容，根据学生的不同特点进行指导训练，训练过程中还应积极探索，找出更适合学生的适用的中长跑教学方法。

# 第三节 马拉松跑

## 一、肺活量对马拉松运动的影响

（一）肺活量

肺活量是指一次尽力吸气后，再尽力呼出的气体总量。肺活量＝潮气量＋补吸气量＋补呼气量。潮气量指每次呼吸时吸入或呼出的气体量。补吸气量又叫吸气储备量，指平静吸气末，再尽力吸气所能吸入的气体量。补呼气量又叫呼气储备量，指平静呼气末，再尽力呼气所能呼出的气体量。肺活量是一次呼吸的最大通气量，在一定意义上可反映呼吸机能的潜在能力。成年男子肺活量约为 3500mL，女子约为 2500mL。青壮年人的肺活量最大，幼年和老年人较小。越健康的人肺活量越好。

1. 肺活量与人体素质的关系

肺活量好的人，体能相对于来说好些，耐力也比较好，能够进行长时间的运动，比肺活量差的人运动的时间要久。比如说游泳运动，肺活量高的人会游的时间更长游得距离更远，登山运动同样也是需要更高的肺活量，马拉松运动毫无疑问，一场马拉松跑下来不仅需要很好的体能，肺活量的作用不可小觑。人体的各个细胞，每时每刻都在消耗氧气，人在氧气供给充足的情况下才可以进行各种工作，氧气来源于肺，肺不仅吸入氧气还要排出二氧化碳，肺活量也是检测肺好坏的标志，肺越好越适宜做有氧运动，而且可以坚持下去，也会促进血液循环，使我们的身体更加健康。青壮年比小孩和老年人的肺活量大，身体健康人的肺活量比身体不健康人的肺活量要好。

2. 肺活量与人呼吸的紧密关系

人体的每个细胞，每时每刻都在消耗着氧气，人类的整个身体只有在氧气供应充足的情况下才能正常进行生活中的各项活动，肺是身体中非常重要的器官，在呼吸过程中，肺不仅是吸入氧气，还要把二氧化碳等的代谢气体排出体外。只有气体正常交换，有用的气体吸进来，没用的气体排出去。

（二）建议

马拉松运动不是一个爆发力的运动，是一个持之以恒的运动，只有你坚持锻炼很久，并且每个月保证一定的跑量的基础上，才建议你去跑马，跑马看起来很适应现代的流行趋势，很酷，很潮，但是没有经过长久跑步的人不建议你去追逐这种潮流。马拉松运动是一项具有挑战性、突破的运动，及各种优缺点于一身，也可以说是一项全民性的运动，运动固然好，但是也要把握好度，合理安排运动量和运动强度，确保马拉松运动健康顺利地开展，适当的负荷对身体是有好处的，还可以促进身体的代谢，让我们整个身体变得更健康、更轻松，变得更加阳光。

像每天进行体育锻炼的人，肺活量要比不锻炼的人强得多，心脏也是非常健康，所以经常进行体育锻炼的人的心血管系统非常好，进行体育锻炼是增强肺活量的有效方法。当进行体育锻炼时，消耗能量，使呼吸机发达，收缩和舒张的力量就会加强，增大胸的活动范围，然后肺活量也就提高了。在日常生活中，体育锻炼也不能盲目的进行，坚持每天肺部运动 30min 你的肺活量会自然而然地提高：（1）尝试健美操。它可以提高令人惊讶肺活量，你可以开发短暂的强烈训练。（2）自行车。设计一个上坡路线。上山意味着你的身体需要运送更多的血液到你的腿；你的肺为血液提供氧气。（3）去跑步。在填充的轨道或跑步机上运行，以善待你的膝盖和关节。可是适当的冲刺，以确保你的肺部更加努力的工作。（4）游泳。最好的运动，以提高你的心血管健身。高峰段，游泳者的肺将使用氧气比一般人高三倍。（5）去高海拔运动，海拔高氧气少，这时候你的运动会刺激肺部，使得肺活量提高，在 2500m 进行高原训练，缺氧的情况下，空气中氧气的含量仅为平原上的 74%，这表示你的肺必须更加努力地工作，以获得更多的氧气进入血液，当回到平原时，你的红细胞数和血红蛋白还是高原的增加状态，这时候你的肺活量也就提高了。也可以做深呼吸运动，尤其是腹式呼吸，使肺吸收更多的新鲜空气，排出肺里的废气，这样可以把平时不运动的部位运动起来，增强肺活量不是一天两天就可以增强的，必须持之以恒，才能取得理想的效果。

## 二、马拉松运动损伤的防护

随着人们健康意识的提高，马拉松运动受到普遍认可和欢迎，运动能改善体质，强健意志，越来越多的非专业人士参与到这项运动中，赛事场次及参与人数迅速增长。然而马拉松运动损伤时有发生，有的因为伤病，而不能继续参加马拉松比赛。所以做好赛前科学训练，保持身体的各项机能，敬畏之心参加比赛，出现意外时及时施救，预防运动损伤的发生十分重要，有利于马拉松运动的良性发展。

（一）马拉松高关注高风险促成研究

近年来，马拉松运动的热潮席卷了全中国，马拉松运动受到普遍认可和欢迎，越来越多的非专业人士参与到这项运动中，赛事场次及参与人数迅速增长。2015 年全国举办的 134 场马拉松赛事就有 150 万人参赛，2016 年这一数字达到 323 场。

在马拉松比赛中，却时有运动损伤的发生，只有掌握科学的方法，可以将运动损伤降低到最低程度。这些方法主要包括：规律的赛前训练计划，消除赛前的紧张情绪，充分的赛前准备活动，比赛中的速度分配，"极点"现象的克服，比赛中意外情况的预防和处理，比赛后的恢复等。只有无伤，才能使马拉松比赛顺利完成。

（二）马拉松比赛运动损伤

1. 小腿抽筋

跑步抽筋是马拉松赛场上最常见的运动损伤之一。在 2009 年的香港马拉松比赛中，有 5 万多人参加比赛，其中 5000 多人出现抽筋。分析与以下因素有关：早晨天凉，肌肉没有活动开；近期身体状态不好，疲劳、睡眠不足或小腿长期处于松弛状态；跑步的强度太大，造成短时间内的肌肉痉挛；不合理动作的使用；身体缺乏必要的维生素。如果在跑步过程中发生抽筋，应该减慢速度，停靠在路边休息，以免阻挡继续跑步的参赛者而发生意外；然后拉伸，用手握住抽筋一侧的脚趾，向腿部用力压，另一手向下压住膝盖，使腿伸直，重复动作，等待疼痛消失时进行按摩，进行恢复。

2. 膝部疼痛

城市马拉松比赛跑步地点主要是城市公路，由于路面比较硬，对膝盖的冲击比较大。马拉松全程是 42.195 公里，跑步时间较长，强度较大，容易造成膝盖损伤，引起膝盖疼痛。当跑步出现膝盖疼痛时，最好不要继续跑步，如果跑一定要放慢速度，落地轻，步子小一点，从而减小跑步对膝盖的冲击，并到医疗站点喷云南白药气雾剂或口服布洛芬等抗炎药物，利于膝部疼痛的恢复。

3. 脚踝疼痛

脚踝的力量比较差时，跑步过量容易引起跟腱疼痛，这属于正常的生理反应，是跑步过程中受到了一定刺激的结果。可以慢跑，如果疼痛加重，应停下来稍做休息，局部冷敷，喷云南白药气雾剂治疗。

**4. 崴脚**

崴脚之后最好马上局部冷敷，24 小时后再进行热敷，并涂抹红花油等药膏。崴脚之后休息 2～3 天，疼痛缓解后可以适当运动，最好慢走，利于病情恢复。

**5. 肩膀肌肉酸痛**

肩膀在跑步前一定要充分活动，可以做做绕环，拉伸一下。因为肩膀动作容易僵化，导致摆臂不充分，疲劳也快。如果肩膀有伤病或有炎症，要及早去医院进行治疗。

由于马拉松运动有着越来越高的社会关注度，能改善人们体质，强健意志，受到普遍认可和欢迎。但马拉松运动是一项挑战人体生命极限的运动，运动损伤难以完全避免，只有掌握科学的方法，可以将运动损伤降低到最低程度。这些方法主要包括：规律的赛前训练计划，消除赛前的紧张情绪，充分的赛前准备活动，比赛中的速度分配，"极点"现象的克服，比赛中意外情况的预防和处理，比赛后的恢复等。这样才能预防运动损伤的发生，有利于马拉松运动的良性发展。

## 三、马拉松跑训练方法

### （一）以有氧耐力为主体进行准备期的训练

有氧耐力训练是长跑和马拉松运动员准备期训练体系中的主体，有氧耐力基础越扎实，最终的成绩也就越好，越稳定。现代长跑有氧耐力的训练水是非常高的。表现在跑动的距离长、持续时间长、运动量大。在训练中应以运动员的机体反映来衡量运动强度。衡量的标准定量是以平均强度值来体现得。主要反映在平均强度逐步提高，但这个强度还未超过以有氧训练为主体的范畴。具体的训练方法如：（1）距离为 25km、30km、35km、38km 或 2 个半小时跑，一般这种训练由 5min/km 开始逐渐提速，这种训练是练习马拉松运动员的长时间腿的支撑能力。（2）1000m×12、2000m×6、3000m×3、5000m×3 场地间歇跑，间歇 2～3min。这种训练主要是发展运动员的专项速度耐力，提高运动员的最大有氧能力。

### （二）混氧训练在准备期与竞赛期的训练

氧训练主要用于对运动员无氧阈的刺激，提高无氧阈水平，有效解决在有氧训练中提高平均训练强度的问题。采用混氧训练方法，是在有氧训练基础上，分段落、分时间按一定速度控制来提高训练的强度，以达到预期的训练效果。混氧训练内容主要包括：

（1）在长距离有氧训练中增加速度训练的内容。

（2）长时间有氧越野跑训练中增加以时间作为控制标准的练习，包括一分钟或几分钟跑和短时间的变速跑，要求达到或接近个体无氧阈值。

训练的具体形式有：课与课的交替；组与组的交替；长段落中的分段落交替等组合形式。

以训练中有氧与无氧混合训练的类型划分，基本上有两种类型：

（1）混氧训练占准备期有氧训练总量的 20% 的训练类型。

（2）混氧训练占到 40% 甚至更多一些时，体现在准备期，竞赛期的赛前训练阶段中。

具体的方法如：

（1）在长距离越野跑中，imin 快跑，距离 300 ～ 350m。

（2）匀速慢跑：12 ～ 15km 或 50min 左右，最后 2km 加速跑。

（三）高原训练

在缺氧条件下进行有氧训练时，可以大幅度提高训练效果，主要表现在：

（1）在整个有机体内，提高了血液中氧的输送能力；改善骨骼肌肉组织的毛细血管作用。

（2）在肌肉细胞内，使细胞的新陈代谢过程适应有氧代谢供能量的条件，对无氧代谢供能量的条件也有所适应。高原训练的缺点，是不能完成平地所完成的运动量，特别是对强度影响较大。为更好地适应可采用：训练以较大的负荷量开始，练习量接近平原，强度相当于平原训练的 70 ～ 85%，可安排些剧烈的球类运动。这样一般一周左右就可适应了。高原训练应把一天的负荷量安排在早晨、上午和下午，分三次完成，进行短时间的反复训练，这样的刺激能使运动员更好地适应高原环境。一般每次持续两周。训练的效果，回到平原后，可维持 2 ～ 8 周，比赛前 10 ～ 14 天内下高原为好。

（四）跑的技术训练

根据日本的研究，马拉松跑的步频 200 步 /min 为适合，而步长相当于身高再加 10cm 是正常的比例。我国运动员身体形态与日本运动员比较接近，在训练中要向每分钟跑 200 步的指标努力。要习惯这样的一个跑的节奏，速度才能平稳，要掌握一协调放松的技术，注意身体重心的平稳性，加强髋关节的灵活性和身体的柔韧性。

（五）身体训练

对于马拉松选手来说，身体素质训练是非常重要的。

（1）一般性素质训练。采用持续性和间歇的方法，进行全身力量素质训练、韵律和谐运动、游泳、自行车、球类活动。

（六）专门性准备阶段的素质训练

采用跑的动作，在较大范围内进行高强度的间歇训练和重复训练，如跑的基本动作练习、单脚、双脚的跳跃、用栏架的跳跃、在有负荷与无负荷条件下进行伸展、屈曲运动。

（七）专门性素质训练

在跑的动作中完成。如（1）利用起伏的地形进行 100 ～ 200 米的上坡、下坡跑。（2）拉引橡胶带等训练（3）沙滩上跑。（4）穿沙背心跑等。（5）持续上坡跑：距离在 15km，全部都是上坡，没有下坡。

# 第八章 跳跃类项目的教学与训练

## 第一节 立定跳远

### 一、立定跳远技术

立定跳远技术由预摆、起跳、腾空、落地四个部分组成，每一个技术环节都是相互衔接，在这几个技术环节衔接过程中，力量与协调性也至关重要，下面就这四个技术环节逐一进行解析：预摆时，两脚左右开立，与肩同宽，两臂前后摆动，前摆时，两腿伸直，后摆时，屈膝降低重心，上体稍前倾，成半蹲趋势，切勿蹲的太深，避免影响蹬地发力；起跳时双脚要充分蹬地，切勿前脚掌离地，失去法力的支撑点；腾空时，两脚快速用力蹬地，同时两臂稍曲由后往前上方摆动，向前上方跳起腾空，并充分展体，在这项技术关键环节里，蹬地和快速有力、上下肢的协调、空中展体是聘空技术环节里的关键，同时要充分的展髋，有明显的腾空动作；落地时，收腹举腿，小腿往前伸，同时双臂用力往后摆动，并屈膝落地缓冲，这里要注意的是，在落地瞬间双腿屈膝前跪，或是侧身向前倒地，避免向后倒地或支撑。立定跳远的四个技术环节是立定跳远的关键技术，每一个环节都非常重要，应正确、规范的掌握该技术，以保证学生立定跳远成绩的提高。

### 二、影响立定跳远成绩的因素

（一）力量因素

力量是肌肉运动时克服内外阻力的能力，力量素质是体育训练中最基础的素质，良好的力量素质是掌握运动技能，提高运动成绩的基础，所以在训练中必须重视力量素质训练。力量素质是立定跳远的基础素质，它直接决定立定跳远的成绩，而在立定跳远训练中，应特别重视下肢肌群的爆发力训练，同时还要重视脚踝关节力量的训练。

### （二）协调发力的能力因素

协调性是体育技能掌握的关键要素，也是技术衔接、力量衔接的关键，在立定跳远中能否把下肢力量很好的协调，能否把身体周身力量与下肢力量很好的协调，都直接影响立定跳远成绩。每一次跳远动作的完成，都是有脚下动作、腿部动作、上肢动作、躯干动作等有机的结合，而这些部位的协调发力，才形成了立定跳远完整的动作。

### （三）手臂的摆动因素

立定跳远虽然是下肢的动作，但是手臂动作也起到非常重要的作用，所以，手臂的摆动应符合立定跳远的技术要求，必须直臂摆动，摆幅越大，带、领、提拉动作越强，成绩也会越好。

### （四）情绪因素

认识情感动物，人的情绪可以直接影响自身的运动成绩，兴奋可以提高成绩，抑郁可以减低成绩，所以，在训练中应积极的跳动学生的训练情绪，积极主动、兴奋地参与到训练之中，以此来提高立定跳远成绩。

## 三、立定跳远技术的主要动作要领

在立定跳远中，主要做好以下这些动作，明确要领，掌握技术。

### （一）准备动作

在立定跳远之前，准备姿势是将两腿向左右分开，分开的距离要与自身肩膀的宽度相同，脚尖正对前方，朝着起跳的方位。两腿放轻松，保持垂直，在预摆的时候能够很好地保护到自身的膝盖与脚踝处的关节。作为基础的准备动作，老师要帮助学生矫正姿势，这是做好接下来每一环节的前提与关键。

### （二）预摆

两脚分开，脚的距离与自身肩膀的宽度相同。手臂一开始要垂直向下，慢慢地从下至上摆至头顶，摆出最大幅度。手臂摆动的同时，双腿与呼吸也要同时配合。双臂向身体的前上方摆起来的时候，把腿伸直，并做出吸气的动作。双臂向身体的后上方摆动的时候，双腿也要向下弯曲，将膝盖屈起，上半身要微微地向前倾，把身体的重心放低，与此同时要慢慢地呼气。在做这一整套动作的时候，双腿，双脚与自己的呼吸都要密切配合。让整个身体协调起来。

（三）起跳

起跳之前，目光要直视前方，双腿用力，快速蹬地，向前方跳出。开始时，双臂要先向后方微微屈起，然后向前上方摆动，用手臂的力量把身体带动起来。起跳的时候，肩膀与背部也要向上用力，将身体重心向前，使自己的身体充分舒展。需要注意的一个要领是，起跳瞬间把身体的力度集中在自己的前脚掌上，有助于更好的起跳。

（四）腾空

起跳之后，身体腾空，身体得到放松舒张，腾空的时候需要做出背弓的姿势，膝关节，踝关节，髋关节要伸直，双臂向前方伸直，位于头顶的前上方。腾空时间要做到延长，这样就可以落到更远距离的落脚点。腰腹部可以用力的人，在落地之时要把腹部收起，双腿举起，使落地距离更远。腰腹部用力较弱的，在身体腾空至最高处的时候就要将腹部收起，举起双腿，同时双臂也要向后方摆动，调动起全身以达到远距离的落脚点。

（五）落地缓冲

落地的时候，脚后跟先着地，紧接着，整个脚掌也随之落地，然后将膝盖向前弯曲，做出落地缓冲的动作。该处的要领是，要注意小腿的动作，将小腿前伸，身体做出收腹的动作，双臂用力，将身体前倾。落地时的缓冲十分重要，在体育课上，经常发生学生用力过猛，在落地的时候摔倒，手掌着地，滑倒等意外，教师要细心的教授落地缓冲这一环节，让学生做到安全、规范的落地。

## 四、提高立定跳远成绩训练方法

（一）连续多级蛙跳

双腿屈膝，双臂后举，两腿蹬伸，双臂前摆跳过一定距离，双足落地时脚跟着地，并迅速滚动到前脚掌，依次连续跳过 5～10 次，练习时要求，双臂与腿的配合要协调，中间下蹲幅度不要太深，动作连续性要好。

（二）负重半蹲跳

肩部负重（杠铃、杠铃片等）屈膝半蹲，前脚掌用力蹬伸连续向上或向前跳起，下蹲要慢，起跳要快，负重的量要适宜。

（三）负重提踵

肩负杠铃，两脚的前脚掌站于 10cm～20cm 高的台阶沿上，向上提踵，或者站于平地，提踵练习，一般 10 ～ 15 次 / 组，依照练习情况可适量增加组数，练习时要求控制好重心及速度，保持良好的平稳性。

（四）纵跳与收腹纵跳

站在原地或沙坑里，用前脚掌快迅向上蹬伸跳起屈膝，或屈膝收腹，同时两臂从体侧向上摆动，一般平地练习 10 ～ 15 次 / 组，沙坑练习 8 ～ 10 次 / 组。

（五）柔韧、协调等综合训练

十字象限跳、行进间正踢腿、原地正压腿、快速往返折叠跑（30 秒一组，每次 3 组为宜）、同步同向走、长江黄河游戏等，这些方法都是提高身体协调性、柔韧性、灵活性的有效方法，训练时依据训练需要适时选用方法，强度与运动负荷可根据训练情况而定。

（六）杠铃深蹲

肩部扛杠铃，蹲下、蹲起，脚下两脚开立，两脚尖稍内扣，随时间及其运动能力的增加，负荷重量也要递增。这可有效发展躯干与下肢肌群力量，并对下肢爆发力具有很好的促进作用。

（七）纵跳摸高

两脚自然开立成半蹲预备姿势，一臂或两臂向上伸直，接着两腿用力蹬伸向上跳起，用单手或双手摸高。每次练习 10 次左右，重复 3 ～ 4 组，这是发展腿部肌肉和踝关节力量而经常采用的一种练习方法。

（八）障碍跳

即学生利用跨栏架，间隔适当的距离摆放，高度可根据学生的能力适当调整，以此成一纵行摆放，以此由起点到终点以此跳过栏架，随训练时间的增长和力量的增加，可改变栏架的高度，训练时一般 10 个栏架为一组，间隔 2 米放置为宜。这种训练方法主要发展腿部肌肉和踝关节爆发力，对下肢及其上肢协调也有很好的辅助作用。

（九）单脚交换跳

单脚交换跳就是上体正直，膝部伸直，两脚交替向上跳起。主要以踝关节的力量起跳，用前脚掌快速蹬地跳起，离地时脚面绷直，脚尖向下。原地跳时，可规定跳的时间（30 秒～ 1 分钟）或跳的次数（30 ～ 60 次）。行进间跳时，可规定跳的距离（20 ～ 30 米）。以上练习重复 2 ～ 3 组。这种练习方法对于小腿、脚掌和踝关节力量具有很好的发展作用。

## 第二节 三级跳 .

立定三级跳远是体育高考的必测项目，它主要测试考生的爆发力和协调能力，由于它的技术比较复杂，在所学的教科书上又没有详细介绍过，让很多考生和教练无所适从，笔者经过多年的实践和训练，让考生在认识动作技术要领的基础上进行以下的几方面训练，效果很好，学生都能轻松超过米多，下面略谈几点体会供同行参考和借鉴。

### 一、立定三级跳远的技术特点

立定三级跳远的技术比立定跳远的技术要求更复杂，它是由立定跳双脚开始第一条，单脚落地第二跳是跨步跳，需用摆动腿落地第三跳用双脚落入沙坑。

第一跳从立定开始，预备姿势及跳跃发力基本与立定跳远相似，上体保持垂直或适度前倾，两腿做爆发性的蹬伸动作，充分伸直，同时利用摆动腿和摆臂的动作使身体向前上方跳起，一腿自然下落，另一腿屈膝前抬，随之用力下压大腿，前伸小腿，勾起足尖。迅速作扒地动作，用足踵滚动式落地，为第二跳起跳做好准备。

第二跳，也称"跨步跳"。当第一跳结束，起跳足踵扒地时，摆动腿和两臂有力地向前摆动，待起跳脚滚动至全脚掌支撑时，及时屈膝、屈踝进行缓冲，使身体迅速前移，当身体重心接近支撑点的上方时，摆动腿和双臂向前上方摆动，并爆发性地蹬伸起跳腿，身体腾空时须保持跨步姿势，两大腿间有较大的夹角。即将着地的摆动腿以大腿带动小腿，并勾起足尖准备做扒地式的落地，同时两臂做大幅度向后摆动，为第三跳起跳作好准备。

第三跳，也称"跳跃"，是立定三级跳远三次跳跃中落入沙坑的最后一跳。第二跳即将落地的摆动腿以大腿带动小腿作即将落地后扒地动作，摆动腿一着地即屈膝、屈踝、前移骨盆向起跳腿蹬伸过渡，同时另一条腿和两臂由后向前上方有力摆起，起跳腿随之爆发性蹬伸，完成起跳动作。

正确的落坑动作，以上三跳都有落地动作，落地动作的正确与否，对成绩有很大影响。落地前，上体不宜过于前倾以免引起前旋，大腿向前屈膝高抬，膝关节主动向胸部贴近。即将落坑时，膝关节迅速伸直，使小腿前伸，两腿接着抬平，在两臂配合下，以足踵先接触沙面。双脚触沙后，立即屈膝，骨盆前移，两臂前伸，使身体重心迅速移过落点，并作缓冲动作，有利于提高运动成绩，防止伤害事故的发生。

## 二、影响立定三级跳远成绩的三大因素

### （一）专项技术因素

从立定三级跳远的表现形式来看有两种，一是单臂摆，二是双臂摆。单臂摆一般三跳比较流畅，速度较快。双臂摆技术特点是用后脚跟先着地，着地时间较长，每一跳发力充分。个中，无论采用哪种办法，均能取得满分成绩，主要看教练员的教法或者运动员的习惯了，技术练习方法如下：

#### 1. 单摆技术

两脚平行开立，与肩同宽，两臂直臂上摆，然后屈腿半蹲，同时两臂由上经前，经下到体后，两腿压到最低点后开始蹬地，上体前倾，两腿离地至重心达到最高点后，摆动腿前摆，同时两臂由体后经前向上摆到额头前上方开始分开，如果右腿是摆动腿，那么左臂继续前摆，右臂向后摆；如果左腿是摆动腿，那么右臂继续前摆，左臂开始向后摆，重心达到最高点后，一般摆动腿用前脚掌着地，至全脚掌着地，再快速蹬伸，两臂前后摆到最高点后开始向身体两侧回摆，准备下一跳开始摆动。第一跳落地与第二跳落地技术相同，都是单脚落地，摆臂技术也相同，都是一前一后摆动，尽量曲臂摆；第三跳落地是双脚落地，双臂同时由前置于体后。

#### 2. 双摆技术

主要是两臂必须始终保持平行状态，与蹬摆腿进行协调性配合，还有一个关键点就是脚落地时应该以后脚跟落地，落地停顿时间较长，蹬地较充分，腾空时间较长，重心起伏较大，其他与单臂摆技术相同。

### （二）专项力量因素

通过技术分析不难发现，无论采取何种技术，第一跳都是双脚起跳、第二跳、第三跳都是单脚起跳，因此，有关立定三级跳远的专项力量有：1. 杠铃双腿半蹲，力量要逐渐增长，半蹲技术要正确，双腿蹲跳起，连续蛙跳等。2. 单腿半蹲发力等练习手段，负重小重量杠铃，单腿上跳箱，负重弓步走，连续单脚跳等。

### （三）专项能力因素

专项能力一般是围绕着立定三级跳远的技术进行跳跃型练习，目的提高两腿的爆发力，协调能力，速度能力，控制制动能力，以及跳跃的高度，远度能力等，训练方法如下：

1. 双腿跳跃，双脚落地能力方法有：a 连续快速两级蛙跳，三级蛙跳，b 连续向高处跳，跳台阶，跳垫子等。

2. 单腿跳跃，单脚起跳，单脚落地技术有：a 连续多级快速单脚跳，注意远度，要有标记，还要计时，提高速度。b 跳台阶，跳障碍，高度要根据水平而定。

3. 混合练习，模仿立定三级跳远的技术进行分解练习，a 第一跳练习，要求有起跳速度，落地远度，重心高度练习。b 一、二跳练习，或者双脚起跳练习多次跨越练习，注意落地技术，水平速度，重心起伏要平，还要有远度，可以放标记物。c 一、二跳练习好以后，重点是第三跳，不仅要有远度，重心应该有个起伏，进行高度练习和落地技术练习。

4. 应在第三跳起跳处放上跳箱，或者踏板，多次练习，主要目的是在前两跳水平速度的技术上，再次提高起跳角度，再次提高远度。落地技术要臀部先着地，落地前两脚尽量高抬，技术练习时先在落地处放上海绵包进行模仿练习，再进行沙坑练习。

总之，立定三级跳远的基本节奏是，第一跳起跳速度要快，第二跳重心高度要平稳，继续提高跨越速度，第三跳要尽量高跳，尽最大限度提高远度的练习。最终牢记采用何种摆臂技术不重要，重要的是要正确，协调，只有抓住了重点成绩提高得才能快。

## 三、训练原则

### （一）适时恢复原则

适时恢复原则是指及时消除学生在训练中所产生的疲劳，并通过生物适应过程产生超量恢复，提高机体能力的训练原则。在学生疲劳达到一定程度时，应依照训练的统一计划，适时安排必要的恢复性训练，采取有效的恢复措施，使学生的机体迅速得到充分的恢复和提高。

### （二）有效控制原则

有效控制原则是指要求对运动训练活动实施有效控制的训练原则。训练巾应准确把握和控制运动训练活动的各个方面或运动训练过程的各个阶段，训练的内容、量度及实施，并对它们进行及时的和必要的调节，以使得运动训练活动能够按照预先设计的方式运行，保证训练目标的实现。

### （三）系统训练原则

系统训练原则是指持续地、循序渐进地组织运动训练过程的训练原则。

这一原则的确立与运动训练过程的连续性和阶段性的基本特性密切相关。它一方面指出学生只有长时间、持续地进行训练，才有可能考得好成绩，另一方面强调在一般情况下，只有循序渐进地而不是突变式地增加训练负荷，才能取得理想的训练效果。

（四）适宜负荷原则

适宜负荷原则是指根据学生的现实可能和人体机能的训练适应规律，以及提高运动员竞技能力的需要。在训练中给予相应量度的负荷，以取得理想训练效果的习练原则。学生在训练中承受了一定的运动负荷后，必然会产生相应的训练效应。但并非只要施加了负荷，就一定会产生良好的训练效应。训练负荷的安排对训练效应的好坏有着重要的影响。机体对适宜的负荷产生适应，但如若负荷过小，就不能引起机体必要的应激反应；而在过度负荷作用下则会出现劣变反应。

（五）区别对待原则

区别对待原则是指对于不同专项、不同的运动员或不同的训练状态、不同的训练任务及不同的训练条件，都应有区别地组织安排各自相应的训练过程，选择相应的训练内容，给予相应的训练负荷的训练原则。

## 四、立定三级跳远的训练，包括技术训练和身体训练

（一）技术训练

技术训练中要特别重视手臂和腿的蹬摆协调配合，摆动腿和手臂快速积极的有力前摆，能有效地提高腾空效果，增加跳跃的距离，而且能为最后的单足跳跃提供充分的用力距离。这一环节包括：①手扶双杠，单腿支撑，另一腿前摆高抬大腿，接着下压大腿同时伸膝、伸踝积极"扒地"练习，体会摆腿、扒地的技术要领；②原地或行进间的摆腿摆臂练习，使摆臂和摆腿协调配合；③行进间的摆腿"扒地"练习，行进中两腿轮流前摆、下压和扒地练习；④连续的原地单双脚纵跳，体会摆臂、蹬地的协调用力；⑤连续单足跳，通过连续单足跳，强化前摆高抬，积极下压扒地的感觉；⑥连续跨步跳：体会手臂与腿的蹬摆配合，以及蹬地时顶髋，腾空时送髋，积极"扒地"的动作；⑦立定十级跳：体会快速用力，以及用力和放松相交替的节奏感；⑧定点立定三级跳远：通过标志点来确定符合自身条件的三跳比例；⑨第三跳跳过一定高度的橡皮筋，使第三跳有合适的高度，充分发挥最后一跳的作用；⑩第二跳跳上不太高的平台（待掌握一定的技术后），防止身体过分前倾并提

高第二跳的高度，使最后一跳有充分的用力距离。

（二）身体训练

包括柔韧性、绝对力量、快速力量等素质训练。柔韧性练习为积极大幅度的摆腿提供良好的生理保障，同时能防止受伤；绝对力量的提高能有效克服自身重力和落地冲击力对跳跃的影响，提高支撑能力；快速力量的训练则能提高积极"扒地"的速度和爆发力，提高跳跃能力。（1）柔韧性训练①压腿：正压腿、侧压腿、牵拉腓肠肌等；②耗腿：正压腿或侧压腿状态下，保持拉紧状态一定的时间；③踢腿：正踢腿、侧踢腿、外摆腿、里合腿等提高髋关节的灵活性。（2）腰腹力量训练①仰卧起坐、仰卧两头起、俯卧抬体（或负重）；②站立或坐于垫上负重转体；③前、后抛铅球；④半转体抛杠铃式（3）绝对力量训练①负较重杠铃半蹲、深蹲；②负重提踵；③仰卧蹬重物；④挺举；⑤抓举。（4）快速力量训练①杠铃高翻；②小负重的快速挺举、快推；③负小重量杠铃半蹲跳、壶铃蹲跳（或持杠铃片）；④助跑单腿起跳摸高；⑤30～50M踏点连续单足跳、跨步跳（或负重）；⑥30～50M计时连续单足跳、跨步跳（或负重）；⑦弱腿急行跳远、摸高，提高弱腿的跳跃能力；⑧连续跳栏架；⑨立定五级跳、立定十级跳；⑩徒手或负重跳深，超等长收缩训练对提高爆发力有很好的效果，但是要注意在学生有一定训练基础后再进行此类练习，并做好充分的准备活动，防止受伤；⑩负重原地单足跳；⑩徒手或负重跑、跳（单、双足）楼梯，要求快速、充分地进行练习。

技术训练要注意手与腿的蹬摆协调配合，强调蹬地时充分快速，同时要求顶髋，下降期通过绕垂直轴的转动来送髋以加强积极"扒地"的动作，总之要求每一跳既要幅度大又要快速充分。

要加强下肢最大力量的训练及训练后的放松，因为立定三级跳远要克服自身重力，而且还要用单腿来支撑和跳跃，所以没有很好的下肢力量是跳不起来的。同时力量训练后的放松尤其重要，必须防止肌肉的僵化，以保持肌肉弹性。

要加强腰腹肌的力量，良好的腰腹肌可以维持身体平衡，增加腾空效果，延长腾空时间。快速力量（爆发力）训练，要求快速而且充分地完成，所负重量不要太大，另外为防止运动损伤，跳跃练习尽可能在松软草地或垫子上进行。

在训练内容的安排上最大力量和快速力量训练要交替进行，并且训练手段要多样。把立定三级跳远和短跑训练相结合，可以起到相辅相成的、相互促进的作用。

# 第九章 投掷类项目教学与训练

## 第一节 田径投掷类项目核心技术基本特征分析

田径投掷类项目是典型的体能主导类速度力量型项目。它要求运动员在最短的时间内，以最快的速度将手持器械掷出尽可能远的距离。它是人体各运动器官在缺氧情况下完成的极限强度的非周期性运动项目，属于无氧代谢运动，历来都是所有田径项目中焦点。要取得优异的运动成绩，一方面要求投掷者必须具备良好的专项素质和专项能力，另一方面还要求掌握和使用合理的投掷技术。多年来，国内外学者一直在探索提高投掷类项目运动成绩的有效方法，主要从投掷运动员的选材，投掷运动员体能、机能、心理特征，投掷技术诊断，运动训练方法与手段等方面进行研究，并取得了丰硕的科研成果，世界投掷类项目运动水平突飞猛进。

在竞争激烈的竞技体育比赛中，若使投掷技术水平不断向更高层次提升，创造出优异的运动成绩，提高训练的科学化水平和科技含量，是训练中的重点。在投掷项目的运动训练中，只有对专项素质、专项技术进行全面、系统地认识和把握，才能认识和发现投掷项目训练的本质，最终找到解决问题的方法。因此，对影响运动成绩的专项素质、专项技术等因素进行分析，提出正确的评价方法进行综合评定，也就成为各级教练员十分关注的课题。

近年来，国外科研人员、教练员、运动员在不断探求和挖掘人类生理潜能、不断突破运动成绩的"极限"之时，将研究重点转向了运动员专项技术的训练和利用上。查阅当前的文献，对投掷类项目核心技术的研究还不深入，相关研究主要从理论层面对发展投掷运动员专项技术的训练方法手段进行阐述，对发展投掷类项目的核心技术研究目前尚处于十分薄弱的状态。

本节通过对投掷类项目核心技术的研究，全面、系统地认识和把握投掷类项目核心技术的基本内涵，明晰影响因素，为提高我国投掷类项目训练的整体水平提供一定的借鉴。

## 一、核心技术的概念阐释

### （一）核心技术概念的界定

对核心技术概念的界定，在目前掌握的文献中，尚未发现相关的理论表述。通过整合文献资料并进行综合分析，本文认为核心技术是建立在体育基础理论之上，符合人体运动的基本规律，支撑实现专项技术经济性、实效性的关键部分，是决定运动成绩的主要技术阶段。

### （二）田径投掷类项目核心技术概念的界定

田径投掷类项目核心技术是建立在投掷技术原理基础上，符合投掷类项目运动的基本规律，支撑实现投掷专项技术经济性、实效性的关键部分，是决定投掷远度的主要技术阶段。本文认为，田径投掷类项目核心技术即最后用力技术。

## 二、核心技术基本特征分析

### （一）核心技术与专项成绩的关系

最后用力是指在身体和器械获得预先速度的基础上，人体将身体各部分力量快速作用于器械产生专项速度的过程，是决定投掷远度的主要技术阶段。最后用力技术作为投掷完整技术的重要组成部分起着关键性的作用，其任务是在助跑的基础上，给器械进一步加速，在稳固有力支撑的条件下，最大限度地发挥全身力量，最后通过投掷臂和手的动作以最快的速度集中作用到器械上，以适宜的角度，将器械投得更远。以远度决定成绩的投掷类项目由于器械的构造和重量不同，投掷的方法也不同，在投掷完整技术中，最后用力技术的优劣不仅影响着专项技术动作的正常表现，也直接影响到投掷类项目的专项成绩。

### （二）投掷类项目助跑和最后用力技术特征分析

助跑技术是为了更好地获得水平速度，为最后用力打好基础，它是取得优异运动成绩的关键。在投掷类项目中，预加速阶段主要有助跑、滑步、旋转等形式。摆动腿与蹬地腿的先后用力顺序的正确与否，在完成投掷动作时整个动作的用力顺序中显得尤为重要。要获得尽可能大的移动速度，必须掌握合理的摆动腿技术，以摆带蹬、以蹬促摆、蹬摆结合，大幅度、积极快速地摆动以及快速有力地蹬地，可以提高助跑、滑步和旋转速度，使人体、器械获得尽可能大的预先速度，从而使身体形成良好的超越器械姿势，为最后用力创造良好的工作条件。助跑技术的优劣还表现在动作的幅度、肌肉用力的大小，以及完成动作肌肉紧张、放松的程度等方面。投掷类项目的最后用力技巧，主要是通过身体各环节自下而上地依次用力（右腿转蹬、躯干扭转、左臂迅速牵引及突然制动和牢固的左侧支撑技术），并相继加速运动和减速运动，形成相邻环节肌肉依次快速拉长，然后引起有力的收缩，使动量依次传递，并作用于器械，从而增大器械的出手初速度。

（三）投掷类项目核心技术基本特征分析

在最后用力技术中，合理的用力顺序是取得最大出手初速度的关键。最后用力开始后，右腿快速蹬伸，推动右髋转动，使肩轴落后于髋轴，形成较大的肩髋扭转角，从而使躯干肌群得到最大限度地预先拉长。当髋轴转至接近正对投掷方向时，肩轴迅速转动，超越髋轴，形成自下而上的用力顺序。在最后用力中，右腿正确的蹬伸用力，是髋部正确运动的保证，而髋部动作的优劣直接影响到身体侧弓动作形成，进而影响到投掷专项成绩。在投掷类项目中，牢固的左侧支撑动作，既可以有效地保证动量转换，提高上体和器械向前上方运动的速度，提高器械出手高度，又可以使器械获得较大的垂直分力，进而达到理想的器械出手初速度和出手角度。

1. 推铅球最后用力技术基本特征分析

推铅球滑步技术结束，两脚着地支撑，形成合理的超越器械动作，即进入最后用力阶段。合理地利用滑步所获得的速度和良好的超越器械身体姿势，形成实效的最后用力动作，是该技术阶段的主要任务，主要包括转、蹬、送、挺、推、伸、拨等连贯动作。

2. 掷铁饼最后用力技术基本特征分析

掷铁饼最后用力是从左脚着地至铁饼运行到最低点开始，该阶段应充分发挥腿、腰转动用力的能力，在左腿的牢固支撑下，右腿、右髋积极转动用力，此时投掷臂跟随腿、腰的转动加速。同时，左臂适时地向投掷方向摆动，使胸大肌形成预先适宜的拉伸，为随后的以胸带臂加速用力打好基础。从铁饼运行到最低点到铁饼出手，在下肢和躯干持续向前转动用力的基础上，通过左腿支撑用力和左臂、左腿及时制动配合，以胸带臂加速用力"鞭打"出手，出手点约与肩同高。

3. 掷标枪最后用力技术基本特征分析

掷标枪最后用力阶段动作技术要保证充分利用助跑所获得的速度，在一定的工作距离内将最大的力作用于标枪纵轴，使标枪在出手瞬间达到最高速度，并达到合理的出手角度。主要任务是充分利用助跑获得的速度和良好的投掷步技术，使下肢超越上体，做好超越器械动作。同时注意超越器械的幅度不宜过大，以适合最大的发挥肌肉的收缩力，并尽量减少运动中水平速度的损失为最佳。就标枪最后用力的整个用力过程而言，主要分为右蹬、左撑、满弓、鞭打4个阶段。

# 第二节 田径投掷技术规律在教学中的运用

不同的田径投掷项目在主要技术上是基本相同的，但又各有特点。只有掌握好共同的技术规律并合理地运用于教学实践，才能加速学生对不同项目投掷技术的理解和掌握，获取良好的教学效果，起到事半功倍的作用。

## 一、有节奏的快速助跑

助跑，是完成整个技术动作过程的重要组成部分（包括助跑前的准备动作）。助跑的距离和方法因项目而异，助跑形式分直线和旋转两种。

助跑时器械的水平速度方向与器械出手时的水平方向越接近，身体各环节及器械的分运动和分速度合成的越好，助跑速度的利用率就越高。研究表明：不同投掷项目助跑速度占器械出手速度的百分比大约分别为，铅球15%、铁饼30%、标枪20%、链球85%，要使学生认识到，所有投掷项目对助跑技术的要求是共同的，即双腿动作积极蹬摆协调配合，腾空低平，稳中求快，同时要有合理快速的助跑节奏。

良好的助跑技术特点是逐渐加速且有节奏。助跑速度一般控制在个人最高速度的70%～80%。速度太快，技术动作难以保证，速度太慢发挥不了助跑速度和获得更大能量，降低了助跑的作用。助跑节奏对助跑速度的发挥及速度的利用率、最后用力前良好的身体姿态、出手阶段动作和最终的成绩影响极大。教学中要注意加强助跑节奏的教学，针对性地选用一些标志，如声音口令、信号、标志点、标志线等手段，逐渐培养学生的节奏感，使他们在完成正确助跑技术动作的同时，努力达到自己最大可控速度，最终随素质和技术的提高形成合理快速的助跑节奏。可用下述三项指标来评价助跑技术的优劣：①可控速度；②助跑速度利用率；③最后用力身体姿态。

## 二、爆发性的最后用力及正确的用力顺序

最后用力技术是投掷技术关键。器械的出手速度和最佳出手参数主要靠最后用力阶段来实现。最后用力阶段器械速度增大除链球外，铅球约提高5～7倍，铁饼提高约两倍，标枪4～5倍。投掷成绩取决于出手速度的高

低，而爆发性用力和正确的用力顺序对出手速度的提高有着极为重要的作用，它们共同构成最后用力技术的核心。

投掷项目要求最后用力阶段应在尽可能短的时间内发挥出最大的力量，力量梯度越大，器械产生加速度的值就越大，所以最后用力动作要使肌肉爆发性的快速收缩，尽快达到最大力值。

正确的用力顺序实现动量的依次传递。技术上表现出快速"鞭打"的动作，首先是下肢快速支撑制动，同时躯干用力并产生加速运动，通过肩传向上肢，引起上肢的加速运动。身体各环节自下而上依次用力并相继加速运动，动量依次传递，直到传向投掷器械，使器械产生最大的出手速度。

### 三、稳固有力的左侧支撑

以下肢稳固支撑为基础是投掷最后用力动作的重要特征，支撑制动动作是动量传递的基本保证。在投掷项目成绩结构中，技术上对支撑腿的要求比蹬地腿要高得多。左脚的快速着地支撑，不仅利于提高助跑速度的利用率，而且有利于完成最后用力的转体动作、投掷臂的用力和器械出手垂直速度。学习过程中要加强支撑技术练习，注意发展腿部支撑能力，确保支撑时左膝较小的弯曲幅度。

### 四、髋关节主动用力

投掷项目真正有力的爆发伸展点首先应是髋关节，然后是膝关节、踝关节。最后用力阶段臂部（身体重心）移动的轨迹呈现由后下方向前上方运动的特征；送髋越快，越充分，用力也就越充分，这样不但能发挥最大的投掷力量，还能有效地加大用力动作幅度。如果髋关节用力技术不好，容易造成单纯同手臂的力量进行投掷的错误，使投掷臂的负担过重，出现运动损伤。

### 五、投掷力量、动作幅度和动作速度三者高度统一

要取得好成绩必须有较高的力量递增速度，即通常所说的爆发力要好，要在最短的时间内表现出最大的投掷力量，这两点的重要性不容置疑。但对于动作的幅度往往被忽视，从 $V = F \times L / t$ 得知，器械出手速度 V 与器械受力 F 和受力作用距离 L 成正比，比受力时间 t 成反比。如果把 F 与 t 的比值看作力量速度的变化，那么，力的作用距离就成为影响器械出手速度的另一主要因素。提高作用力距离是合理技术的重要组成部分，主要通过提高"超越器械"程度和加大用力幅度来实现，处理好投掷力量、用力时间和动作幅度三者的关系是最后用力的关键。

## 六、准确的用力方向

用力方向是投掷技术关键中的关键。准确的用力方向突出表现在出手角度上，器械应控制在正确的空间位置，应沿出手方向加速运动，保持水平速度和垂直速度的矢量合成方向与出手角度一致。合理的出手角度与器械的出手速度和出手高度有关，通常推铅球和掷链球的出手角在 40°～44°之间。由于空气动力学因素影响，掷铁饼和掷标枪的出力角在 30°～37°之间。准确的用力方向是衡量技术水平的重要标志，这也是标枪教学和训练中为什么要进行大量插枪练习的主要原因。·

## 七、肢体末端的技术和用力

投掷项目对头部动作及踝关节、腕关节特别是支撑腿的踝关节，脚底肌和投掷臂手腕、手指的技术动作和力量要求均很高，但又往往被忽视。教学与训练中应加以注意，通过针对性练习提高与大关节间力量的平衡。

## 八、正确合理的速度——节奏技术模式

当前投掷项目的教学与训练都十分重视其速度——节奏模式，尤其是学习的初期，首先要建立起完整技术节奏，并随身体素质和技术水平的提高不断改进，逐渐趋于合理。正确的节奏体现经济、实效的统一，能使运动器官与技术环节之间协调一致，最大限度地发挥体能，形成稳定的动力定型。不论何种速度——节奏模式都应以速度为中心并探索适合个人的合理节奏，从技术实际出发，不要生搬硬套别人的模式。

田径运动投掷项目虽各自的技术形式不同，但有着共同的技术规律，教学和训练中，要紧紧抓住共同的技术规律和各项目的技术特点，深入理解，进行针对性训练，从根本上提高投掷技术水平。

# 第三节 投掷项目力量训练

投掷项目在运动训练学中属于体能主导类快速力量项群，在此项群中运动员的快速力量水平在其竞技能力构成中占决定性地位。力量是掌握投掷技术和提高专项成绩的基础。投掷运动员要提高大力量训练水平，必须加强专项力量训练，解决好大力量训练向专项力量训练的过渡和转化。突出专项训练作用，增加专项力量训练比重是现代投掷训练的发展趋势。大力量训练只有与快速力量训练、一般投掷训练结合起来，才能为发展爆发力和专项力量

服务，促进力量转化和专项力量发展。

## 一、力量素质的构成

力量素质是指人体或人体某一部分肌肉工作时克服体内外阻力的工作能力，它是人体完成技术动作时肌肉收缩力的综合表现，是原动肌与对抗肌、协同肌和固定肌的协调能力，也是动作中力学杠杆作用的主要组成部分。力量素质是投掷运动员的最基本的身体素质，通过肌肉工作表现出来。因此，根据肌肉工作的性质和强度，力量素质可分为 4 大类：

1.绝对力量即极限力量

投掷运动员克服最大阻力的能力，主要表现为肌肉收缩强度大，因而它在很大程度上决定着投掷项目的运动成绩。

2.相对力量

反映了投掷项目运动员绝对力量与体重之间的关系，即绝对力量与体重之比。如果绝对力量不变，体重越大，则相对力量越小。投掷项目与举重项目不同，它要求绝对力量有所发展，同时也要求相对力量相应提高。

3.力量耐力

主要指人体克服外部阻力、坚持长时间工作的能力。在投掷运动项目中，力量耐力虽不十分重要，但力量耐力的提高有助于人体对肌肉疲劳的耐受和消除，无疑对增强投掷运动项目力量素质有不可忽视的作用。

4.速度力量

人体在快速运动中发挥最大力量的能力。如何在最短的时间内完成最后用力阶段技术动作，发挥肌肉的最大力量，使器械出手的速度达到最大值。

## 二、投掷项目专项力量素质训训练中核心力量训练研究

力量素质通常理解为人体或身体某部分肌肉在运动时克服阻力的能力，任何运动技术的掌握都要通过肌肉用力去实现，它是运动成绩提高最重要的前提，在投掷项目中力量素质占有十分重要的位置。国内外有关专家根据力量素质的表现形式及构成成分，一般把肌肉力量分为最大力量（也称为绝对力量）、相对力量（最大力量与自身体重的比值）、速度力量、耐久力量等。至此，对力量素质足人体运动技能的一种表现形式，是人体或身体某部位肌肉收缩和舒张时克服阻力的能力，肌肉力量是人们完成各种动作的动力来源已经有了更深的认识。特别是以体能为主导因素的田径运动中，大多数项目把力量素质视为决定运动成绩的关键因素。传统的力量训练主要有负重抗阻力，克服弹力、物体阻力、外部阻力等对大小肌肉群的训练。投掷项目专项

力量是重点，而核心力量的训练又是力量训练的重中之重。因此，对于投掷运动员的力量训练，必须处理好专项力量训练中的核心力量的训练问题。

（一）专项力量与核心力量的再认识

1.专项力量及其动态适应性原则

力量素质是现代体能训练中最核心的部分，任何体育运动项目都是依靠骨骼肌收缩与舒张而实施的。传统的力量训练只注重四肢和大肌肉群的发展，训练方法也是单一肌肉收缩为主。研究显示，肌肉单～收缩时，甚至在最大用力的情况下，通常也只有60%左右的肌纤维参加工作。这种效率低下的肌肉活动直接影响运动成绩，尤其是以力量为主的投掷类项目。目前对专项力量及专项力量训练的概念国内外尚未统一，但是目前较认同的专项力量训练观点是：运动员进行力量训练，如果其练习的生物力学特征同比赛动作相接近，人们称之为高效益的专项力量训练。据此，可以推理认为针对各运动项目的用力特点进行相应肌群的适应性训练就是专项力量训练，它是运动员取得优异成绩的保障。专项力量训练，必须遵循的动态适应性原则。

运动员的肌肉力量和肌肉收缩速度适应其运动项目的要求是取得良好成绩的重要保证，针对比赛时的肢体运动速度进行力量训练，人们称之为速度适应性原理。运动生物力学的教科书上曾有一个典型的例子：经测试短跑与跳高项目的两组受试者的最大功率相接近，但其最大瞬时肌力和速度则有差异，短跑组以发挥速度占优势，跳高组则以发挥力量占优势，当为这两项运动员设计专项力量训练的练习时，一定要依据其肌力和速度的差异。

研究者发现专项力量训练，必须遵循所谓动态适应性原则，在下列方面必须与比赛动作适应：①动作的幅度与方向；②运动的有效幅度及重点区；③作用力（或肌力）的大小；④最大作用力的发挥速率（或叫力的梯度）；⑤肌肉工作形式。因此，专项力量训练也应该有一个螺旋式上升的平台。即，"刺激—适应—再刺激—再适应"，这种循环上升的过程。

2.核心力量及其训练原则

所谓"核心"是人体的中间环节，就是肩关节以下、髋关节以上包括骨盆在内的区域，是由腰、骨盆、髋关节形成的一个整体，包含29块肌肉。核心肌肉群担负着稳定重心、传导力量等作用，是整体发力的主要环节，对上下肢的活动、用力起着承上启下的枢纽作用。强有力的核心肌肉群，对运动中的身体姿势、运动技能和专项技术动作起着稳定和支持作用。所以，凡足姿态优美挺拔、身体控制力和平衡力强的人，核心肌肉群肯定受过很好的训练。核心力量对稳定性的形成有着至关重要的影响。随着核心训练在运动康复领域取得成功后，体育运动项目中游泳运动也开始借助核心力量训练取得显著的效果。人们发现这种核心力量训练对很多项目都有帮助，并先后在田径等个项目开始大胆应用。

如，投掷项目中的标枪的"鞭打动作"是将下肢和躯干的力量集中传递到上肢，这种集结了全身力量出手的鞭打动作，足核心力量通过近端固定来提高末端的肌肉的发力。其次，关于投掷项目上肢的"最后用力"属于腰髋肌群的原动肌群发力，并通过闭合式的动力链向下肢形成有效的动量传递。有研究表明：下肢和躯干力量好，身体稳定性强的铅球运动员，其出手速度要快于这方面弱的运动员。原因是核心部位的稳定是旋转最后用力阶段顺利过渡的基础，是下肢力量高效传递到上肢的关键，核心部位力量的强大还会加快器械出手的速度，提高技术动作的功效。

核心力量训练是指针对身体核心肌群及其深层小肌肉进行的力量、稳定、平衡等能力的训练。稳定是核心前期训练的主要月的，核心力量训练是其他运动能力，诸如速度、灵敏、协调等素质的基础。核心力量训练计划的一个重要的原则就是在运动中使许多的肌群协调地做功，稳定性训练的目的就是要动员躯干深层的小肌群参与运动。同时由于核心力量训练的理念来自运动治疗的新的手段里有一种方法被称为普拉提治疗。由于普拉提对矫正姿势，调节脊柱的紊乱，缓解慢性疼痛的确是不错的选择。在国外，很多物理治疗师把普拉提作为运动治疗的核心手段之一，国内有很多家私人运动康复诊所均开设有普拉提治疗。普拉提强调：注意、平衡、呼吸、集中、控制、中心、效率、精确性、流畅、和谐，十大原则。这十大原则无论是教学过程中还是运动竞技的过程中，并且强调这样的原则应该是贯穿整个运动的始终！

（二）核心力量训练在专项力量训练中的地位

由于核心力量训练的效果及其重要性已经越来越被广大教练认可，核心力量训练在专项力量训练过程中得到了更加重视。从而避免了训练过程中过分强调专项性，忽视各肌群的协调性；避免过分强调专项速度训练，忽视基础力量训练；训练过程达到一个以核心训练为中心，各肌群协同训练的共同成长系统。

近年来，核心力量训练在我国竞技体育训练中引起很多人的关注。但是关于运动员核心力量训练的研究，在国内学术界还是个新的研究课题。本研究结合实践经验阐明以力量素质为基础的投掷项目运动员在专项力量训练过程中核心力壤训练的概念、训练原则及地位关系。希望本研究能引起体育领域的广大专家学者的重视，进行深入研究，为体育事业的创新发展添砖加瓦。

# 第十章 田径运动健身理论与方法

## 第一节 我国全民健身发展的问题与对策分析

随着《全民健身计划纲要》的颁布执行，我国全民健身意识逐渐增强，参与体育运动的人数不断增多，全民健身运动成绩斐然。但目前我国全民健身计划实施过程中仍然存在很多问题亟待解决，严重阻碍我国全民健身运动的持续健康发展。

### 一、我国全民健身运动发展现状

《全民健身计划纲要》的颁布实施极大地促进了全民健身运动的发展，体育健身设施和场所增多，体育指导员数量增加，参与体育运动的人数和体育人口比例有很大提升，全民健身意识显著增强，我国全民健身运动发展前景十分乐观。在全民健身计划实施过程中存在着一些问题阻碍了全民健身运动的发展，主要表现为体育锻炼设施滞后且不足，体育场馆建设迟缓，体育指导员综合素质不高，各地体育消费水平差距大等，制约了我国全民健身运动的持续发展。

### 二、我国全民健身运动发展过程中存在的问题

（一）体育锻炼场馆和设施不足且相对落后

近年来，我国体育锻炼场馆数量增多，绝对数量似乎可以满足大众需求，但是，我国体育锻炼场馆在分布结构、分布地点、利用率等方面存在很多问题，主要表现为：第一，居民参与体育锻炼活动的场所主要是自家庭院、居民小区、公路街旁，这些场所缺乏专业的体育设施和体育指导，十分不正规。第二，由于区域差异和城乡差距，使我国体育场所东部地区多，中西部地区少，城市地区多，农村地区少，且主要分布在学校和企事业单位周围，可以

供普通利用的场馆和设施十分有限，利用率低。第三，与国外发达国家相比较，我国体育场馆和设施设置相对落后，缺乏国际先进体育设施。

（二）体育市场发育不良，大众体育消费水平低

一方面，受经济收入和时间限制，我国体育消费主体需求量少，买方市场难以成型，大众体育消费水平偏低；另一方面，由于体育市场主体市场敏感度低、对于产品质量问题不够重视、中介组织不健全等原因，致使体育产品品质差、市场主体缺乏自主性，难以形成健全的体育市场运行机制。

（三）全民健身意识相对不高，健身运动缺乏科学指导

目前，我国居民对健身的重要性意识不够，缺乏体育精神，大量的闲暇时间被用来看电视、上网等，全民健身意识有待提高。且在体育锻炼过程中，缺乏科学的指导，锻炼者不能选择适当的健身项目和健身方法，不仅影响体育锻炼效果，且极易导致身体不良反应的产生，甚至影响生命安全。

### 三、实施全民健身的必然性

（一）作为个体生存与发展的需要

身心健康不仅是人类最低级的生存需求能够得以实现的必要条件，同时也是人类最高级的自我实现需求能够得以满足的重要条件。人类的众多的社会实践活动中，只有有目的、有计划、有步骤并结合自己个人的实际情况进行体育锻炼才能获得健康的体魄，这些需求的实现最终应求助于健身活动，而全民健身的优越性显然是其他单一的体育教学、运动训练和运动竞赛不可代替的。因为它既能使每一个社会成员都享有受锻炼身体的权利，又能够为每个社会个体获得生存和发展奠定基础。

（二）民族、国家和社会发展进步的需要

无论哪个国家、哪个民族和社会，也无论什么时候，要实现繁荣其中一个重要的指标那就是广大民众的健康问题。而任何一个国家和社会解决这一问题，改善生存状态的先决条件就是要求构成这个社会的每一个成员都要进行体育活动——因为通过增强一个人的健康进而影响着整个民族、国家和社会的健康状态。全民健身便成为增进民族健康、促进国家和社会进步的必然要求。这也是"全民健身"所规定的教育对象的"普及性""广泛性"学校体育必修课的"强制性"，以及体育本身所固有的"健身""娱乐""社会功能"等所必然要求的。

## 四、全民健身的内涵及其基本目的

所谓全民健身就是体育运动对象的全民化。结合全民健身运动兴起的背景，我们不难对其内涵作出明确的规范：全民健身指全体国民都有受体育教育和体育锻炼的基本权利并必须接受一定程度的健身教育，他们可以通过各种方式锻炼自身的身体，调节心理状态从而达到身心的和谐发展——全民健身不仅仅是一种基本的权利与义务，而且还是一种极为重要的必需。这不仅指单纯地赋予每一个社会成员都有锻炼自己身体的权利与义务，更重要的使他们懂得全民健身运动背后的理念，提高自觉参加体育锻炼的积极性和创造性，并为他们提供健身的机会和场所；每一个社会成员也并不只是权利的享受者，他们也必须担负一定的责任：个人的、社会的以及全球性的。

全民健身的基本目的或者说最终目标应当是满足每一个人的基本健身的需要，增进身心健康。这些需要包括基本的健身手段、基本的健身知识、基本的健身内容和基本健身场所等等。这些都是人们进行健身活动中的必要条件，是增进身心健康的根本保证。只有当人们的身心健康处于比较好的状态时才能有效地生存下去、充分发挥自己的能力、充分地参与发展、改善自己的生活质量做出有见识的决策。当然，全民健身并不仅仅是形式，它是终生体育和全人类发展的基础。现代社会正处在一个快节奏的知识爆炸时代，人们的学习、工作和生活也处在一种非常繁忙的状态。人们需要通过经常性的体育锻炼和各种健身活动不断及时地调节身心以适应各种变化，这就要求终生必须不断地进行健身活动，才能使自己保持良好的身心健康。

## 五、全民健身观念与行为的不一致性

全民健身计划的推行是利国利民的大事，这一计划的落实，将对提高国民的整体素质起到极其重要的作用，强化身心健康观念，加大对未来健康的投资，已在更广泛的意义上被大众所接受。能否坚持不懈地把全民健身计划落到实处，关键在于人们既要树立正确的健身观念，也要身体力行，持之以恒。然而，在实际生活中，虽然人们对健身的作用有一定的认识，但是有些认识还是相当肤浅的，甚至是片面的。特别是在观念与行为上往往不能达到一致，有的还存在着较大的距离与差异。本文主要针对人们生活中妨碍健身行为的主客观因素进行分析，提出自己的论点，以提高人们在现实中参与意识，从而推动全民健身运动健康有序地发展。

（一）对健身认识的误区

体育锻炼增进健康已成共识，但有相当多的社会成员对健身的认识还是肤浅的，甚至是片面的，其中对健身的基础知识，基本作用以及方式方法的科学性的认识尤为不足，突出地表现为：

1. 片面强调健身娱乐功能，淡化健身运动的积极意义

在现实生活中健身运动并没有以自身的本来面目进入角色，更多地是以娱乐的手段和载体存在。单纯地追求和片面地夸大它的娱乐作用，严重地扭曲和损害了健身运动的真实形象和积极意义，也直接导致了人们视健身为"调味品"的不良后果，好"玩"的运动广受青睐，许多很有意义的活动因不好"玩"而备受冷落。

2. 只注重健身的外在表现形式

人们虽然了解一些健身知识，但缺乏系统性、科学性的全面了解，即使是在那些比较重视健身锻炼的人群中，也普遍存在这种倾向，认为健身就是健肢体、健体能，其实，健身的内涵和功能是非常丰富和广泛的，它还包括健头脑、健毅力、健心灵、健品质等方面的内容，运动的方式也绝非仅仅是跑跑步、打打球、做做操等肢体运动。那些片面的、传统的认识势必削弱健身运动作用的全面发挥，影响健身运动取得更好的成绩与效果。

3. 视坚持体育锻炼为老弱病残专利

留意观察一下就会发现，那些坚持身体锻炼，对健身运动十分执着的人大多是老弱病残之辈，他们最需要、最渴望健康，因此参加健身运动最主动、最积极。而更多的人认为自己身体好，年青，有朝气，没病没灾无须依靠锻炼健体健身，这种现象在青少年学生和广大上班族中普遍存在，必须引起我们的高度重视。

（二）妨碍健身行为的因素

有许多人虽然已认识到健身的重要性，却没能落实到行动上，究其原因主要有以下几个方面：

1. 社会生存环境的影响

长期以来，人们大都把主要精力投放到了以工作、家庭、学习为核心的生活中，对其他事情顾及极少，几乎没有条件考虑对健康的投资，人们逐渐养成了不好动也怕动的生活习惯，并形成了一种较为顽固的生活惰性，而这种惰性又极大地影响了人们的健身行为。因此，转变人们当前的生活观是促进人们健身行为的重要因素。

2. 经济与生活水平影响

几十年来，国家经济落后，人民生活水平不高，人们由衷地感到经济在生活中以及在其他领域的重要作用。因此，有的人把更多的精力放到了如何

获取更多的钱上，不顾一切地忙碌着，对自身的健康进行掠夺式的索取，这种人已沦为金钱的奴隶，对健身只会是口号式的概念。

我们应该承认，毕竟以动为主的健身运动需要能量，需要营养，需要一定的经济条件。在中国传统的养生方法中，人们更乐意接受"静养"和"保重"的观念。现在人们的生活水准虽然普遍提高，但传统观念的影响仍根深蒂固：健身可是要花很多钱的！这当然是误解，但现实中层出不穷涌现的高档健身场所，客观上造成了一个误区，使得广大群众更加疏远了健身运动。首先，奢侈的消费绝不是健身的健康方向；每个人都有权力和能力选择更适合自己的健身方式，最重要的是在观念上认识这一点。

3. 不合理的休假安排的影响

随着全国双休日的实行，人们的闲暇时间愈加宽松，为推行全民健身计划提供了必要的前提条件。但人们总是狭隘地把休息日看成是做家务日、睡觉日，往往购物逛街、合家聚餐、偶尔举家郊游，也就称得上是不错的休闲了。人们不习惯把大好的休息日用来运动，更有那种只追求感官刺激的消极不良的生活习惯影响的市民，生活无规律，双休日通宵达旦搓麻将、看录像等严重影响了身心健康，也破坏了社会风气的安定。

4. 对健身观念认识不清的影响

在我们的生活中，人们对身体健康的标准看法并不一致，有些人甚至错误地认为：身体无病无疼就是健康，还有一些人体质较弱，疾患缠身，他们认为吃药、打针就可以解除病痛，而平时"进补""静养"则可增强体质。过分依赖外在的药物和滋补品而不愿通过适当的健身运动获得机体内部的免疫能力和抵抗能力的提高，这样做显然是不可取的。

5. 缺乏持久的锻炼毅力

体育锻炼需要有坚韧不拔的意志，不怕酷暑和严寒的精神作风，以及持之以恒的毅力。我们从周围可以看到，长期锻炼的人要比短期锻炼的人少；冬夏季锻炼的人要比春秋季锻炼的人少。另外还有一种有趣的现象：那些得了绝症的患者，健身运动决心最大，只要有可能总是坚持不懈；而热情好动的年轻人也好凭着兴趣轰轰烈烈地活动几天，然而不久就草草收兵，极少有坚持到底的。由此可见人们在思想深处还存在着怕苦怕难，懒惰等心理因素。

## 六、我国全民健身运动发展对策研究

（一）更新体育场所建设理念，合理布局体育场所

一方面，应及时更新体育场所的建设理念，根据民众的健康需求塑造最

新理念，向"场园一体化"和"多功能"格局方向发展；另一方面，体育场所的分布结构应根据体育人口的年龄结构、分布特点、社会阶层等合理布局，以满足不同体育人口的健身需求。

（二）大力发展体育市场，提高大众体育消费水平

培养体育市场，提高大众体育消费水平，最根本是要提高国家经济发展水平，增加居民收入。经济是基础，经济收入很大程度上影响消费水平，促进国家经济发展，提高居民收入水平，是实现这一目标的根本举措。此外，根据体育人口喜好增加健身运动项目，建立不同类型的健身俱乐部、体育协会等，增加居民参与体育锻炼的热情，完善体育市场运营体制，建立全国统一的、开放的体育市场体系。

（三）大力培养体育专业人才

随着经济的发展和人们生活水平的提高，社会对于健身、体育锻炼的需求逐渐增加，体育市场的拓展是大势所趋，一旦体育市场拓展，对于体育专业人才的需求将迅速增加，因此，各大体育院校应大力增强体育专业人才培养力度，满足社会对各类体育专业人才的需求。同时，高等院校应积极承担社会体育指导员的培训工作，提高体育指导员综合素质，壮大社会体育指导队伍。

（四）加强宣传力度，提高全民健身意识

政府相关部门应加强宣传力度，在全社会范围内普及健身知识，弘扬体育精神，以提高民众对于"全民健身计划"的认知，理解全民健身运动的价值。政府相关部门可利用报刊、广播、电视、网络等媒体形式，积极宣传全民健身运动的重要意义，提高全民健身意识，弘扬体育精神。

由于科学技术进步和现代化生产发展，人们体力劳动和运动量也逐步减少，加之我国有大批的人不参加体育锻炼。所以"现代文明综合征"在我国的发展也有上升趋势。

随着社会进步发展，人们对健康的认识也不断更新，虽然没有一个统一严格的定义，但至少人们已开始摒弃"无病不看医生，即是健康"的错误认识，从对人体健康认识的单纯生物学模式转变为生物心理、社会医学综合模式。WHO界定：健康不但是没有身体缺陷和疾患，还要有完整的生理、心理和社会适应能力。因此，健康不仅仅是不生病，它应包括正常的生理、心理精神状态和对社会的适应性。健康是人人追求的崇高目标，也是一个国家实现现代化的基本保证，健康是社会进步的重要标志和潜在动力，达到尽可能

高的健康水平是世界范围内的一项重要的社会目标。因此，促进健康是社会的共同责任，人人进行身体锻炼是使我国综合国力得以提高的表现。健康是21世纪的"通行证"。世界各国政府无一例外地把目光投向了大众体育。

青壮年人应是我国推行全民健身计划的主力军，他们既没有老年人那种悠哉心态和充裕的闲暇时间，又没有青少年在校学习的条件和活泼好动的心理。因此，要增强他们全民健身意识的紧迫感和责任感，加大宣传教育力度。许多人总是用各种理由和借口为不参加体育锻炼进行推辞和辩护，这实质上是思想观念和意识方面的问题，也是对高质量生活标准缺乏现代意识的表现，都需要予以澄清和观念更新。

（五）充分利用地理环境开展全民健身

要使全民健身活动有计划、系统、持久地开展，除了尽多地开放现有公园、风景区等自然环境和城市现有的体育场地进行活动外，笔者认为，国家在城市规划建设时，可适当地考虑建设一些适合群众性体育活动开展的场所，如：田径场、游泳馆、健身房。在公园和自然风景区建设简易大众参与的设施，如：梅花桩、平衡桥、秋千等。在居民生活区建设休闲锻炼的场地，如：单杠、双杠、爬杠、球类球场等等。另外充分利用现有学校的体育场地进行全民健身锻炼，做到工作之余就近到体育场地锻炼；想锻炼就能找到锻炼场地，这样充分利用现有条件，少花钱，多办事，办大事，才能达到健身的目的。

我国全民健身计划实施以来，参与体育锻炼的人数和体育人口比例提高，健身场所和设施不断完善，民众健身意识增强，全民健身工程向前迈进了一大步。但是，在全民健身计划开展实施过程中，不可避免的存在一些问题，如场所和设施缺乏、体育市场不完善、民众健身意识薄弱、法制不健全等，严重制约我国全民健身运动的发展。针对以上问题，政府相关部门应采取相应措施，健全法制，增强全民健身意识，完善体育市场，以推动我国全民健身事业的发展。

# 第二节 全民健身运动发展的科学内涵及特征

中国特色的社会主义事业正以前所未有的规模和速度向前发展，引领我们准确把握群众体育事业发展的内在规律以及在社会发展中的地位和作用；引领我们准确把握全民健身运动的方向、机制、结构和效益问题。大力发展全民健身运动是全面建设小康社会的内在要求，是贯彻落实科学发展观、构建社会主义和谐社会的重要内容，是满足不同民族，不同阶层、不同区域广大人民群众日益增长的体育健身需要，新形势下把握全民健身运动发展的科学内涵及其特征具有重要的现实意义。

## 一、全民健身运动发展的科学内涵

体育是属于满足社会及人的需要且为其他一切手段所不能完全替代的重要生活方式之一。人类因体育使自身需求空间不断充实与丰满，体育则因人类需求而获得其发展的理由。国务院颁布的《全民健身计划纲要》是一个与实现社会主义现代化建设目标相配套，强健中华民族体魄的跨世纪发展战略规划。经过不懈努力，于21世纪初基本形成了具有中国特色的社会主义全民健身体系的基本框架，标志着旨在提高国民身体素质的群众体育活动进入快速发展时期。随后，国家体育总局根据未来我国经济建设和社会发展的远景目标，制定了《全民健身计划纲要》第二期工程（2001—2010年）规划，确立"经过10年的努力，实现全民健身事业与国民经济和社会事业协调发展，全面提高国民素质，基本建成具有中国特色的全民健身事业和面向大众的体育服务体系"的奋斗目标。2002年《中共中央国务院关于进一步加强和改进新时期体育工作意见》明确提出，"大力推进全民健身计划，增强人民体质，是体育工作的根本任务，体育工作一定要把提高全民族的身体素质摆在突出位置"。党的十六大把"全民健身体系"纳入未来20年全面建设小康社会的目标，这是自党的十二大使用"小康"概念以来，党的重要文献首次将"全民健身"纳入小康社会建设目标，是既中共中央8号文件之后，党中央又一次从实现新世纪我国经济、社会发展的战略目标和实现中华民族的伟大复兴的高度肯定了体育在经济社会中的地位和作用。党的十六届六中全会做出了《关于构建社会主义和谐社会若干重大问题的决定》，明确提出了构建社会主义和谐社会的重大战略任务，"加强城乡社区体育设施建设，广泛开展全民健身活动"。为适应我国改革开放进入关键时期的客观要求，提出深入贯彻落实科学发展观，坚持以实现人的全面发展为目标，把实现好、维护好、发展好最广大人民的根本利益作为党和国家一切工作的出发点和落脚点，从实现好、维护好、发展好最广大人民的根本利益出发，谋发展、促发展，做到发展为了人民，发展依靠人民，发展成果由人民共享，蕴涵着国家保障群众体育发展的务实态度和创新精神，表明了国家的意志与行动。大力发展全民健身运动，提高全社会的健康水准，丰富人们的业余文化生活，享受社会经济发展、社会进步、生活水平提高所带来的实惠，使之成为"高举中国特色社会主义伟大旗帜，为夺取全面建设小康社会新胜利而奋斗"目标，这是建设中国特色体育文化的核心价值体系，增强社会主义意识形态的吸引力和凝聚力的具体体现。

社会主义制度要求体育是广大人民群众的体育，它最根本、最集中体现在一切为了人民的体质与健康，最大限度地满足人民对体育需求，从而使人民生活得更加幸福美满。中国又是一个多民族的国家，应该为建立平等、团结、互助、和谐的民族关系，满足民族群众日益增长的体育健身需要，进而提高少数民族群众体质健康水平，并最终实现兴边康体、富强和谐、民主文明的少数民族地区承担更大责任。全民健身运动就是以满足各民族群众日益增长的体育健身需求为目标，以形式多样、内容丰富体育活动为载体，以身体活动为基本形式，以身体完善为主要目标的体育活动过程中有关人的精神生活的体育文化。它根植于中国特色的社会实践，反映和体现中国社会主义政治和经济的基本特征，发展全民健身运动离不开中国特色的社会主义实践，建设全民健身运动，就是发展有中国特色的社会主义体育事业。

大力推进全民健身事业发展，已成为我国体育事业发展中最鲜明的主题，全民健身运动作为一个具有时代特征和意义的革新行动，不仅突出体现在发展群众体育事业方面，而且业已成为能够不断为全体国民提供和改善体育健身需求，使全体国民的健康素质得到明显提高的重要方面。特别是2009年《全民健身条例》的颁布实施和"全民健身日"的设立，更是在法律层面上加强了群众体育法制制度的基础建设。它是一个杠杆，是一个推动力，推进全民健身运动长效化、机制化、制度化，由此说明了即社会主义社会要以最快的速度发展经济，以最大限度地满足人民群众不断增长的物质、文化需求。从发展生产力而言，动员人民群众参加体育活动是一种可以换回最大效益的投资；从人的需要而言，开展全民健身运动与社会主义最终要让人民过上幸福、文明、科学、健康生活的目的是一致的，作为社会主义的人民，应该而且可以享受到体育运动赋予他们的一切；从社会发展而言，就应包括科技、教育、文化、卫生、体育等社会事业的发展，也包括社会就业、社会保障、社会公平、社会和谐等。因此，今日的"全民健身"已经不仅仅是一项群众体育发展规划，而是成为一种理念，一个方向，一项事业，成了一种统筹群众体育各个要素、各个方面按一定方向发挥作用的运行标志，成了一种协调群众体育发展过程的机理，推动群众体育事业发展的运行机制。满足广大人民群众的体育健身需求已经成为当今群众体育一个突出主题或标志性特征，大力推进全民健身运动的发展是夺取全面建设小康社会新胜利的重要内容。

## 二、全民健身运动发展的特征

（一）健身活动的主体性

健身活动的主体性是人作为活动主体的质的规定性，是在与客体相互作用中得到发展的人的自觉能动和创造的特性。全民健身的哲理实现了人类学史上探究人的主体性的思想成果的辩证综合，这种综合前提在于把"强身健体"和"实现人的发展"概念引入到体育实践中，使人的物质属性和精神属性在主体活动的两个方面，即实践和认识有机联系中统一起来。只有肯定人作为全民健身运动实践和认识主体的身份，才能真正理解人同其他活动的客体的关系的本质规定性。为此，全民健身运动所表现出来的体育锻炼、娱乐休闲、户外运动、健身健美的主体性行为和手段，一方面使人达到强身健体、愉悦身心、陶冶情操、交互合作的效果，增强了传递、沟通和交流的能力，推动着社会的生产方式和生活方式的变革；另一方面拓展了认识空间，拓展了自身的主体性。当人的主体意识觉醒后，人就会愈发追求独立的主体性，在追求中人的主体性就愈显张力，在驾驭各种社会关系时就愈能体现一种融合的优势。健全的精神富于健全的身体，体育活动既作用于人的身体，也作用于人的精神；既作用于社会，也作用于全民健身运动在社会文化中的独特地位。

（二）健身活动的需要性

马克思指出："人的需要是人的本性，需要是人类存在和发展的必要前提，是社会生产和社会交往的起点。"全民健身运动是以不断满足人们身体与精神的享受和发展为目的的社会活动，全民健身以特有的强健体魄、休闲娱乐、社会交往与参与、公平竞争等多维功能越来越成为人们喜爱和广泛参与的闲暇活动方式之一，成为推动和谐社会建设和发展的"调节器"和"安全阀"。中国小康社会发展体育的目的是实现体育与社会、经济、文化、教育、生态协调发展，满足全民日益增长的多样化体育需求，使每一位公民都有参与体育、享受体育和发展体育的权利。现阶段，我国对体育健身运动的需要，是国家、社会和个人三维功效统一体的共同趋势。全民健身运动既满足个人的需要，也满足社会的需要，更是国家的需要。明确需求对象的构成与特征，可以使我们从一个更高的高度和更宽的视角去探究体育健身活动服务供给的本质和对象。

（三）健身活动的广泛性

在现代社会发展中，没有任何一种文化形态可以在民众的参与程度上能与全民健身运动相比，它集合了各个人种和民族，涵盖了所有的阶层和人群，包容了不同地域环境的年龄和性别，吸纳了各种职业和学历人士。无论在城市还是乡村，无论是社区还是单位，凡是有人群的地方，就有体育健身运动。国家鼓励公民参加群众体育活动，人们对体育活动参与内容尽管可以不同，参与的程度也可以有所差别，但人们必须参与其中，具有强烈的亲历实践的特征。通过亲身体验或间接参与来"按需所取"，既有政府组织的，也有社会团体、单位组织的；既有严格规范的，也有一般随意的。在参与组织中，既有政府体育行政机构，也有严格意义的体育社会团体；既有组织严密的社会体育指导中心和指导站，也有自发分散的群众体育锻炼小组，体育活动已经成为人们的一种生活方式。

（四）健身活动的多样性

全民健身运动的产生与人的产生、社会发展是同一过程的不同方面，健身活动的背后是人们健身活动中表现出来的活动方式，即"活动模式"或"活动样式"，是通过不同的载体获得的，是通过特定的社会关系和社会要求实现的。从过程来看，全面健身不是别的，正是人们积极活动经验的保存、发展和传递。从结果来看，全民健身将分化出包容性强的活动内容，满足人的个性化体育需求。历史上人们掌握一种体育文化的过程，主要是学习和继承特定的活动方式，获得从事各种必要活动的基本能力。伴随社会生活的日益丰富多彩，人们的生活价值观、生活方式、思维方式和经济收入等差异将导致社会文化的多元化，这种社会文化的多元化又将诱发健身运动的多样性，人们已经不再满足于大一统的群众体育活动。首先，全民健身运动将政府、体育行政部门、单位、企业、个人举办的体育活动越来越多地填充到人民群众的文化生活当中，社区活动、单位锻炼、辅导站、俱乐部、活动站点锻炼等也成为人们越来越多的选择，各种传统的、民族民间的、现代的体育活动内容日益丰富。其次，在实物型体育消费持续增长的同时，参与型体育消费将成为体育消费的主流，观赏型体育消费的群体会日益壮大。再次，体育与文化、教育、旅游、娱乐、卫生、国防、外交等社会活动发生广泛而深刻的互动，已经很难将体育与这些活动截然区分开来。同时，由于人们物质文化需求的多样性和满足人们物质文化需求产品的多功能性的客观现实，使得人们将不再仅仅满足于单一的体育产品和服务，而是将体育需求融入更多的其他需求之中，构成一种复合、多样并要求社会提供能够满足这种复合、多样需求的多重功能的产品和服务。

（五）健身活动的民族性

健身活动的民族性是全民健身运动另一特征的表现。人类从特定的地域中产生出来，自然地形成人种和族别，类聚于一定时空条件下的民族就创造出一定的民族文化，并蕴涵着丰富多彩的体育形式和内容，这种体育形式和内容强烈地影响和引导人们共同意识和文化的需要，使得人们自觉地强化了社会集体意识，增强了社会群体以及群体与群体之间的凝聚力。正是在这种力的作用下，使广大民族群众在态度与行为存在差异的情况下，集聚于一定的文化运动轨迹，整合为带有普遍趋同的文化现象和文化运动的势态，从而使少数民族体育健身文化从乡间、山寨、草原、沙漠走上了历史舞台。一些中断了多年的项目得以恢复，一些濒临失传的项目重放光彩。博大精深的民族体育之门开启了，绘成一幅色彩浓郁的民族风情图，少数民族健身体育文化所体现出的精神、意志和品格融入全民健身运动大潮中，向世人展示了少数民族异彩纷呈的各具特色的历史、宗教、文化和民俗。

（六）健身活动的时代性

全民健身运动作为体育文化的有机组成部分，有着不以人们意志为转移的必然规律，它在人类社会形态形成中超生物肢体的健全完善和超生物经验的传递交流中产生，其发展更是一个长期积累、选择、变异、冲突、交融、定性的过程，而它的价值在于人的全面、自由、和谐的发展，是个体人格和社会人格的和谐统一，在互涵和对照中不停地育化生息。一方面全民健身事业是一项公益性的社会事业，其在社会主义市场经济体制下发展，各级政府、社会、人民群众承担各自相应的职责，将形成全民健身政府主导、部门推进、社会参与、市场运作的宏观体制，发挥工会、共青团、妇联和科技、教育、文化、卫生、旅游等社会团体及职能部门作用，形成社会举办、兴办全民健身运动的活动机制，以此发挥政府主体作用的同时，走社会化的道路，形成国家、社会、个人共同举办的格局。另一方面，进入小康社会后，广大人民群众将更加关注身体健康，用健康的身体来享受美好的生活，以强身健体、休闲、娱乐为主要目的的体育活动越来越受到广大人民群众的欢迎，老少同台、夫妻共赛、家庭体育、社区体育以及"假日体育""绿色体育""文化生活广场"已经步入我们的日常生活中。"花钱买健康""健康储蓄"将是一种必然的社会发展势态，随之兴起的健身娱乐市场将会逐渐成为社会主义市场经济的重要组成部分，全民健身运动的科学化、社会化、法制化程度进一步提高，城乡社区体育的自治功能将会进一步加强，体育将会与文化、旅游等社会文化活动融合，全民健身活动的时代性得到进一步提升与彰显。

### 三、全民健身运动发展的价值趋向

以什么人作为价值主体，决定了以什么人的利益为出发点和价值评价标准。我们党的一切工作的根本出发点和落脚点，都是为了最广大人民群众的根本利益，是不是把人民的根本利益维护好、实现好，是检验我们执政水平和执政绩效的标准。随着全面建设小康社会目标的逐步实现，人民的生活将会更加殷实富足，人民群众对精神生活的需求将会更加强烈和迫切。群众利益无小事，身体健康是群众最大的利益。"建设好群众身边的体育场地，健全群众身边的体育组织，搞好群众身边的活动"；"青少年体育以学校为重点，农村体育以乡镇为重点，城市体育以社区为重点，军队以连队为重点"的全民健身运动中的"三环节，四重点"，是坚持人民群众为主体，以人民群众为目的，以人民群众为基点，深怀爱民之心，恪守为民之责，善谋富民之策，多办利民之事。它凸显的是背靠历史、脚踏现实、面向未来的价值趋向，其核心使全民健身运动真正代表了先进生产力的发展要求，使全民健身运动的内涵真正体现了先进文化的前进思想，使全民健身运动真正面向大众代表了最广大人民群众的根本利益。

如果说，建设一个惠及十几亿人口的更高水平的小康社会是我国 21 世纪头 20 年的发展目标。那么，科学发展观、构建社会主义和谐社会等重大战略思想的提出，把以改善民生为重点的社会建设摆在更加重要的位置，使中国特色社会主义事业的总体布局由经济建设、政治建设、文化建设三位一体扩展为包括社会建设在内的四位一体，逐步消除我国全民健身运动发展过程中区域差别、城乡差别、民族差别等不和谐的因素，使群众体育从一般性、辅助性的软任务提升为改善民生的全社会共同工作，努力构建与小康社会相适应的面向全体国民，构建亲民、便民、利民的多元化全民健身服务体系，能够适应不同区域、不同阶层、不同民族的不同要求，实现"全民健身运动"与"全民健身服务体系"的演进与对接，使广大人民群众通过这一当代文化——体育健身实践，将身体活动内容改造为适应社会所需要的表征物，积淀在社会主体的心理文化结构中，并转化成全面建设小康社会进程中所需要的思想道德素质、科学文化素质、健康素质和体育价值观，使全民健身运动成为一种广泛存在、广泛利用的社会资源，成为一种人人健康、家庭健康、社会健康的有效手段，成为一种社会生产，具备了经济和社会可持续发展的最基本要素；最终成为国家、民族、社会发展的内在驱动力，这将是全民健身运动科学内涵不断扩展和充盈的价值趋向。

全民健身运动是中国特色群众体育事业的具体体现，必须高度重视全民健身运动在经济社会发展中的重要地位和作用，把满足人民群众日益增长的健身文化需求、保障公民的基本文化权益、促进人的全面发展作为群众体育事业建设的根本目的和一切工作的出发点和落脚点，积极推进全民健身战略创新机制，培育新的健身文化业态，解放和发展健身文化生产力，抢占健身文化发展的制高点，着力在影响和制约全民健身运动科学发展的深层次矛盾和问题上实现重点突破。

## 第三节 田径运动与全民健身的关系研究

田径运动作为各项运动的基础，它在全民健身中有着广泛的用途及良好的群众基础。通过对田径在全民健身中的优势分析，进而讨论田径运动如何充分发挥其在全民健身中的作用，研究田径运动与全民健身的关系，从而得出田径运动在全民健身过程中起到了促进和激发兴趣的作用，同时提出了田径运动在全民健身过程中需要改进和提高的环节，包括充分认识田径运动的健身价值，进一步改善田径运动的竞赛体制和项目，建立一些体育锻炼的指导中心，进而推进全民健身的顺利开展。

"因地制宜、业余自愿、小型多样、就近就便"，推进全民健身活动经常化、生活化、科学化，这对重视保障和改善民生，加强和创新社会管理，建立健全基本体育公共服务体系，加快体育强国建设步伐，促进体育工作全面、协调、可持续发展具有十分重要的意义。全民运动的热情在中国，已经成为一股席卷整个国家的狂潮，无论在城市还是在农村，已成为中国体育的热点和独具特色的健身运动的现象。田径运动其独特的优势和健身功能，通过提高人的基础身体素质和运动能力和提高心理素质，全面提高人的健康水平，使它成为全民运动中主导作用。

### 一、田径运动

田径运动是人类自然走、跑、跳跃、投掷运动的基础上发展起来的体育运动文化。随着社会的发展与进步，田径运动水平也不断提高。变得越来越规范，越来越专业化，逐渐形成以"更高、更快、更远"为目标，追求更高、更精的技术和快、高、远的运动成绩。我们所熟悉的国际业余田径联合会章程中把田径运动定义为："田径运动是由田赛和径赛、公路赛径走和越野赛组成的运动项目"。随着世界各国群众性体育健身运动的兴起，国际业余田径联合会有关"田径运动"的定义已是不够全面了。我国高等师范院校体育教育专业教材《田径》中对田径运动定义做了改革性的修正和充实。提出了田径运动新概念："田径运动是由人们进行竞技和锻炼身体的走、跑、跳跃、投掷等身体练习组成"。新的田径运动的概念也反映了新时代人们对全民健身的行动结合到田径运动中，田径运动对全民健身也起到了积极的推动作用。

## 二、田径运动在全民健身中的独特优势

田径运动作为一项独具特色的运动项目，在全民健身中丰富了人民的活动项目，同时针对不同的生理特点有不同形式的运动方式。它与人们生活和工作技能紧密相关，丰富而实用。不仅直接发展人们的体质和运动能力，而且在愉快的氛围中进行田径健身锻炼。有助于培养健身意识，养成锻炼习惯，建立正确的体育价值观。作为体育运动的主要项目，田径运动除具有一般项目的共同特点外，还具有以下特点：

1. 田径运动的动作简单、易学，能够广泛开展，便于大众参与

田径运动是大众开展最普遍、在学校中广泛开展、参与人数最多的运动项目。田径运动是学校体育中的重要内容，具有广泛的参与人群。田径运动中有许多项目的技术动作是人们的日常生活中习以为常的活动，像走、跑、跳这一类动作，人们随着年龄的增长就能够自然学会。因此，不但节省了时间、人力和资源，而且锻炼的实效性好，特别是老年人和身体素质差的人学习起来非常容易。

2. 田径运动项目多，锻炼形式多样，利于广大群众参与

田径运动项目多，锻炼形式多样，选择面广，是其他运动项目不能相比的。奥运会田径比赛的项目有四十多项，作为锻炼身体的练习方法则更多。比如现在国内各大城市举办的城市马拉松赛就有很多种的形式，有全程马拉松，有半程马拉松，10公里、5公里、轮椅半程马拉松，10公里轮滑比赛，还有很多具有城市特色的马拉松赛事项目。据统计从第一次马拉松赛的承办到现在参赛的人数成倍的增长，进一步的反映了田径运动在全民健身中的地位，锻炼形式的多样化，更加利于大众的参与。

3. 参加田径运动锻炼较少受人数、年龄、性别等条件的限制，便于大众健身

有些运动项目受人数、性别、年龄的限制，田径运动锻炼在这些方面的限制则较少，进行锻炼可以独自一人，也可以成百上千，受性别的限制，男女老少皆宜。在学校、农村、各行业系统组织的全民健身活动，男女老少踊跃参加各种田径趣味比赛的场面时常可见。在城市马拉松赛的现场我们可以看到成千上万的人们在一起运动，有男女老少，突出一个全民健身的氛围。

据新闻报告，2013 年 1 月厦门国际马拉松赛有不少的七旬老人参加，同时也有很多小朋友也加入了这项赛事。

4. 参加田径锻炼不受场地、器材的严格要求，便于广泛开展

目前，我们的国家还不是很富裕，特别是贫穷地区，在这些地区，大部分运动项目如果缺少最基本的器材和场地，就无法开展。在这些条件下，田径运动在简易条件下就可以开展的优势显得尤为突出。而田径锻炼在简单的条件下开展的优势是尤为突出。在空旷的田野、房前屋后、公园空地、公路、沙滩或是山地都可以进行散步、慢跑、跳跃和投掷等练习。总之，可利用的场地，器材随处可寻。正是这些得天独厚的有利条件，使田径这项运动能够在祖国的各地，学校、农村、广场、部队、工厂、机关广泛深入地开展起来。

## 三、田径运动的健身作用

田径运动是集走、跑、跳、投为一体的运动，它能全面地发展人体的各项身体素质，如速度、力量、耐力、灵敏以及协调性，促进各项运动机能的形成，提高人的身心健康水平，因此它是一项锻炼价值极高的健身活动。而全民健身最直接，最基本的作用就是增强体质，增进健康，延缓衰老，全面均衡地发展人们的身体素质。

1. 田径运动能够促进身体素质的全面发展

经常参加走、跑、跳、投等练习，能够巩固和提高人的基本活动能力，保持和增强人体在生活和工作中的适应能力。如跳跃项目可以有效地提高运动中枢对机体的调节和协调能力。它不但使得神经系统对各器官的协调作用不断改善，使其活动更加灵活、协调，从而提高人们运动和工作的效率以及对外界环境的适应能力，而且可以促使关节囊、韧带和肌腱的增厚与加强，伸展性增加，从而使关节活动范围加大，灵活性和牢固性增强，这也能有效地防止受伤，提高机体的健康水平。再如短跑能发展爆发力、灵敏性等身体素质；投掷项目则可以有效发展机体力量以及速度，协调等身体素质。

2. 田径运动能有效地改善人体的心理环境，增强人体对环境的适应能力和抗病能力

参加田径运动锻炼，尤其是参加中长跑、马拉松等，可以很好的完善和提高心血管系统和呼吸系统等有机体工作能力。由于田径运动多在户外进行，因此在从事田径运动锻炼过程中，能使人体更多地受到空气、日光等自然力的锻炼，从而提高人体体温的调节能力，增强人体对外界环境的适应力和对疾病的抵抗力。

3.田径运动能促进青少年、儿童身心的健康发展

全民健身的重点是青少年和儿童，他们的健康成长关系到国家的富强和民族的昌盛。特别对青少年、儿童，田径运动对骨骼、肌肉的生长会产生全面、良好的刺激，田径运动对青少年、儿童的身体素质起积极作用，促进其身体朝着完善的方向发展，也有助于培养他们果敢、顽强的意志品质。同时，田径运动对于培养青少年的心理品质也起到了至关重要的作用，对于培养青少年的抗压能力和心理耐受力有着积极的作用。

## 四、田径运动如何在全民健身中起更大的推动作用

随着我国经济实力的不断增强，2009年9月7日颁布了"全民健身条例"，每年的8月8日为"全民健身日"，这一条例于2009年10月1日起施行。这个条例的颁布使人们的体育锻炼和健康意识不断增强。体育锻炼将走向更多的家庭，走向更多人的生活。将田径这项古老的项目得以充分发挥和开发，使它的健康价值得到人们充分的认识。

1.充分的认识田径运动的健身价值

作为基础的体育运动项目，田径运动不仅能全面地提高人体的运动能力和运动素质，而且对培养人的品质和提高人的身体素质起着积极的作用。随着国家经济实力的不断增强，体育宣传日益广泛地深入。随着各种媒介的宣传和转播各种比赛的赛事，人们的体育锻炼和健康意识不断增强。体育锻炼将走向更多的家庭，走进更多人的生活，将田径运动这项古老的项目得以充分发挥和开发使它的健身价值得到人们充分的认识。需要广大体育工作者进行全面、深入的探讨和研究，来推进田径运动更加深入到群众中，能起到积极的推动作用。

2.进一步改善田径运动的竞赛体制和项目

比如，城市马拉松赛的广泛开展，充分反映了全民健身的热潮已经在我国流淌。其他田径运动项目可以效仿城市马拉松赛的形式开展多样化的比赛项目，邀请更加广泛的人群的参与，以适应全民健身的需求。随着经济的发展，更多人愿意加入健身的行列中。这需要更多的改进才能让田径运动更加深入人心，例如城市马拉松赛事的全面开展，各种城市特色的城市马拉松赛事的广泛开展。由此我们应该进一步的改善田径运动的竞赛体制和项目，能让大众更加积极地参与到田径运动的全民健身的浪潮中。

3.建立一些体育锻炼的指导中心

需要建立更健全的体育锻炼的指导中心，对全民健身的宣传力度也应该适当地加大。建立体育锻炼的指导中心的必要性在现在全民健身热潮中起着

非常关键而又很必要的作用。

开展全民健身活动，增强人民体质是新时代我们所追求的新目标，在全民健身的热潮下，体育锻炼逐步成了我们生活中不可或缺的一部分。田径运动作为各项运动的基础，对全民健身有着独特的优势，它的运动项目多、可选择余地大、受条件限制少、可参与性强、能广泛开展等得天独厚的特点推动和促进着全民健身的开展。田径运动作为一项独具特色的运动项目，在全民健身中丰富了人民的活动项目，同时针对不同的生理特点有不同形式的运动方式。它与人们生活和工作技能紧密相关，丰富而实用。不仅直接发展人们的体质和运动能力，而且在愉快的氛围中进行田径健身锻炼。例如城市马拉松赛在全国各大城市的开展，让全民健身的热潮席卷着整个社会，田径运动对全民健身起着不可或缺的重要作用。同时，我们还应该加强对田径运动知识的普及和教学，让人们对全民健身更加深入的了解。

## 第四节 田径运动的健身属性及健身价值研究

随着人们生活水平不断提高，人们对于自身的健康问题更加关注，伴随《全民健身计划纲要》的出台，使人们进一步认识到体育对个人健康的重要作用，从而出现了前所未有的健身热潮。为了让田径运动在全民健身计划中充分发挥其健身功能和体现其价值，许多专家和学者开始重新面对田径运动的健身效果和普及方式，并提出了改革性的修正意见。但是，因为长期以来我国的田径运动形式基本是以竞技属性为主构建的，寄身于比赛之中，给田径运动深深地打上了竞技体育属性的烙印，基本排斥和忽略了田径运动的健身属性、健身价值和健身功能。所以，田径运动要健康发展，就必须改变传统的观念，回归其健身属性和健身功能，这样才能有真正意义上的变革，使它的健身属性真正得到人们充分的认识。

### 一、对田径运动健身属性认识的误区

多少年来，虽然世界各国对田径运动的称呼也不尽一致，但是，田径运动的内容却基本相同。可实际存在的情况是人们对田径运动的认识各有千秋，80%人认为田径运动就是刻苦训练加大小型比赛，就属于竞技体育。造成这种意识的原因主要有两个方面：第一是虽然田径运动已成为学校体育和群众体育必不可少的一项重要内容。然而，由于长期以来对田径运动的理解仍局限于竞技体育，思想意识仍停留在田径运动就是为比赛服务的认识水平上，各地大力普及和推广田径运动的主旨就是为获取金牌、提高运动成绩，使田

径运动处于一单一化的道路，导致一些本来人们喜欢的充满兴趣的项目变因为没有相应的指导、推广、深入化还是存在单调、枯燥，让人们可望而不可即，失去了对该运动的兴趣。第二是因为直接把田径运动定义为以计时为计算比赛成绩的径赛和以高度、远度为比赛成绩的田赛、公路赛、竞走和越野赛组成的运动项目，所以看似田径运动就意味着比赛，造成人们对该项运动的片面性认识，形成了思想误区。随着世界各国群众性体育健身活动的迅速兴起，田径运动的定义早就已显示出其不全面性和片面性，缺少了对田径运动的健身体系、健身属性等的相关界定，导致了田径运动受到一定的冷落。

## 二、田径运动竞技属性与健身属性的辩证统一

田径运动属性指的是田径运动固有的性质和特点。田径的运动属性包括其竞技属性和健身属性。田径运动的两种属性，不管是竞技运动还是健身都具有竞技和健身双重属性，只是各自的侧重不同。在提高身体素质、增强体质、提高自身健康水平和培养人的意志品质等的社会体育和学校体育中，田径运动都扮演着举足轻重的角色。

田径运动是人类在适应和与自然界抗争过程中，从走、跑、投、跳等基础上发展起来的体育运动。其最初的目的就是适应环境、追求生存、保护自我、维持健康，但是随着社会的不断发展，田径运动逐渐偏向于竞技层面，背离了其最初的体育运动文化和文明，所以，出现了为了追求极限能力而特有的兴奋剂丑闻等等问题。田径运动健身属性的拓展是人类实现田径运动初衷的最根本途径，也是实现大众健康的最好途径。

## 三、田径运动健身属性的概念与特点

属性是指事物固有的性质、特点。田径运动的健身属性是指田径运动所固有的健身性质、特点。但要全面正确地理解田径运动，就不能仅从田径运动的竞技属性这一方面来认识。尽管田径运动包含了运动竞赛的成分，但决不能狭义地把它认为是田径运动的全部内涵。在提高身体素质、增强体质、提高健康水平和培养意志品质为目的的社会体育和学校体育中，田径运动的作用是不可替代的。在国际业余田径联合会《田径手册》第二章，见田径运动定义为"田径运动是由田赛和径赛、全能比赛、公路赛、竞走和越野赛等组成的运动项目。"这一概念的提出，使得学校体育教学和社会体育中的田径运动由竞技性向健身性的发展在观念上得以回归拓展，在内容上得以扩充。体育院校普修通用教材《田径运动教程》中将田径运动健身定义为："田径运动健身是指人们采用田径运动的基本内容和形式，以及在此基础上拓展的健

身活动。

田径运动健身属性的特点首先体现在灵活性大。田径运动很多项目不受年龄、性别、人数等条件的影响，而且运动负荷、运动量也可以自己根据自身条件随意掌握；田径运动男女老少都可以参加，少则一人多则成百上千人均可进行；田径运动不受时间和地点的限制，又不需要特殊器械。第其次，田径运动健身所需要的场地器材简单。尽管近年来新添加不少大小型体育场馆，但基本上是为体育比赛使服务的，供群众娱乐和锻炼的普通场馆极少，更不要说不发达地区和农村了。针对这些情况，城乡群众进行体育锻炼的首选项目只能是田径运动了，如，走路、跑步运动可以在较平坦的街道、公园、庭院等各种道路上进行；跳跃运动可以在松软的地上进行，投掷运动可以利用各种物体，比如，石头、木棍、土块等在空旷的场地上做投远或投准练习。第三，田径运动健身成本低。田径运动健身中的许多项目的技术动作源于人类的自然本能并和人们的日常活动直接相关，是最简单、最自然的身体锻炼方式，根本不需要投资多少人力财力。第四，田径运动安全系数高。田径运动健身是人类基本运动形式锻炼方法，而且简单易行，练习的负荷强度、持续时间等可以根据练习者的身体条件等客观因素进行自我控制和调节。此外田径运动健身内容丰富、选择性强。按照运动形式可将田径健身运动内容分为健身走、健身跑、健身跳和健身投四类。按照将竞技类田径运动项目改造为健身类项目的方法，可以把田径健身项目分为移植类、降低难度类、新项目类、游戏类四类。

### 四、田径运动的健身属性的价值体现

（一）田径运动健身属性对生理健康的价值

首先，田径运动健身有助于改善心血管系统。经常从事田径运动健身，可以使机体的心肌增厚，心腔增大，每博输出量增加，心跳次数减少，使心脏的舒张期延长心肌得到很好的休息，心脏的工作能力得到很好的提高。其次，田径运动健身有助于改善运动系统。田径运动能够使肌肉的收缩和舒张能力得到最大的发展，毛细血管数量增多，管径增粗，肌糖原和肌蛋白增加从而提高肌肉耐力。如果长期地进行田径运动可以使关节的稳定性、灵活性增加，使关节的力量加强、柔韧性提高，使骨骼变得更加粗壮和坚固，抗压抗折的能力提高。再次，田径运动健身有助于改善呼吸系统。田径运动健身大多在户外进行，氧气充足，空气新鲜，负离子多，对呼吸系统有良好的促进作用。经常从事田径运动，可以使机体的呼吸次数变少和深度增加，呼吸

系统能力得到极大的改善，达到预防呼吸系统疾病和治疗的功效。第四，田径运动健身有助于改善神经系统。田径运动能使机体的神经系统得到很好的控制和协调，使人体的灵活性、协调性和神经系统的支配能力加强，机体对外界的刺激适应能力加强，有效地防止疾病的侵扰。

（二）田径运动健身属性对心理健康的价值

目前，大多数的专家学者都认为进行田径健身能增进个体的心理健康。世界卫生组织对心理健康的定义为：智力正常；热爱人生；能主动地适应环境；意志健全；情绪稳定；人际关系和谐；行为协调；心理年龄和生理年龄一致；反应适度；能面向未来。从心理学角度探视身体，人的身体是可以产生愉快、高兴、烦恼、悲伤等心理感受的物体。身体的健康也直接关系到心理健康，心理健康也直接作用于身体健康。而从事田径运动健身能给予人健康向上的心理。从这个意义上说从事田径运动健身还在心理健康的角度给人们以身体健康。俗语说"笑一笑，十年少"。情绪对人体的健康有着重要的作用。经常从事田径运动健身能使大脑的兴奋和抑制保持平衡，增加去甲肾上腺素和内啡肽的分泌，减少人体的压力，使人愉悦，，减少焦虑和抑郁，而且田径运动健身多在户外进行，良好的空气和环境能使人精神放松，从而促进机体的心理健康。

（三）田径运动健身属性对道德健康的价值

所谓道德健康指的是不以损害他人的利益来满足自己的需要，能按社会所认同的行为规范来约束、控制自己的行为。田径运动健身本身具有竞赛规则，在田径运动健身中人人平等，不讲尊卑，不排斥妇女，公正公平去竞争，充分体现了社会的民主。田径运动很好地诠释了什么是美好的，高尚的，什么是丑陋的，卑劣的。经过艰苦训练取得优异成绩的行为是高尚美好的，而那些违背公平原则，取得好成绩的运动员是卑劣丑陋的。因此，田径运动健身潜移默化地促进人的优良道德观念和品质形成，无形中使参与者树立了健康的道德价值观念。

## 五、田径运动健身属性的实现

（一）加强宣传力度，强化田径运动的地位

宣传田径运动要通过各种途径，在校园中教师应向学生全面正确的介绍田径运动的地位、目的、功能等，让学生从其本质上领悟它的真谛，引导学去生热爱田径运动。作为一项基础项目，田径运动的生存和发展更需借助媒体的力量，要使其应有的地位和功能得到体育及各种媒体宣传报道的重要内容，使田径运动在人们的心目中占有一席之位。

（二）建立体育指导中心，成立各级协会等社会化组织

要推广田径运动，就要有专业体育运动指导者，指导人们来正确的从事运动和提高运动兴趣，要不，错误的运动方式和枯燥的运动形式迟早会磨灭一部分人的运动爱好的。体育社会团体是各级人民政府开展体育工作的有力助手，城乡社区体育指导站和活动点是群众从事体育健身活动的基本阵地。成立各地田径协会和各单位协会，动员和引导广大群众参与田径运动。吸引广大群众到田径场、到田野、到大自然中去锻炼。

（三）改革田径竞技项目，以适应健身活动的需要

改革传统的走、跑、跳、投等单一竞技运动模式，设计和创编娱乐、健身、竞赛等为一体的健身项目是田径运动改革的首要任务，是推进广泛开展群众性田径运动的重要途径。现代健身运动项目具有健身性、娱乐性、时尚性、易操作性、自主选择性等特点，人们进行健身活动得到的是健康、自由、心情舒畅。所以，要对田径竞技运动项目进行改革和健身项目设计，主要突出健身功能、娱乐功能、使其易于操作、有时尚性，使越来越丰富的田径运动健身项目逐渐取代竞技类项目。

田径运动既具有健身属性又具有竞技属性；田径运动在提高健康水平和培养意志品质为目的的社会体育和学校体育中，是不可或缺、不可替代的。而且是一项可行性较强、易于在群众中推广和普及的运动。学校体育中，田径课程的设置应以健身为主要目标，并以这个目标为依据建立评价标准，在教学内容和教学方法的选择中，应充分注重健身属性的开发和拓展。在大众体育中，田径运动项目的设置应多开发一些趣味性强、对大众的健康有促进作用的田径健身内容，以重新唤起大众对田径健身的积极热情。全民健身计划是一个庞大的系统工程，田径运动健身是其中的一个组成部分。因此，其他相关学科的专家学者和体育工作者也应为此进行研究，使田径运动健身更科学、更全面、更适用于全民健身战略的深入发展。

## 第五节　田径运动在全民健身中的作用及意义

田径运动是一项古老而悠久的运动项目，它是人类追求生存和健康，身体和精神的完美结合，它之所以在人类历史上留下深深的痕迹而经久不衰，就在于它本身固有的魅力，在于人类不断赋予它新的内涵。

## 一、田径运动概念及价值特点

每当提起田径运动，人们就自然会想到田径赛场上奋力拼搏的激烈竞争场面，就会想到田径健儿叱咤风云的英姿，就会想到闪光的金牌和欢呼的观众。这样人们就把田径场上的比赛看作是田径运动，也是唯一的表现形式，从而错误地认为田径运动就是竞技体育。田径运动的概念是由田赛和径赛、公路赛、竞走和越野赛组成的运动项目。要全面理解田径运动的含义，不能仅从竞技体育方面来认识，狭义地把它视为田径运动的全部内涵和最终目的。而是要充分认识田径运动在社会体育和学校体育中增强体质、提高身体素质、提高健康水平和培养意志品质的重要作用。如果对田径运动的认识仍停留在为比赛服务的认识水平上，只是为了争金牌、夺锦标，提高运动成绩，那么，田径运动就失去了其真正的含义，田径运动的作用也受到了限制。俗话说"得田径者得天下"，田径运动是体育运动的基础项目，它的水平高低标志着一个国家和民族整体素质和运动能力的水平。因此，它在社会体育和学校体育中占有重要的地位，它的价值和功能是其他项目所不能替代的。今天，我们实施《奥运争光计划》和《全民健身计划》，其中田径运动备受关注。要一手抓金牌，一手抓健身，这就为我们又提出了新的课题，在发展田径运动竞技水平的同时，不能忽视其健身的价值。因此，只有正确全面地理解田径运动在社会体育和学校体育中的竞技和健身的功能，才能充分发挥田径运动的作用，体现田径运动的价值。

田径运动的内容一般包括走、跑、跳和投四种运动形式，是人类维持正常生活的基本活动能力，也是人类得以健康生存的基本条件和基本生活能力。人类进入了高度文明的社会，虽然摆脱了原始社会时期依靠基本技能获取生活资料的方法，但他永远不会摆脱依靠基本运动能力以提高生存质量和改善生存条件。因为"田径运动能有效地发展速度、力量、耐力、灵敏和协调等身体素质，增强体质，获得运动技能，提高运动能力，培养意志品质。"因此，随着人们生活水平的提高，在现代社会给人类带来极大的生活和工作便利的同时，人类也面临着前所未有的挑战和困惑。人的全面发展已经成为现代社会发展的中心问题，人类追求健康已经成为现代社会人类共同关注的中心。所以，现代社会更加重视田径运动的健身价值，培养人的价值，发展人的能力，提高健康意识，已经成为人类生活中的中心内容。健康是人生的首要财富，如古希腊哲学家赫拉克利特所说，如果没有健康，智慧就难以表现，文化就无从施展，力量就不能战斗，财富就变成废物，知识也无法利用。所以，有了健康就有了希望，有了希望就有了一切。走是走路、走步、散步、竞走的总称，是人体最基本的运动方式。

一个充满健康活力的人可以是健步如飞，而一个体弱多病的人是步履艰难。通过走姿、走速可以判断一个人的健康状况。因此，走步是强身健体，延年益寿极为有效的健身运动。科学研究表明，大步疾走不仅对神经衰弱、失眠、头疼、气喘等疾病有很好的疗效，还可以防治心血管病、糖尿病、肥胖症、白血病、胃病、骨质疏松症和风湿关节炎等疾病。由于大步疾走既具有健身作用又具有独特的医疗作用，因此，走是一种很好的健身方式。跑是一种常见的健身运动。不同距离的跑对人体的影响不同。短距离跑是人体在无氧条件下进行的一种运动，它能使有氧系统酶的活性增强，能提高人体的最大摄氧量，同时还有助于提高中枢神经系统兴奋和抑制的灵活性。是发展快速运动能力和提高无氧代谢水平的重要手段。长距离跑能增进心脏和呼吸系统的工作能力由于人体在有氧情况下进行运动，在运动中消耗的能量较大，其大部分能量来源于肝糖原、葡萄糖和脂肪的有氧分解。因此，它能防止体内脂肪贮存过多，是提高人体心肺功能、发展耐久能力和抗疲劳能力的有效手段。跳跃项目是人体在短时间、高强度神经活动的肌肉用力克服障碍的运动，是典型的人体克服自身体重，对抗引力以实现人体腾越高度和远度的运动，能使人的感觉机能得到提高和加强。它是提高身体控制和集中用力能力，发展协助性、灵敏性的有效手段。投掷项目是表现人体力量的运动，能使人体肌肉发达，力量增强，改善人体灵活性。旋转类项目能使神经过程具有高度的均衡性，使前庭分析器具有很高的稳定性，是提高肌肉力量、改善神经过程和发展力量素质的手段。研究发现，投掷运动员大脑皮质的兴奋过程和短跑运动员一样占优势，而且运动成绩和肺活量成正比。可见，从事投掷运动对改善人体的机能具有十分重要的意义。人类追求健康，健康的体质表现为人体各种机能的强盛，田径运动从不同的角度增进人体的机能，为人类健康提供了理论依据和锻炼方法。因此，把田径运动作为基础运动项目，这不仅是提高人体素质、意志品质和各种运动能力的需要，而且更是提高人体健康水平的需要。

## 二、田径运动的特点

田径运动的开展与普及具有很多优势，是其他运动项目无法比拟的。是参与人数最多、最普及的运动项目，在学校体育中是教学的重点内容；在社会体育中是最受欢迎最易被接受的项目。因而，具有广泛的普及性。

1. 田径运动大部分是个人项目，参加者不受人数的限制，可多可少。机动性较强，规则简单，比赛以时间、距离、高度判断胜负，也可以采用不分胜负的锻炼方式。

2. 田径运动所需的场地和器材非常简单，所有的走跑项目都可以在较平坦的道路上进行，强度较小的中长跑项目甚至可以在山路或沙滩上进行；跳跃项目可在一块沙地或松软的土地上进行；投掷项目可因陋就简，就地取材。

3. 田径运动项目的运动负荷可根据参赛者的年龄、性别和身体状况等客观因素进行自我控制和调节，以达到适宜的运动状态，是一项老少皆宜的运动项目。

4. 田径运动的技术本身来源于人类的基本活动方式，不经过特殊的学习与训练也能掌握。

5. 田径运动的运动形式简单，不冲撞，没有身体接触，因此它的安全性强，不易发生伤害事故。

6. 田径运动可以发展人体的力量、速度、耐力、灵敏和柔韧等多种素质，也可以使机体提高对疾病的防御能力，以达到增强体质，增进健康，防病治病的目的。

7. 田径运动是其他各项体育运动的基础，经常从事田径运动有助于其他各个运动技能水平的提高。

总之，田径运动是一项健身价值较高而且具有可行性的运动项目，易于推广和普及。在我国经济水平不高，体育设施不足的条件下，田径运动成为广大城乡居民最适宜开展最容易接受的群众性体育项目。

## 三、田径运动在实施全民健身计划中具有可行性

人们通常把田径运动的内容概括为走、跑、跳和投四种运动形式，这也恰是人类维持正常生活的基本活动能力，也是人类健康生存的基本条件或基本生活能力。又因为"田径运动能有效地发展速度、力量、耐力以及灵敏、协调性等身体素质，增强体质，获得运动技能，提高运动能力，培养意志品质"，所以，走进现代文明的人们应重视田径运动的健身价值。

跑是最为常见的一项运动。不同距离的跑对人体的影响各异。短距离跑能提高中枢神经系统兴奋和抑制过程的灵活性，它能导致有氧系统酶活性的增加，能提高人体最大摄氧能力，也是提高人体无氧代谢能力的重要手段。中距离跑时，心率高达人体最高指标，长期从事中距离跑，心脏体积可呈运动性增大，对人体的呼吸机能也有很大促进作用，即对人体的心肺功能和代谢能力的提高有特殊意义。长距离跑能提高人体一般耐力，是增进呼吸系统能力最普遍采用的练习项目。它是提高人体抗疲劳能力的重要手段，也是防止人体内脂肪过多储存的有效手段。跳跃项目是典型的人体克服自身体重，对抗引力以实现人体腾越高度和远度运动项目，它可使人体的感觉机能得到

提高和加强。专家们还认为，跳高和撑竿跳高项目，运动员的心肺功能常与横竿的高度相行并增。投掷项目是一种表现人体力量的项目。一般来说，从事投掷练习可使人体肌肉发达，提高人体速度和力量，改善人体肌肉机能灵活性。大量研究还表明，掷标枪运动员大脑皮质的兴奋过程和短距离跑运动员一样占据优势，旋转类投掷项目的神经过程具有高度的均衡性，前庭分析器具有很高的稳定性。有些科研人员研究发现，投掷运动成绩和肺活量成正相关。可见，从事投掷运动对于改善人体机能有重要意义，而这些机能恰是一个健康人所需要的体质基础。

人类追求健康的体质表现为人体各种机能的强壮，田径运动从不同的角度增进了人的机能，为人类健康提供了理论依据和锻炼方法。因此，把田径运动作为基础运动项目，这不仅是提高人体素质，提高人的意志品质，提高各种运动能力的需要，而且是提高人体健康水平的需要。由此可见，田径运动依不同目的、不同场合、不同人群，产生的效果区别很大。把田径运动完全视为竞技体育的一部分或把田径运动只视为健身项目均有一定片面性。应该说，作为一个体育项目，田径运动是比较典型的具有不同功效的体育运动。从其目的来看，能够持之以恒，在田径场内外的是为强体健身，增进工作效率的是健身体育。田径运动在其中起着非常重要的作用。因此，重新全面认识田径运动，不仅给田径运动的发展带来新的契机，而且为发挥田径运动在全民健身中的作用带来新的活力。

以健身为目的的田径运动的开展与普及具有很多优势。所有体育运动都是某种形式的身体活动，都具有一定的健身价值，田径运动却有着其他体育运动无法比拟的特点，因而更容易在群众中开展与普及。

这些特点和优势主要表现在：

（1）田径运动大部分是个人项目，参加者不受人数的限制，可多可少，机动性较强。规则简单，比赛以时间、距离、高度判断胜负，也可以采取不分胜负的纯锻炼方式。

（2）田径运动项目所需要的场地、器材非常简单，所有的走、跑、跳、投项目都可以在较平坦的道路上进行，强度较小的中长距离项目甚至可以在山路或沙滩进行；跳跃类项目可利用一块沙坑或较松软的土地进行；而投掷项目可因陋就简，就地取材。

（3）田径项目的运动强度和运动量可以根据练习者的不同年龄、性别、身体状况等客观因素进行自我控制和调节，以达到适宜的运动状态，是一项老少皆宜的项目。

（4）田径运动项目技术本身来源于人类的基本运动方式，不经过专门性学习、培训也能很容易被参加者所掌握。

（5）田径运动项目的运动形式简单，不冲撞，没有身体接触，安全性强，不易发生伤害事故。

（6）田径运动可以发展人体的力量、速度、耐力、灵敏、柔韧等多种素质，也可以提高机体对疾病的防御能力，以达到增强体质、防病治病的健身目的。

（7）田径运动是其他体育运动的基础。我们可以从许多体育运动中找到田径运动的基本形式。因此，经常从事田径运动有助于各种运动技能水平的提高。

综上所述，田径运动是一项可行性较强且健身价值较高的运动项目，易于在群众中推广和普及。在当前我国经济水平不高、体育设施不足的条件下，它是广大城乡居民最适宜开展最容易接受的群众性体育项目。

## 四、改革田径运动，实施全民健身计划

《全民健身计划纲要》中明确指出"：为进一步增强人民体质，适应我国社会主义现代化建设的需要，必须采取切实有效的措施，推行全民健身计划，发展群众体育。"这是功在当代，利在千秋的一件大事，是由国家领导、社会支持、全民参与，有目的、有计划、有措施的一项系统工程，是提高国民素质，增强国民体质的一项基础性建设。因此，如何充分发挥田径运动在全民健身计划中的作用，是我们当前所需解决的首要问题。

1.转变观念，更新思想，使田径运动的运动形式更加科学化，内容更加丰富多彩，体现出趣味性、娱乐性、健身性和实效性。适当地调整运动技术形式及组织方法和裁判方法，使之集健身、娱乐于一身，成为既有竞争性，又有趣味性的运动项目。各地区、各部门要根据具体情况制定出相应的政策法规，以支持引导人们以多种形式，通过多种渠道从事田径运动的健身活动。如：利用政府投资和企业赞助定期举行独生子女田径运动、家庭田径运动会和中老年田径运动会等以达到全社会都积极参加田径运动的全民健身活动。

2.田径运动中所使用的器材都要符合田径竞赛的标准规定，特别是投掷项目如铅球男子7.26千克，子女4千克。由于这些器材比较笨重，不适宜用于全民健身方面，同时投掷技术又复杂，很难使人掌握。因此，田径运动项目的器材改革要突破竞技规定的模式，设计出既安全可靠又具有趣味性，老少皆宜的运动器材。如投沙包、掷实心球，投飞镖、掷气球等。

3.田径运动的竞赛规则是针对运动竞赛所规定的，具有严格的规范性。但对于全民健身的实施就显得过于烦琐和严格，执行很不方便，而且健身项

目种类繁多，不同的比赛有不同的形式，没有统一的场地器材标准，参赛者的水平又参差不齐，因此对于统一规则的实施毫无意义。田径运动的规则以时间、高度和远度来判断成绩显得单一，我们可以结合其他体育项目的积分方法做出判断；或者以单位时间内的数量多少做出判断，使比赛形式多种多样，比赛的内容丰富多彩。

### 五、改革田径运动项目与设计健身项目要遵循的原则

改革古老的田径运动，最重要的就是改革田径运动的项目，使田径运动竞技项目科学地转变为广大人民群众所能接受和喜爱的田径健身项目。使参加者更能体验出田径运动的趣味性、娱乐性、健身性和实用性，因此，田径运动健身项目的设计要符合全民健身的实际和科学规律，遵循以下原则。

1. 田径运动的属性原则

创编田径运动健身项目应以田径运动中的走、跑、跳、投等基本活动形式为前提，以健身为目的，以娱乐为依托，集健身和娱乐为一体。作为田径运动健身的方法和手段不能脱离田径运动的属性和本质特性，否则，就超出了田径运动的范畴。

2. 从实际出发原则

健身项目的设计要以参加者、场地设施、气候条件等具体情况为依托。对于参加者的年龄、性别、职业以及运动基础的不同，其所参加田径运动健身项目的要求也不同，所以在设计项目时要根据参加者的年龄特点、工作性质、兴趣爱好以及当地的气候、物质条件等方面因素，综合考虑，科学设计，合理安排项目的内容、时间、强度、难度、规则和裁判等，做到有的放矢。对于青少年应以趣味性为主，动作轻快活泼；对于青壮年可设计有一定难度和强度的项目，对于中老年应以缓慢低难度的动作或周期性项目为主。

3. 趣味性原则

兴趣是推动人们从事各种活动的一种内部动力，人们怀着轻松愉快的心情参加各种田径健身娱乐活动，既不受限于体育教学的严格规定，也不追求高水平的运动成绩，而是把田径健身运动作为一种有意义的健身娱乐形式来度过自己的余暇时间，使个人在身体和精神上都得到放松和享受。因此，设计田径健身项目要融趣味性、娱乐性、健身性和科学性于一体。即项目要有竞争性，内容要有活泼性，服饰要有新颖性。

4. 观赏性原则

田径健身项目所表现出的内容形式使观众赏心悦目，具有较高的欣赏价值与美的享受。

5. 合理运动负荷原则

田径运动健身项目是寓娱乐、趣味健身之中，仅有娱乐性和趣味性而缺乏一定的运动负荷，也就失去了健身的意义，因而在设计田径健身项目时，必须具备一定的运动负荷。难度过大，比赛无法完成，难度过低，比赛失去意义，不利于激发参赛者的动机。容易造成机体的过度疲劳，甚至发生伤害事故。因此，在设计项目时，要根据参赛者的运动能力，适当调整比赛时间、距离、器材的规格和比赛的难度负荷。在适宜的运动状态下，使参赛者得以快乐与提高。

6. 创新性原则

一成不变的趣味性项目即使再有魅力，重复多次后也会枯燥无味，因此要善于在实践中总结经验，不断改造运动健身项目，并积极开发和研究新的运动项目，大胆吸收其他体育项目中的趣味因素，引进各种娱乐体育方法，去其糟粕，取其精华，使田径运动健身项目更新奇、刺激，以满足人们的探究心理。

7. 安全性原则

田径运动健身项目的内容、规则、服装、场地、器材、气候等一切客观因素都能保证参加者始终在安全的环境中进行。安全是健身、娱乐的前提，如果发生伤害事故就失去了健身的意义，因此在设计健身项目时一定要充分考虑取消危险性大、易发生伤害事故的内容和规则，做到防患于未然。

# 参考文献

[1] 张武，周曙. 田径运动属性的研究 [J]. 科技信息（科学教研），2007（18）：430.

[2] 梁凉. 上海部分高中《体育与健身》课田径教学开展现状与对策研究 [D]. 上海体育学院，2009.

[3] 刘亚，王增辉. 对高校体育教育专业开设田径专修课的现状分析 [J]. 内江科技，2010（04）：37+125.

[4] 刘睿昕，陈静，刘力. "三维诊断理论"下的田径运动员神经官能症诊断方法研究 [J]. 牡丹江师范学院学报（自然科学版），2011（04）：46-47.

[5] 李振斌，宋健. 大学公共体育课中田径内容的分析 [J]. 和田师范专科学校学报，2005（03）：169-170.

[6] 张宝文，汪海涛，王斌. 田径运动定义的诠释与思考 [J]. 内江师范学院学报，2007（04）：117-119.

[7] 刘红存. 新时期我国高师体育教育专业田径普修课程改革的文化审视 [D]. 福建师范大学，2006.

[8] 马文. 论田径运动在全民健身中的作用 [J]. 青春岁月，2012（20）：192.

[9] 张宝文，孔红霞. 田径运动定义认知的调查分析 [J]. 内江科技，2008（01）：100.

[10] 庞宇. 我国普通高校公体田径课边缘化状况忧思与纠偏方法研究 [D]. 华东师范大学，2008.

[11] 林迪. 高校田径教学面临的尴尬现状与对策研究 [J]. 科教文汇（下旬刊），2007（10）：145.

[12] 詹建国. 我国田径运动社会化、市场化、职业化发展对策研究 [J]. 北京体育大学学报，2002（04）：18-21.

[13] 梁林. 田径运动的健身属性与健身价值的研究 [J]. 体育世界（学术版），2011（09）：72-74.

[14] 刘训，董亮. 浅析田径运动的体育文化价值 [J]. 科技资讯，2012（35）：

252-253.

[15] 王西安，邓括 . 田径运动的健身属性及健身价值的研究 [J]. 体育世界（学术版），2008（01）：64-66.

[16] 陈最新 . 论田径运动的文化内涵与社会价值 [J]. 浙江师范大学学报（自然科学版），2010（02）：107-111.

[17] 陈最新 . 论田径运动的文化内涵与社会价值 [J]. 浙江师范大学学报，2010（06）.

[18] 刘训，董亮 . 浅析田径运动的体育文化价值 [J]. 科技资讯，2012（12）.

[19] 王西安，邓括 . 田径运动的健身属性及健身价值研究 [J]. 体育世界，2008（01）.

[20] 梁林 . 田径运动的健身属性与健身价值的研究 [J]. 体育世界，2011（09）.

[21] 詹建国 . 我国田径运动社会化、市场化、职业化发展对策研究 [J]. 北京体育大学学报，2002（07）.

[22] 陈海鸥 . 后奥运时代我国田径运动的未来发展方向 [J]. 广州体育学院学报，2013（02）：86-89.

[23] 周佩杰 . 田径教学对体育专业大学生情商的开发和培养 [J]. 卫生职业教育，2012（12）：26-27.

[24] 叶建海 . 高考体育考生田径训练分组新模式 [J]. 学园，2014（11）：156-157.

[25] 谭广 . 浅谈体育教学中田径训练强度及训练量 [J]. 当代体育科技，2014（03）：32+34.

[26] 陈文烈 . 广东省青少年田径运动后备人才培养现状及对策研究 [J]. 青少年体育，2014：28-30.

[27] 刘伟 . 高职院校田径教学中训练强度与训练量分析 [J]. 开封教育学院学报，2014：177-178.

[28] 解宝枫，张金波，张淑梅 . 青少年田径训练存在的问题研究 [J]. 当代体育科技，2012（21）：34+61.

[29] 陈泷 . 关于青少年田径训练量和训练强度的思考 [J]. 湖北体育科技，2013（07）：49-50.

[30] 苏济海 . 浅谈专科学校体育教学中田径训练强度及其训练量 [J]. 云南社会主义学院学报，2014（01）：302-303.

[31] 麻志刚 . 我国高校田径运动训练的现状和对策探究 [J]. 武魂，2013（12）：196-196.

[32] 亓海勇 . 运动员临赛竞技状态调控的内容与方法 [J]. 经营管理者，2012

（16）：345.

[33] 杨雷．试析训练和比赛前准备活动的作用、内容及其发展 [J]. 经营管理者，2013（11）：359.

[34] 王乐．准备活动的作用及影响 [J]. 安徽文学（下半月），2006（11）：123.

[35] 魏晓光．准备活动在运动训练中的作用 [J]. 中国体育教练员，2005（04）：39-40.

[36] 赵建华．探讨中学生赛前准备活动的调控 [J]. 内江科技，2012（12）：183-184.

[37] 石荣群．普通高校学生 800m/1000m 测试的跑步方法及生理学知识 [J]. 运动，2013（23）：127-128.

[38] 王淑霞．田径训练中的热身运动及发展趋势 [J]. 经营管理者，2012（07）：379.

[39] 叶志江．新课程背景下初中体育课中放松整理活动探析 [J]. 文理导航，2011（28）：45-45.

[40] 刘勇．试析运动员临赛前最佳竞技状态的心理调控方法 [J]. 经营管理者，2013（27）：376.

[41] 李鸿尧．课余训练做好热身运动的积极意义与基本方法 [J]. 经营管理者，2013（15）：378.

[42] 尚念军．试析训练课前准备活动的重要意义及基本方法 [J]. 经营管理者，2013（22）：352.

[43] 宋耀伟．优秀游泳运动员赛前准备活动模式及相关因素研究 [D]. 西安电子科技大学，2009.

[44] 袁守龙．北京奥运会周期训练理论与实践创新趋势 [J]. 体育科研，2011（04）：11-17.

[45] 袁守龙．对全运会周期射击赛事制度改革后训练学因素变化的研究 [J]. 北京体育大学学报，2005（09）：120-122.

[46] 袁守龙．竞技体育赛事组合结构理论设计与效益控制 [J]. 运动，2009（01）：18-25.

[47] 苟波，李之俊，高炳宏．"体能"概念辨析 [J]. 体育科研，2008（02）：51-56.

[48] 陈月亮，王旋，赵玉华．体能概念研究综述 [J]. 体育科学研究，2009（04）：45-47.

[49] 袁运平，王卫．运动员体能结构与分类体系的研究 [J]. 首都体育学院学报，2003（02）：27-31.

[50] 徐明俊 . 二元训练理论体能定义的质疑 [J]. 山东体育学院学报，2007（01）：103-105.

[51] 李英彪 . 对标枪运动员体能训练的再认识 [J]. 当代体育科技，2013（21）：24-25.

[52] 刘禹，许占有 . 对高校体育专业篮球教学中"三分球"教学的研究 [J]. 长春教育学院学报，2013（24）：136+138.

[53] 刘峰 . 高校体育教师在新课程背景下专业化发展的困境与对策 [J]. 当代体育科技，2014（16）：100+102.

[54] 陈亮军 . 竞技舞龙运动员的体能训练 [D]. 湖南师范大学，2013.

[55] 曲志磊，张宇晓 . 老年人的体能训练研究 [J]. 当代体育科技，2014（16）：35-36.

[56] 朱天明 . 基于整体层面的篮球运动中的体能训练模式构建 [J]. 科教文汇（下旬刊），2013（08）：126-127.

[57] 郭艳 . 竞技运动教材化中大学女生的期待视野研究 [D]. 福建师范大学，2007.

[58] 郑雅蕊，孙璞，陈森林 . 高校田径教学存在的问题及对策研究 [J]. 沈阳体育学院学报，2006（03）：93-95.

[59] 卢涛 . 浅谈核心力量训练在田径项目中的应用 [J]. 山西体育科技，2009，29（4）：10-12.

[60] 陈勇，陈晶 . 核心稳定性训练的研究综述 [J]. 宜春学院学报，2008（04）：114-115+130.